KB267612

패키지

디자인

패키지 디자인

2006년 8월 24일 초판 발행 ❍ 2020년 5월 25일 8쇄 발행 ❍ 지은이 최동신 박규원 한백진 김재홍 고봉석 김응화 박영주
펴낸이 안미르 ❍ 주간 문지숙 ❍ 편집 최효재 한차현 ❍ 디자인 신혜정 ❍ 인쇄·제책 한영문화사 ❍ 커뮤니케이션 이지은 ❍ 영업관리 한창숙
펴낸곳 (주)안그라픽스 우10881 경기도 파주시 회동길 125-15 ❍ 전화 031.955.7766(편집) 031.955.7755(고객서비스)
팩스 031.955.7744 ❍ 이메일 agbook@ag.co.kr ❍ 웹사이트 www.agbook.co.kr ❍ 등록번호 제2-236(1975.7.7)

ISBN 978.89.7059.311.1(13630)

패키지 디자인

Package Design

최동신 · 박규원 · 한백진 · 김재홍
고봉석 · 김응화 · 박영주 지음

안그라픽스

목 차

패키지디자인은 대중문화에 기반을 두고 현재의 삶의 방식과 가치를 역사적 체험으로 해석하여 새로운 의미를 부여하는 작업이 되어야 한다.

그러므로 패키지디자이너에게는 역사인식에 근거한 정확한 진단을 통해 새로운 가치를 창출하는 능력과 디자인적 추진력을 가능하게 해야 한다.

따라서 패키지디자이너를 양성함에 있어서 패키지디자인이 시대별 산업과 유통, 그리고 소비, 더 나아가 사회와의 관계 속에서 패키지디자인의 가치 성취를 위한 노력들에 대한 이해와 또 그 결과에 대한 평가를 가능하게 하여 새로운 시대성에 근거하는 패키지디자인관을 형성하도록 해 주어야 한다.

이는 이론적 판단에 근거한 분명한 가치설정과 목표지향적 전개를 통해 새로운 패키지디자인의 가능성을 실험하여 생산적이고 창의적인 가치창출을 경험한 디자이너를 우리 사회가 요구하고 있기 때문이다.

이러한 관점에서 패키지디자인의 이론적 배경과 디자인적 진화를 통해 역사 인식에 근거하는 문제 파악과 새로운 의미의 추론을 할 수 있도록 연계성 있는 자료를 풍부하게 제시했다.

패키지디자인은 물리적 형태를 통해 마케팅 목표를 위한 수단으로 제반활동을 수행하기 때문에 시대변화나 사회환경에 따라 다양하게 나타난다. 이와 같이 시대적인 새로운 요인에 예민하게 반응하여 특성화 패턴을 형성하는 국내 신제품 브랜드와 장수 브랜드의 패키지디자인 사례들을 통해 현상적인 특성을 파악할 수 있게 했다.

패키지디자인의 의미와 기능은 시대성을 가지고 변화와 확장, 그
리고 진화의 진행형이어야 하기 때문에 새로운 가치체계의 모색
은 현재의 연장선상에서 미래의 가치성을 발굴하는 실험적이고
창의적인 작업이 되어야 한다. 이러한 사례는 학생들의 과제물을
제시하여 참고가 되도록 했다.

　　　　이와 같이 패키지디자인 교육이 역사성에 근거하는 변
화와 진화의 연계선상에서 현실적 가치 추구와 새로운 가치체계
를 상승시키는 역할을 해야 한다는 점에서 새로운 체제와 내용을
갖춘 전문도서의 필요성이 대두되어 왔다.

　　　　그러던 차에 나의 정년을 기하여 제자들과 공동 집필을
하게 되었다. 집필진의 연배가 다양한 만큼이나 개별적인 특성들
을 반영한 책을 만들려고 노력했는데, 아무쪼록 독자들에게 유익
한 책이 되었으면 하는 바람이다.

　　　　공동 집필해 주신 박규원교수(한양대), 한백진교수(단국
대), 김재홍교수(충북대), 고봉석사장((주)코팩트), 김응화교수(한양대),
박영주선생의 노고에 감사드리며, 이 책을 출판해 주신 안그라픽
스의 김옥철사장님께도 감사드린다.

2006년 7월 25일
최 동 신

1장 패키지 디자인이란?

패키지디자인은 우리말로 '포장(包裝)디자인'이라고 한다.
중국과 일본도 이와 같은 표현을 쓴다. 여기서 '포장'이란
단어는 '물건을 감싸고 보호하며(包), 그것의 모양새가
아름답도록 치장한다(裝)'는 의미이다. 다시 말해 포장이란
'물건을 보호·보존하는 한편, 아름다운 그래픽디자인을 통해
내용물의 의미를 효과적으로 전달하고, 소비자의 시선을
끌어들여 판매에 도움이 되도록 치장하는 것'이 그 본질이다.

1. 패키지디자인의 기능과 의미

패키지디자인은 다음과 같이 정의할 수 있다.

'기업 경영 활동의 하나로 제품을 담는 용기 또는 제품을 싸는 구조나 포장의 시각적 디자인을 비롯하여 이를 위한 주변의 분야 등을 아우르는 일련의 전략적이며 기술적인 활동' 이다.

1) 패키지디자인의 관련 용어들

포장의 영어식 표현인 Package는 여러 가지 파생 단어를 갖고 있다. 비슷해 보이는 단어의 뜻을 명확히 하면 다음과 같다.

> **Package** – 여러 짐 꾸러미를 한데 모은 상태
> **Packaging** – package를 만드는 행위
> **Pack** – 꾸리다, 싸다, 묶다, 포장하다
> **Packing** – 짐 꾸러미, 포장용품
> **Wrapping** – 감싸기, 싸기

2) 패키지의 기능

포장의 다양한 기능을 5가지로 분류해 보겠다.

첫째, 내용물이 변질되거나 파손되지 않게 보존하고 보호하는 기능

통조림은 장기간 내용물이 상하지 않게 보호해 주는, 식품의 보존성이 매우 뛰어난 포장 방식이다. 종이죽으로 만들어진 계란 판은 깨지기 쉬운 계란을 보호해 주는 기능을 한다. 이와 같이 포장은 식품을 보호·보존함으로써 인류를 기아에서 해방시키는 데 큰 역할을 하였다. 또한 썩어서 버리게 되는 음식 쓰레기의 양을 줄이는 역할도 하고 있다.

둘째, 내용물 운반을 용이하게 도와주는 기능

물이나 밀가루 등은 포장이 없으면 운반하기 매우 곤란한 물건이다. 플라스틱 컨테이너 박스는 여러 병의 음료수를 한 번에 나를 수 있게 해 주는 편리한 포장이다. 발달한 포장 기술로 인해, 흑해에서 채취한 캐비아를 우리나라 가정의 식탁에서 즐길 수 있는 것이다.

셋째, 적당한 크기나 용량으로 나누어 다양하게 선택할 수 있는 기능

200ml, 500ml, 1l, 3l 등으로 세분화되어, 가족 구성원의 수에 맞추어 구입할 수 있는 우유 포장을 생각해 볼 수 있다. 친구들이 모이는 파티에서도 여러 개의 병맥주를 사는 것보다 1.5l들이 페트병 맥주를 사는 것이 운반도 용이하고 경제적이다.

넷째, 내용물의 상태나 가격 등을 쉽게 알 수 있도록 디자인한 무언의 세일즈맨 기능

오렌지주스는 신선한 오렌지색을 잘 드러낼 수 있도록 투명용기에 담는 경우가 대부분이다. 불투명 용기에 담겨지는 식품의 경우, 내용물을 한눈에 파악할 수 있도록 적절한 컬러를 사용하고 실사 이미지나 일러스트를 통해 이해를 돕는다. 무조건 고급스럽게 보이도록 디자인한다고 해서 좋은 것은 결코 아니다.

소비자는 저마다 다른 경제력과 욕구를 가지고 있으며, 각각의 경우에 맞는 상품을 선택하기 마련이다. 500원짜리 과자는 그 가격에 걸맞게 부담 없고 맛있게 보이도록 디자인해야 하며, 100만 원짜리 양주는 품격에 맞도록 고급스러운 소재를 이용하여 화려하게 디자인해야 한다.

패키지디자인이 비약적으로 발전한 것은 슈퍼마켓의 출현 때문이었다. 수많은 상품 속에서 소비자의 선택을 받기 위해, 패키지는 보다 아름답고 알기 쉬우며 사용하기 쉬운 것으로 진화해 왔다. 패키지디자인은 무언의 세일즈맨인 것이다.

다섯째, 소비자가 물건을 보다 간편하고 용이하게 사용할 수 있도록 돕는 기능

냄비에 물을 끓여 조리해야 했던 봉지라면과 달리, 컵라면의 개발은 여러 모로 생활의 편의를 가져왔다. 비스킷들을 보면 내부에 소포장이 들어 있는 패키지가 많은데, 이것은 소비자의 1회 섭취량을 고려한 한편 남은 과자가 눅눅해지는 것을 방지해 주기도 한다. 포장은 사용자의 편의를 위해 존재한다. 그 용도 개발에는 끝이 없을 것이다.

3) 현대 패키지디자인의 의미와 역할

과거의 패키지디자인은 물건을 보호하고 운반하는 역할에 지나지 않았지만 현대에 들어서는 더욱 다양한 역할이 요구되고 있다.

　　　　요즘의 상품들은 그것이 갖는 본래의 기능뿐 아니라 여러 가지 부수적인 특성이 요구되곤 한다. 상품 자체의 기능과 더불어 다양한 부가가치가 있어야 하는 것이다. 이는 기술과 정보의 발달과 물질의 풍요에서 오는 선택 범위의 다양성에서 비롯된다. 오늘날의 패키지디자인이 단지 물건을 아름답게 감싸는 수준에만 머물 수 없는 것은 바로 이 때문이다.

　　　　현대의 패키지디자인은 상품의 기능적인 면은 물론 소비자의 까다로운 감성적 요구에도 충실해야 한다. 이것이야말로 현대 패키지의 중요성과 존재 이유라고 할 수 있다. 패키지는 소비자의 요구에 충실하기 위해 존재한다. 소비자에게 선택되는 기회를 얻기 위한 접근, 이것이 패키지디자인의 가장 큰 역할이다.

　　　　따라서 현대의 패키지디자인은 이렇게 정의할 수 있다.

　　　　'상품을 아름답게 감싸고 보호하는 것뿐만 아니라 소비자의 다양한 이성적, 감성적 요구를 충족시키는 행위 전체' 이다.

패키지에 있어서 제품의 특성과 가격을 파악할 수 있는 그래픽이 중요하다.

4) 현대사회와 패키지디자인

패키지디자인을 하기에 앞서, 디자이너들은 소비자의 욕구와 기술적 방법 등 여러 가지 복잡한 사항을 종합적으로 고려해야 한다. 현대의 패키지 디자이너가 반드시 이해하고 있어야 할 사항 5가지를 꼽아 보았다.

첫째, 패키지와 제품 원가와의 상각 관계에 대한 이해

같은 기능이면서 최소의 비용으로 최대 효과를 내기 위해 포장비의 원가 절감을 시도하는 것은 디자인의 본질적인 문제이다. 같은 결과물이라 하더라도 공정의 효율화와 합리적인 구조 개선을 통하여 포장비용의 원가 절감을 시도하는 방법은 여러 가지가 있다.

그런데 반대로, 소비자의 다양한 욕구를 충족시킬 새로운 형태의 포장을 개발하기 위해 새로운 기획과 설비에 투자하는 것도 중요한 일이다. 소비자의 취향과 시각은 끊임없이 변하며 우수한 상품을 요구한다. 최신 설비와 기법을 남보다 빨리 수용해야 하는 것은 그 때문이다. 그러나 어떤 경우라 해도, 패키지디자인은 제품 원가와의 상관관계를 최우선적으로 고려해야 한다. 제조 원가를 넘어선 무리한 포장비의 지출은 제품의 경쟁력을 오히려 약화시킬 수 있기 때문이다.

둘째, 포장의 기술적인 측면에 대한 이해

포장기술은 매우 세분화된 분야이다. 기계에 의한 자동 포장 방식은 매우 신속하며 대량으로 포장할 수 있는 경제적인 이점이 있다. 그러나 경우에 따라서는 손으로 일일이 싸서 붙이는 수동포장 방식이 요구되기도 한다. 인건비에 의해 포장비용이 상승되는 면은 있으나 기계에서 볼 수 없는 정교함과 고급스러움으로 고가 상품에 어울리는 방식이다.

화장품 패키지는 후가공의 기술적인 이해가 요구된다.

셋째, 유통과 패키지의 관계에 대한 이해

패키지가 존재함으로써 상품은 본격적인 유통이 가능해졌다. 따라서 패키지디자인을 할 때는 유통이 원활하게 될 수 있도록 배려해야 한다. 대량으로 적재하기 어렵다거나, 운반이 불편하다거나, 다른 상품과 구별이 어려우면 유통에 절대 불리하다. 코카콜라 병의 잘록한 허리선은 중간상의 적재 창고에서 다른 병들과 쉽게 구별할 수 있도록 고안된 것이다. 유통업자의 요구 역시 패키지디자인에 있어서 우선적으로 고려되어야 할 사항이다. 유통업자의 의견이야말로 제품을 보다 유리한 조건으로 판매할 수 있는 중요 요소인 것이다.

넷째, 소비자의 민감한 감성적 변화에 대한 이해

사람은 누구나 남다르고 특별한 상품을 소유하고 싶은 욕구가 있다. 특별한 상품을 통해 자기 자신을 연출하고자 하는 소비자의 까다로운 욕구를 충족시키기 위해, 디자이너는 최신의 트렌드를 습득하는 데 게으르지 않아야 한다.

최근 트렌드 변화로 괄목할 만한 것은 높아진 소비자의 안목에 따른 프리미엄 상품 선호도이다. 웰빙 바람과 환경 문제에 대한 인식이 높아지면서 자연 성분의 무공해 상품을 선호하는 경향과 현대사회의 복잡성에 대한 반발로 투명하고 밝은 색채를 요구하는 경향이 두드러지고 있다. 자연물에서 찾아볼 수 있는 유기적인 형태와 만졌을 때 부드럽고 말랑말랑한 촉감을 선호하는 것도 또 하나의 특징이다.

투명감이 돋보이는 최근의 트렌드

소비자의 감성적인 요구는 사회가 복잡해질수록 더욱 강해지기 마련이다. 이 요구를 유효적절하게 충족시키는 것 역시 패키지디자인의 중요한 전략이라고 할 수 있다.

다섯째, 첨단기술과 패키지의 관계에 대한 이해

현대에 들어서 산업 각 분야 간에 기술·정보 공유와 연계가 필수적인 전략이 되고 있다. 이것은 패키지디자인에 있어서도 마찬가지이다. 첨단기술을 활용하여 소비자에게 더욱 편리하고 값싼 상품을 제공하며 디자인 작업의 용이성까지 꾀할 수 있는 가능성이 열리고 있다. 일례로 컴퓨터의 도입은 매우 경제적이며 신속한 디자인 작업을 가능하게 했다.

컴퓨터를 이용해 실제와 거의 비슷한 시안을 제작할 수 있게 된 것은, 패키지산업 전반의 합리화에 결정적인 공헌을 했다. 이제 컴퓨터는 패키지 제작 과정에 있어서도 없어서는 안 될 정도로 인쇄, 포장, 적재, 출하, 유통, 관리 등 생산성을 높이는 데 매우 중요한 역할을 하고 있다.

이와 같이 첨단 분야에 대한 연구와 투자는 생산성의 향상을 도모하고 품질 경쟁력을 높이는 데 유효한 방법이라 할 수 있다.

참고 사이트
http://www.adtender.co.kr

박영주 국민대학교 강사
helena0729@hanmail.net

2. 패키지디자인의 영역

산업혁명 이후 동력(動力)의 출현과 함께 가속화된 산업화는 제품의 대량생산을 가능하게 했으며 사람들의 생활방식까지 바꾸어 놓았다. 현대사회에 들어서면서 폭발적으로 발달한 과학기술은 신소재의 개발·응용과 함께 제품 및 패키지의 질을 크게 향상시켰다.

잉여생산물의 증가로 공급자 위주의 시대는 고객 위주의 시대로 변화하여 고객에게 호소하는 마케팅 전략이 더욱 중요해졌다. 이런 상황에서 타사와의 차별화와 판매 활성화, 기업을 상징하는 전략적 요소로서 적극 활용되기 시작한 분야가 바로 패키지디자인이다.

제품의 특성에 따라 패키지디자인을 크게 7가지 영역으로 나누어 보았다. 몇 가지 영역은 이미 상당 부분 발전되어 있지만, 더욱 많은 연구가 필요한 영역도 있다.

스위스 시계의 명성을 되살린 '스와치' 시계와
패키지디자인.
제품디자인과 광고, 매장 전략과 패키지디자인이 함께
어우러져 세계적인 브랜드로 거듭나고 있다.

1) 시각디자인으로서 패키지디자인

네이밍(Naming), 브랜드로고, 색상, 캐릭터, 타이포그래피(Typography)와 같은 문자적 특성, 레이아웃, 일러스트, 사진 등에 관한 영역이다. 용기디자인과 함께 제품에 대한 기업의 꿈과 이상이 실질적으로 결집되어 있는 결과물이라고 할 수 있다. 소비자들이 함께 대화하고 판단하며 즐기는 하나의 유기체로서 상품의 콘셉트가 집약된 심장과도 같은 영역인 것이다. 따라서 상품을 구매하는 데 가장 큰 동인을 제공하기도 한다. (제4장 4에 추가 설명)

맥도널드의 치킨 너겟 구조디자인. 종이 구조로 만들어져 있으며, 빈 박스는 연속적으로 쌓아 놓을 수 있게 접착되었다. 이러한 구조는 전세계의 프랜차이즈 관리를 용이하게 해 주며, 위생적으로도 안전하다.

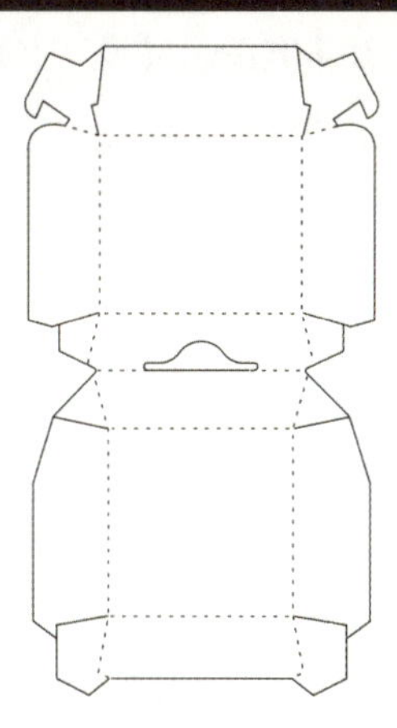

왼쪽 맥도널드 치킨 너겟의 펼친 도면. 종이의 손실율이 적은 구조로 디자인되어 있다. 표면에 특정 디자인이 인쇄된 후 기계적으로 재단되고 조립된다.

2) 구조Structural디자인으로서 패키지디자인

상품을 담아내기 위해 종이 등으로 만들어지는 구조물에 관한 디자인 영역이다. 현재 디자인이나 관련업계에서는 '지기(紙器)구조'라는 명칭을 많이 쓰고 있다. 그러나 산업이 발달하며 패키지 형태를 이루는 소재가 합성소재 등으로 다양해지고 있어서 종이로 한정한 '지기구조' 대신 구조(Structural)디자인이라고 표현해 보았다. 참고로 서양에서는 이미 'Structural Packaging' 이라는 표현을 사용하고 있다.

　　　　구조디자인은 보통 판재로 다루어지며 다양한 소재가 사용된다. 상품을 담고 있는 외피(外皮)의 구조적인 영역으로, 입체 형상을 만드는 디자인을 의미한다.

　　　　예를 들어 캔맥주가 담긴 6개들이 종이박스를 살펴보면, 종이 한 장으로 일정한 격실이 만들어져 캔과의 마찰로부터 인쇄면이 손상되는 것을 방지하고 있다. 또한 단거리 이동시 편리한 손잡이와 무게를 견딜 수 있도록 효율적인 구조를 가지고 있다. 이러한 구조디자인 역시 지적소유권의 영역으로서 법적인 보호를 받고 있다.

신발 박스의 구조디자인. 소비자가 원하는 신발을 주문했을 때 점원이 원하는 사이즈를 찾아 꺼내오기 편리하도록 디자인되어 있다.

6개의 맥주 캔을 담아낼 수 있는 종이 구조로 된 패키지디자인. 패키지디자인된 외국 맥주 패키지를 모아서 펼쳐 보자. 각기 다른 구조로 만들어져 있으며 격실까지 갖추고 있어 경이롭기까지 하다.

3) 산업디자인으로서 패키지디자인

제품에 대한 용기디자인 등에 관한 영역이다.

상품 내용물을 담고 있는 형상을 관장하는 영역으로, 소비자와의 소통을 위해 행해지는 입체적인 작업까지를 의미한다. 이러한 작업을 통해 타사와의 차별화와 제품의 신뢰를 소비자에게 전달할 수 있다. 화장품의 용기, 주류의 병, 페트병부터 컵라면 용기 등 제품을 담기 위한 병이나 케이스와 같은 디자인 영역이 여기에 포함된다.

한여름 어느 여행객이 이 생수병을 보고 그냥 지나칠 수 있을까? 무언의 마케팅 수단으로서 산업디자인의 영역이 크게 넓어지고 있다.

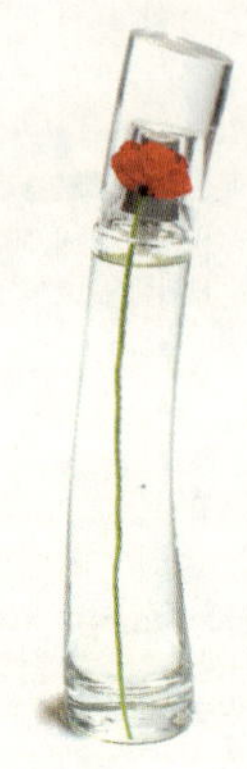

향수병의 디자인, 산업디자인 영역이다. 시각, 마케팅, 재료, 생산 영역 등 밀도 있는 참여가 요구되는 디자인이다.

4) 마케팅 영역으로서 패키지디자인

새로운 제품을 출시할 때, 요즘의 패키지디자인은 거의 경영전략의 일환으로서 작업되고 있다. 제품을 포장하는 단순한 의미를 넘어서 브랜드이미지를 함축하고, 매장 디스플레이(display)시 광고기능을 수행하며, 상품 판매를 도모하는 이벤트의 도구로 활용하기도 한다. 예를 들어 코카콜라의 '2006 독일월드컵 응원단 모집'을 알리는 행사나 광동제약 비타500의 '한 병 더' 행사 등도 이에 속한다.

디스플레이 했을 때 상품을 돋보이게 하여 소비자의 구매를 유도할 목적으로 멀티 패키지디자인을 활용하기도 한다.

멀티패키지(multi package)디자인이란 판매시점에 경쟁사와의 치열한 경쟁에서 좀더 유리한 위치를 차지하기 위하여 2개

광동제약 '비타500'의 '한 병 더' 행사는 판매증대를 목적으로 하고 있다. 병뚜껑 안쪽면에 당첨 여부를 알려주는 메시지가 담겨 있다.

패키지디자인이란?

이상의 동일 상품이 쌍을 이루어 하나의 제품처럼 보이도록 하는 디자인을 말한다. 이러한 멀티패키지디자인은 일반 매장보다는 주변 환경이 깨끗하고 고급스러운 곳에서 더욱 큰 효과를 나타낸다. 일반 매장은 상품 포스터, 배너(banner)광고, POP와 요란한 디스플레이 등으로 인해 상품 고유의 의미가 퇴색되기 때문이다.

　　신선하고 새로운 느낌을 통해 소비자의 브랜드 선호도를 높여 줄 수 있으며, 이로 인해 종종 재구매로 연결되기도 한다. 이러한 아이디어를 활용하기에 앞서 시장조사와 생산공정, 가격 책정 등을 검토해야 함은 물론이다.

스쿼시 공을 위한 던롭사의 패키지디자인. 패키지와 POP 기능을 겸비하고 있다. 패키지디자인의 마케팅 영역으로 주변에서 흔히 볼 수 있는 구조디자인이다.

5) 재료로서 패키지디자인

종이, 플라스틱, 목재, 철, 유리 등 재료에 관한 영역이다.

　　요즘은 거의·모든 소재를 상품의 패키지 재료로 사용한다 해도 과언이 아니다.

　　상품을 더욱 효율적으로 보호·보관·운송하는 1차적 목적, 경쟁사와의 차별화 및 생산 가격 등과의 관계를 고려한 2차적 목적, 마지막으로 환경과 법적인 규제 등 3차적 목적에 따라 소재에 대한 영역은 더욱 광범위하고 포괄적으로 발전하고 있다.

깨지기 쉬운 위스키 병의 완충작용을 겸비한 천을 이용한 패키지. 재료 선택이 돋보이는 패키지디자인 영역이다.

목재로 만들어진 버버리향수의 뚜껑과 코르크의 소재를 붙여 만든 이니스프리 스킨의 뚜껑. 재료로서의 패키지디자인 영역을 적절히 적용하여 내츄럴한 이미지를 주고 있다.

6) 인쇄·생산 영역으로서 패키지디자인

생산자 측면에서의 효율적인 인쇄와 제품의 생산, 관리, 저장, 대량 운송을 고려한 패키지디자인이다. 여기서는 인쇄·생산·물류의 효율성과 함께 원가절감이라는 효과를 생각할 수 있다. 소비자 측면에서의 구매 후 이동의 편리성과 사용상의 편의성 등을 고려한 패키지디자인 영역이다.

특히 인쇄 영역은 브랜드이미지에 직접적으로 영향을 준다. 특정 브랜드 화장품의 인쇄 영역을 예로 들어보자. 크고 작은 쇼핑백, 다양한 종류의 상품 패키지, 용기, 포장지, 샘플, 설명서, 광고, 카탈로그 등 브랜드 하나를 이루고 있는 영역은 매우 크다. 이 모든 것들의 인쇄를 관리하기 위해서는 색상, 종이(소재)의 특성, 인쇄법, 가공기술, 사진 등에 관한 지식을 갖추어야 한다.

제품이 들어 있는 종이패키지의 앞면과 안쪽 면, 화장품이 들어 있는 용기의 인쇄 색상이 다를 수 있다. 소재의 차이에 따라 그 색상이 다르게 나타나기 때문이다. 따라서 브랜드 아이덴티티를 유지하기 위해서는 기술적으로 색상의 차이를 최소화하거나 효과적으로 표현하기 위해 노력해야 한다.

또한 패키지디자인은 운송의 편리와 매장에서의 적재성도 고려해야 한다. 콤팩트한 패키지는 대량 적재가 가능하여 물류비용을 절감할 수 있다. 특히 비행기로 수송할 경우, 물류비용을 고려하지 않은 과대포장은 막대한 원가 상승을 가져오게 된다. 1TEU당 운송비를 계산하는 수출 컨테이너 역시 적재성이 높을수록 유리하다. TEU(Twenty-foot Equivalent Units)란 컨테이너의 단위를 가리키는데 예를 들어 5,000TEU의 선박은 5,000개의 컨테이너를 적재할 수 있다는 의미이다.

7) 환경을 고려한 패키지디자인

지구적 문제인 환경보호의 요구에 발맞춰, 최근 환경을 고려한 패키지가 많이 등장하고 있다. 조사에 의하면 가정에서 버려지는 쓰레기의 1/3이 포장과 관계된 종이와 플라스틱이라고 한다. 따라서 패키지디자이너는 창조적인 그래픽 작업 이외에 환경 친화적인 패키지디자인에 대해 다음과 같은 고민을 해야 한다.

첫째, 불필요한 과대포장 패키지의 제거

과대포장은 법적 규제가 있으며, 환경단체 등에서 크기를 변경해 달라는 요청이 들어오기도 한다. 사전에 이러한 노력을 선행하는 한편, 제품을 보호하는 데 지장이 없을 정도의 미니멀 패키지디자인을 추구하도록 노력해야 한다.

둘째, '재사용'·'재활용'이 가능한 패키지디자인의 개발

재사용된 플라스틱이나 알루미늄 혹은 유리나 카드보드 등을 사용하며, 소재별로 재활용이나 분리배출 마크를 표기하고, 단일 소재의 패키지를 지향하여 분리수거 및 재활용을 원활하게 한다.

분리수거를 통해 자원을 재활용하여 환경을 보호하기 위한 일련의 표시사항. 패키지디자인시 표기해야 한다. 참고로 본 표시사항은 패키지뿐만 아니라 부품에도 표시되어 있는 것을 알 수 있다.

현대적 의미의 환경적 패키지디자인은 단순한 개념을 넘어 정신적이며 이타적인 영역으로 확대되고 있다. 이러한 트렌드 역시 하나의 커다란 마케팅 영역으로 자리 잡히는 중이다.

최근 《뉴욕타임스》는 미래 시장을 주도할 대표적 소비자로 로하스(LOHAS - Lifestyle Of Health And Sustainability)를 언급했다. 이는 '건강, 환경, 사회 정의, 자기 발전과 지속 가능한 삶에 가치를 둔 소비 집단'이란 의미로, 자신의 정신·신체적 건강뿐만 아니라 후대에 물려줄 소비 기반의 지속가능성(sustainability)을 중시하는 이타적 웰빙의 대표 소비자를 의미한다.

로하스 소비자의 증가에 따라 로하스 패키지디자인 역시 활발하게 전개되고 있다.

그 한 가지 예로, 우편으로 카탈로그를 발송해 주문을
받는 의류회사 펠리시모(Fellissimo) 소포박스를 들 수 있다. 박스 안
쪽에 풍부하고 화려한 컬러를 넣어 소포 박스의 뚜껑을 여는 순간
시각을 압도하는 효과도 있고, 뒤집어서 박스를 만들면 옷이나 물
품을 보관하는 용도로 재사용할 수 있는 아이디어가 인상적이다.
특히 월별로 소포 박스의 컬러를 다르게 하여, 물품 보관을 하기
에도 편하고 시각적인 이채로움도 있다.

의류 보관함으로 재사용 할 수 있는 펠리시모의
소포 박스

또 다른 예로, 리마커블 연필의 패키지(Remarkable Pencil
Packaging)가 있다.

리마커블 문구 제품은 나무를 사용하지 않고 우유팩으
로 만든 볼펜, 일회용 컵으로 만든 연필 등 재활용 제품으로 이루
어진 문구라인이다. 제품의 콘셉트에 맞게 패키지디자인 개발도
친환경적이다. 접착제를 사용하지 않는 패키지 구조를 개발하고,
연필 한 자루를 패키지의 잠금 장치로 이용하기도 했다. 잠금 장
치의 역할을 하는 연필 하나로 제품의 디스플레이가 크게 돋보이
는 효과를 나타내고 있다.

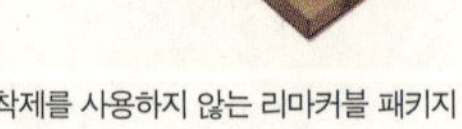

접착제를 사용하지 않는 리마커블 패키지

참고 사이트
http://magazine.jungle.co.kr/cat_graphic/
detail_view.asp?master_idx=11216&pagen
um=1&temptype=5&page=1&code=2&me
nu_idx

고봉석 대표 (주)코팩트
ko@kopact.co.kr

패키지디자인이란?

3. 패키지디자인의 발달사

패키지의 기능과 구조는 재질의 역할에 따라 매우 다양한 모습을 보여 왔다. 인류가 개발해 온 다양한 형태의 패키지 재료들은 다음과 같다.

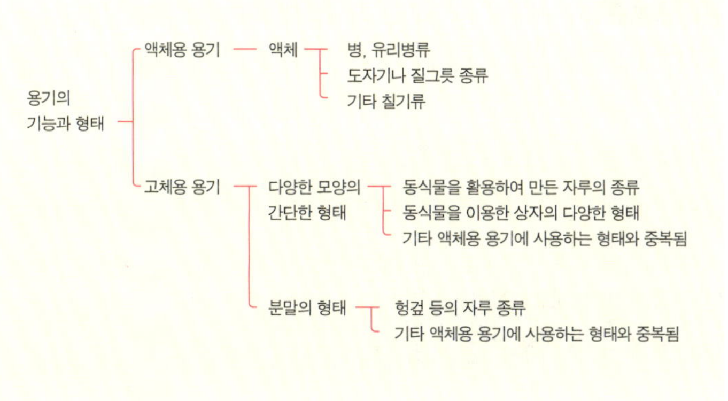

용기의 기능과 형태

패키지 안의 내용물의 성분은 그다지 큰 변화가 없었지만, 패키지의 형태는 모양과 시대에 따라 크게 바뀌어 왔다.

1) 전통 패키지의 역사와 기능들

패키지는 인류의 역사와 함께 시작되었다고 할 수 있다. 원시인이 물을 마시거나 채취한 음식물을 잠시 보관할 때, 나뭇잎 등을 이용했을 것이라고 쉽게 추측해 볼 수 있다.

청동기 시대를 전후해 인류의 문명은 비약적으로 발전하였고, 자연 속 재료를 2차 가공하여 사용하게 되었다. 나일강의 파피루스를 비롯하여 메소포타미아, 이집트인이 사용하던 유리용기와 금속용기, 중국의 도자기 등이 그러하다.

105년경 중국 후한시대에 채윤에 의해 단엽상의 종이가 개발되고, 이후 종이는 포장 재료로 매우 중요하게 사용되어 왔다.

1340년경 프랑스에서는 와인을 보관하기 위한 씰링 왁스가 개발되었고, 병마개는 다양한 연구를 거치면서 오늘날 음식물의 유통 산업에 지대한 영향을 끼치게 되었다. 특히 코르크 마

병마개의 초기 형태로, 덮개가 병마개를 누르고 있다.

개와 왕관 병뚜껑은 이제 세상에 없어서는 안 될, 패키지의 위상을 한층 더 높인 물건들이다.

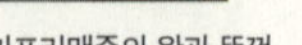

카프리맥주의 왕관 뚜껑

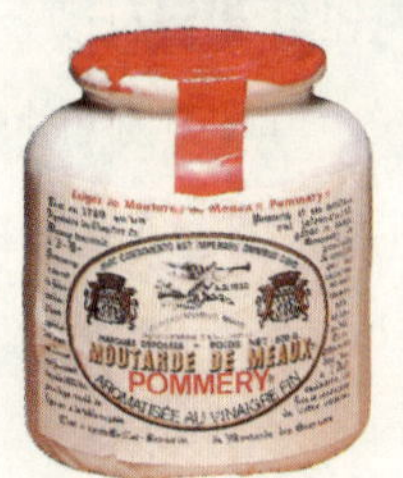

씰링 왁스 타입의 병마개

일반적으로 패키지의 형태는 모두 5단계로 나뉘는데, 비슷한 3단계와 4단계를 묶어 4단계로 분류해 보면 다음과 같다.

1단계 원시인이 나뭇잎을 사용하듯 자연물을 그대로 이용하는 단계
2단계 나무줄기를 엮거나 진흙 토기를 만드는 등 사람의 손을 간단하게
거치는 단계
3단계 유리나 도자기를 굽는 등 더욱 정교하게 제작하는 단계
4단계 종이용기 및 지기 구조물을 사용하는 단계(근대 이후)

우리나라에 전해져 내려오는 유물들을 보면, 전통적으로 주변의 소재를 잘 활용하여 훌륭한 장인정신을 선보인 패키지 형태들이 많다.

오른쪽 사진은 짚으로 만들어진 조선시대의 생활용기인데, 정교하게 제작되어 미관상 아름다울 뿐만 아니라 기능적인 활용도 매우 높았음을 손잡이와 용기의 실루엣을 통해 추측할 수 있다. 그 외의 재료로서 나무, 천, 종이, 옹기 등이 사용되었다. 아래 사진에서와 같이 짐승 가죽을 활용한 것도 있다.

짚으로 정교하게 만들어진 생활용기

짐승 가죽을 활용한 생활용기

패키지디자인이란?

　　우리나라 전통 패키지 형태를 연구하기 위해서는 먼저 유물로 남아 있는 것을 시대 순으로 정리하여 분류하거나, 역사적인 문헌을 통하여 추측하고 규명하는 방법이 있다. 조선시대의 의궤나 풍속도, 민화 등을 통하여 직접 관찰하거나 기록된 글을 연구하는 것인데 한자의 뜻을 일일이 해독해야 하므로 쉬운 작업은 아니다. 그러나 전통 패키지 연구는 미래를 위해서도 매우 중요한, 꼭 해야 할 일이다.

2) 현대 패키지의 발전

❶ 패키지디자인과 환경

인간의 지혜와 기술은 역사를 거듭할수록 보다 과학적이고 합리적으로 발전되어 왔다. 패키지 방법이나 형태도 예외는 아니다. 그러나 여기서 유념해야 할 일이 있는데 바로 환경의 문제이다. 과거 자연에서 나온 것으로 만들어진 패키지는 구조적으로 완벽하지는 않았지만, 요즈음의 환경오염의 주범과 같은 것들은 아니었으며 다 쓰고 낡아서 흙으로 돌아가는 순간까지 사람들에게 쓸모있고 소중한 물건으로 존재했다.

　　그러나 현재 우리나라에서 버려지는 폐기물을 보면 포장재를 포함한 생활쓰레기가 하루 25만여 톤, 공장 및 건설공사장 등에서 발생하는 사업장 폐기물이 5만여 톤이다. 이것은 매우 심각한 문제이다. 상품을 구입할 때마다 딸려오는 이런 포장재 폐기물은 미래 환경오염의 주범으로 낙인찍힐 수도 있다. 유통과정과 소비자 선택의 기능으로만 존재하는 패키지가 더 이상 미래 환경의 심판 대상으로 남아 있지 않도록 모든 이들이 머리를 맞대고 방법을 강구해야 한다.

　　럭키치약의 초기 형태는 다른 패키지가 그랬던 것처럼 리사이클이 가능한 금속으로 제작되었다. 그러나 형태상 안정감이 떨어지고 납 성분 등이 함유되어 건강에 유해한 면이 있다는 지적에 따라 플라스틱류로 대체되었다. 이로써 이전의 문제점은 해결되었지만 분해되지 않는 플라스틱의 심각한 환경오염 문제에

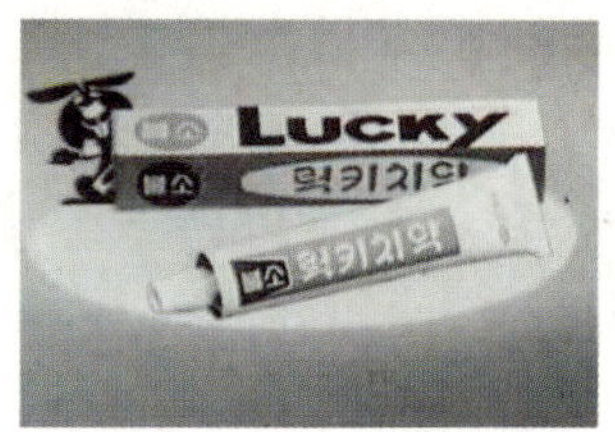

리사이클이 가능한 금속으로 제작된 럭키치약의 초기 형태

봉착하게 되었다.

패키지 없는 상품이란 생각할 수도 없게 된 지금. 환경을 먼저 생각하는 패키지의 개발은 사회와 인류의 미래에 지대한 영향을 끼칠 것이다.

❷ 패키지의 기술과 발전

기술의 발달은 종이패키지의 한계를 훌륭히 극복할 수 있게 하였다. 새로 개발된 종이 쿠키상자를 가지고 가는 '유니다 보이' 라는 작품을 보자. 이전까지 쿠키 패키지는 주로 금속관이나 유리병 등이었다. 그러나 습기에 약한 종이를 방수 코팅하여 비오는 날에도 안전하게 운반할 수 있다는 획기적인 기능성을 표현하고 있다. 오늘날 많은 쿠키포장이 지기로 되어 있는 점을 감안할 때, 매우 흥미 있는 일러스트레이션이다.

종이 쿠키상자를 가지고 가는 '유니다 보이'

우유 패키지로 카톤 팩 지기를 대체할 만큼 가볍고 편리한 것은 없다. 대개 크라프트지 양면에 왁스로 코팅하거나 내면에 PE를 코팅한다.

2~3개월간 보존이 가능한 두유나 요구르트 등은 거의 테트라 팩(Tetra Pak)사의 용기를 사용한다. 테트라 팩사는 제2차 세계대전 당시, 스웨덴의 풍부한 나무 자원을 활용하여 유리병보다 위생적이며 운반하기 쉽고 안전한 종이패키지 제작 기술을 개발해 내었다. 오늘날 테트라 팩사의 종이팩은 전세계 150개국으로 연간 수백억 개가 판매되기에 이르렀다.

카톤팩으로 만든 우유 패키지

종이상자의 기술적인 가공 처리도 중요하지만 언제 어디서나 손쉽게 개봉하고 닫을 수 있는 이상적인 개폐형 지기 구조 또한 중요한 요소이다. 결국 패키지 상자 하나의 개발이 스웨덴의 국익에 큰 영향을 가져다 준 셈이다.

새로운 패키지의 개발은 생활 습관의 변화로 이어지기도 한다. 티슈 페이퍼는 인간의 환경과 생활에 결정적인 변화를 가져온 아이템이다.

티슈는 1910년대 중반 미국에서 처음 사용되었다. 많은 패키지 형태가 전쟁과 관련이 있는데, 이 물건 역시 그러하다.

킴벌리 클라크사의 티슈 팝업박스 패키지

제1차 세계대전 당시 부상당한 미국 병사들의 상처를 보호하는 붕대 천의 물량이 부족하자, 킴벌리 클라크(Kimberly-Clark) 사는 대체용품으로 '셀 코튼'을 개발하였다. 얇은 종이 두세 장을 겹쳐 흡수성이 뛰어나도록 만든 부드러운 이 제품은 큰 인기를 누리며 대량 생산되었다.

전쟁이 끝나고 잔뜩 생산해 놓았던 물량의 처리를 고심하던 킴벌리 사는 여성의 화장을 지우는 데 최고라는 마케팅을 내세우며 일반인들에게 판매를 시작했다. 더 나아가 코를 풀 때 쓰면 손수건보다 부드럽고 1회용이라 위생적이라는 광고를 곁들여 이른바 '팝업박스' 패키지를 도입, 폭발적인 판매고를 올리게 되었다. 국내에 티슈 페이퍼가 처음 소개된 것은 1971년이다.

스프레이패키지에 담긴 향수와 살충제는 패키지 없이는 존재 자체가 불가능하다. 미국에서 개발된 살충제는 제2차 세계대전을 승리로 이끈 주역 중의 하나로 평가되는 물건이다. 전쟁 중 열대지방에 파견된 군인들을 모기나 다른 해충과 그로 인한 질병으로부터 지켜주었다고 한다.

스프레이 포장용기에 담긴 항살충제

세상에 처음 발명된 후 지금까지, 인류에게 그 어떠한 포장재보다 매우 유익하게 사용되어 온 한편 그 못지않게 큰 문제점을 가지고 있는 포장재, 플라스틱에 대해 살펴보자.

플라스틱(Plastic)은 라틴어의 Plasticus, 그리스어의 Plastikos를 어원으로 해서 나온, '생각하는 형태로 만든다', '형태를 만들 수 있는', '빚어서 만들 수 있는' 등의 의미를 가진 형용사이다. 이것의 복수형으로 명사화해서 '가소성이 있는 물질'을 의미하는 Plastics가 되었는데, 이 명사가 실제 물건과 함께 보급되면서 복수형을 없애고 Plastic을 그대로 사용하게 되었다.

1820년경 플라스틱이 개발되고 그것이 패키지 재료로 쓰이기 시작한 이후, 패키지 소재의 발전 연대표를 보면 종이와 유리 같은 포장재는 거의 공란으로 비워져 있을 정도이다. 편리한 플라스틱 포장재의 눈부신 발전에 자리를 내어준 결과라고 할 수 있다.

이전에는 껌이 한 개씩 낱개 포장되어 있으나, 사진

으로 보듯 플라스틱 통에 많은 양이 한꺼번에 담겨지며 폐기물을
훨씬 줄일 수 있게 되었다. 이처럼 플라스틱은 인류에게 이상적인
포장재이며, 환경오염에 대한 문제를 제외한다면 그 기능성으로
인해 우리의 생활환경도 과거와는 크게 달라진 것이 사실이다.

종이가 플라스틱보다 더 자연친화적일 것이라는 믿음
은 과연 어디서 온 것일까. 실제로는 코팅된 종이가 썩는 비닐보
다 더 오랜 시간 땅속에 묻혀 있기 마련이지만, 언젠가부터 사람
들은 환경을 보호한다는 맹목 하에 종이패키지를 더 친환경적이
라고 선호하고 있다.

게다가 공짜로 얼마든지 얻을 수 있었던 비닐봉지가 이
제는 부담스러운 것으로 변하면서 값을 치르게 되었으니 참으로
아이러니컬한 현실이 아닐 수 없다.

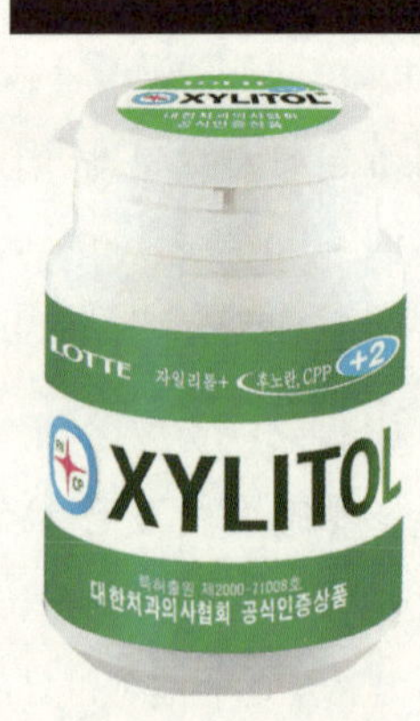

플라스틱 통에 담겨 있는 껌 패키지

❸ 미래의 패키지디자인

소비자의 기호가 무척 다양해져서, 이제 패키지디자인만 보고는
그 내용물을 무엇인지 짐작할 수 없는 의외성을 갖고 있는 상품도
등장하고 있다.

오른쪽 그림은 로모 파노라마 카메라(Lomo Panorama
Camera)의 패키지디자인이다. 박스가 온통 스팽글 구슬 등으로 장
식되어 있는데, 얼핏 보아서는 무슨 제품의 상자인지 구분할 수
없다.

콘돔의 패키지디자인도 매우 흥미롭다. 패키지의 물리
적 기능성을 살린 흥미 있는 디자인으로 드러내기 쉽지 않은 측면
문화를 유쾌하게 환기시켜 주었다.

미국에서 가장 유명한 콘돔회사의 하나인 콘도 마니아
의 오너 아담 글리크만(Adam K. Glickman)은 대학 시절에 기성품 콘
돔의 무미건조하고 촌스러운 디자인을 비웃기라도 하듯 '형광 콘
돔'을 개발했다. 이 제품으로 사업성을 확인한 그는 졸업 후 '콘도
마니아'라는 전문점을 열었다. 그리하여 엄청난 매출액과 더불어
연간 1백만 명의 네티즌이 방문하는 웹사이트를 운영하는 성공적
인 기업체로 성장시켰다.

로모 파노라마 카메라(Lomo Panorama Camera)의
패키지디자인

패키지의 물리적 기능과 콘돔이라는 이미지가 흥미를
유발시키고 있다.

패키지디자인이란?

　머지 않은 미래의 패키지디자인은 소비자 기호를 더욱 중시한 형태와 친환경적인 소재를 이용한 것 중심으로 발전해 나갈 전망이다.

　가림 라시드(Karim rashid)가 디자인한 화장품 용기 디자인을 보자. 기존의 종이패키지 대신 케이스를 제작하여 디자인의 차별성을 강조하였다. 그 옆의 작품은 환경을 고려한 패키지 연구의 노력이 엿보인다.

가림 레시드(Karim rashid)가 디자인한 화장품 용기 디자인

환경을 고려한 패키지

　이제 패키지디자인은 다양한 전공을 한 디자이너들에 의해 다루어지고 있다. 디자인이란 영역의 탈 경계 현상을 반영하기라도 하듯 말이다.

필립스탁(Philip stark)이 디자인한 생수병 디자인

4. 패키지그래픽의 발전사

문자와 시각 이미지로 표현된 그래픽 요소는 인류의 역사가 시작된 이래 다양한 매개체를 통하여 끊임없이 나타났다.

그리하여 20세기 이후의 패키지디자인은 그야말로 산업사회의 첨병 역할을 하고 있다. 자본주의의 넘치는 물질문명 속에서 인간의 욕구 충족을 위한 대표적인 시대적 상징성을 내포하고 있는 것이 또한 패키지디자인이다.

이집트 시대의 향수를 보관하던 용기

아르누보가 성행했던 1900년대 초에 제작된 패키지로, 위의 것은 초콜릿 포장이며 아래의 이미지는 여성의 속옷 패키지이다.

1) 박가분과 코티분

20세기 초 우리나라 패키지디자인의 초기 형태 중 대표적인 것으로 '박가분'을 들 수 있다. 박씨 성을 가진 상점에서 제작하였다고 하여 이름이 박가분인데, 초기에는 박승직 상점에서 포목 상품을 사는 손님에게 사은품으로 주기 위해 만들었다가 반응이 좋자 방물장수를 통하여 판매하게 되었다고 한다. 그러다가 몇 년 후인 1920년대 초·중반에는 조선 화장품업계를 석권하게 되었다.

판매 초기에 방물장수들은 큰 그릇에 분을 담아 가지고 다니면서 돈을 내는 만큼 종이에 싸 주었다. 그 후 판매고가 향상되며 새로운 패키지 기술이 개발되었다. 당시 수입품의 분갑이 둥근 종이함지에 싸여 있었음을 의식했는지 그림과 같은 용기와 브랜드를 도입하고 새로운 유통망도 모색하였다.

박가분 패키지디자인

비록 1920년대 말에 이르러서는 선진국의 발달한 화장품에 밀려 사라지고 말았지만, 브랜드와 규격을 가진 화장품 패키지로서는 국내 최초의 형태였다.

지금도 생산되는 코티(coty)분은 특히 1960~70년대 우리나라뿐 아니라 전 세계적으로 인기를 누리던 당시 현대적 여성의 상징물이라 할 수 있다.

코티분 디자인은 1920년대의 프랑스 디자이너 레온 박스트(Leon Bakst)가 친구인 르네 라리끄(Lene Lalique)의 스케치를 모방

코티(coty)분 패키지디자인

패키지디자인이란?

하면서 처음 생겨났다. 도회지의 어느 집 화장대 위에 올려져도 썩 잘 어울리곤 하던 코티분 디자인을 통해 배울 수 있는 것은 그 래픽적인 이미지가 패키지디자인에 많은 영향을 준다는 점이다. 그래픽은 현대 패키지디자인에서 절대적인 영향력을 행사하는 부분이다. 그러기에 수많은 디자이너들이 그래픽을 통하여 패키지 디자인의 완성을 이루려고 노력하는 것이다.

2) 현대 패키지디자인의 그래픽 경향

현대 패키지디자인의 시대적 특성을 고려하면서 포스트모더니즘 미술이 디자인에 미친 영향력을 무시하기는 쉽지 않을 것이다.

초현실주의 화가 르네 마그리트(Rene Magritte)의 〈전사술 decalcomanie〉이란 작품을 보자. 마그리트는 작품 속에서 하늘과 구름이라는 소재를 즐겨 다루었는데, 그 후 하늘과 구름의 의미 변환은 많은 디자이너들의 작품에 인용되곤 했다.

바게트 빵 포장과 같이 제품의 내용과 무관할 것 같은 그래픽이미지가 소비자 기호와 맞아떨어져서 판매로 직접 연결되고 있다는 것은 현대 상품과 패키지디자인이 맞이하고 있는 변화된 상황의 한 예이다.

르네 마그리뜨(Rene Magritte)의 작품
〈전사술〉(decalcomanie)

바게트 빵 패키지디자인

컴퓨터를 자유자재로 사용할 수 있는 요즘 디자이너들의 표현 방법들은 더욱 자유로워졌다. 소비자의 트렌드를 주도할 수 있는 여건이 마련된 것이다. 이를 통해 단순히 '상품의 시녀'로서의 패키지디자인이 아닌, 다양한 상상의 세계를 통해 소비자의 이상과 욕구를 충족시킬 수 있는 패키지디자인이 등장하기에 이르렀다.

샴페인 라벨과 잼 병 라벨의 디자인이 한 예이다. 샴페인 라벨의 하이힐은 파티에 참석하고 있는 소비자의 이상을 대변할 수 있으며, 잼 병에 보이는 토스터기의 이미지는 잘 구워진 빵을 연상시키기에 충분하다.

삼페인 라벨의 디자인

잼 병 라벨의 디자인

네빌 브로디가 제작한 미국 블루밍데일 백화점의 쇼핑백 디자인은 기존의 이미지를 로고만으로 표현하여 디자이너의 힘과 감각을 드러내었다. 자신있게 디자인된 상품은 판매 실적과 직결되기 마련인 것이다.

정보 개방과 생산기술의 향상으로 인해 기업 간 제품의 질적인 격차가 현저하게 줄어든 요즘, 패키지를 통해 제품의 분위기를 차별화시키는 것은 더 없이 중요한 전략이다. 빨래가 널린 주택의 정겨운 이미지를 통해 소비자들의 감성을 자극하는 스파게티 패키지디자인이 인상적이다. 오른쪽으로는 도회지의 멋쟁이 직업여성을 모델로 하여 제품의 타깃을 명확히 하는 차별화를 꾀하였다.

미국 블루밍데일 백화점의 쇼핑백 디자인

스파게티 디자인

도시의 커리어우먼을 모델로 삼은 패키지디자인

3) 패키지디자인과 마케팅 전략

패키지의 성공 신화를 말할 때 빼놓을 수 없는 유명한 이야기가
있다. 말보로 담배의 리디자인(Re-Design)이다. 말보로 담배는 1924
년 미국 필립모리스사에서 제작되어 세상에 처음 소개되었다. 초
기 형태에서 벗어나 1950년대 마리 셀던(Marie Selden)이 리디자인한
뒤 매출액은 5백 배나 신장했다. 그 명성은 반세기가 훨씬 지난 지
금도 이어지고 있다.

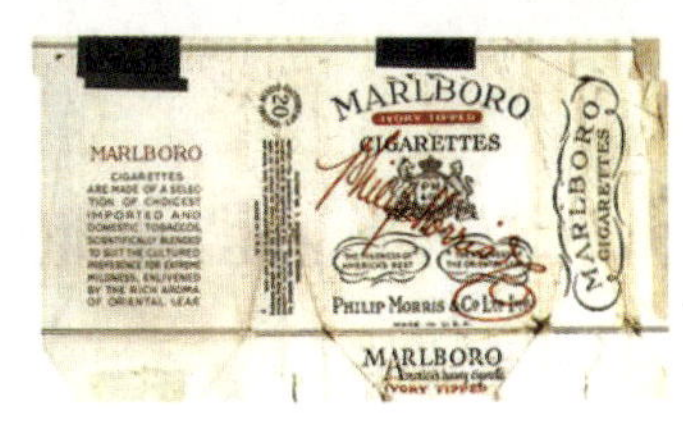

1924년 최초의 필립모리스사의 말보로디자인

1950년대 마리 셀던(Marie Selden)이 리디자인한
말보로디자인

　　　말보로 담배의 리디자인 콘셉트를 분석하면 다음과 같다.

　　　첫째, 당시의 미국의 시대상(개척 정신에 의하여 풍요로워진 경
제적 기반)을 반영한 스위트 홈의 분위기를 연출하였다. 요컨대 디자
인 윗부분의 ‘▽’형 도형은 지붕의 형태를 유도하여 가정의 분위
기로 연출한 것이고, 붉은 색상 역시 따뜻하면서도 정열적인 남성
의 야망을 표현하였다.

　　　둘째, 로고타입은 주로 남성에게 어필되는데, 세리프를
사용하여 여성에게도 무난하도록 디자인하였다.

　　　셋째, 상자의 기능성을 강조하여 구조의 형태를 바꾸었
는데, 영국에서는 쓰이고 있었으나 미국에서는 전혀 도입되지 않던
플립 탑(flip-top ; 뚜껑이 반자동으로 열리고 닫히는 형태) 스타일을 도입했다.

　　　넷째, 광고의 효과도 충분히 있었다. 말을 몰며 광야를
누비는 카우보이들의 야성적인 모습, 그들이 멋지게 담배 피우는
모습은 최고의 효과를 불러왔다. 디자이너 마리 셀던 역시 “패키
지디자인의 성과도 있었지만, 머천다이징과 광고의 효과가 없었
다면 성공이 불가능했을 것”이라고 회고했을 정도이다.

　　　말보로가 재탄생하기 전에 필립모리스는 머천다이징
당시의 인터뷰 조사를 비롯해 소비자 심리와 구매 행동을 효과적
으로 조사했다고 한다. 이 같은 마케팅 전략과 합리적인 패키지디
자인은 무명이었던 필립모리스사에 엄청난 부를 안겨주었다.

　　　예술은 감상되고 보존·계승되지만 디자인은 일상적으
로 소비된다. 그러한 의미에서 패키지디자인은 ‘지금’을 반영하는
‘시대성’이 있어야 한다. 예술은 그것 자체가 목적인 것에 반해 디
자인은 수단이다. 패키지를 상품의 시녀라고 하는 것은 내용물의

정보를 합리적으로 전달해야 하는 기능성 때문이다. 물론 상품의 시녀가 언제나 수동적이기만 한 것은 아니다. 색색의 줄줄이 막대 사탕을 패러디한 콘돔 패키지가 그 유쾌한 예이다.

패키지디자인의 대전제는 '내용물의 정보가 정확하게 상대방과 커뮤니케이션 되어야 한다' 는 점이다.

캔디를 패러디한 콘돔 패키지

최근 들어 패키지디자인의 목적이 이해되지 않는 과대 포장이 사회적 문제로 부상하곤 한다. 내용물이 무엇인지도 알 수 없으며, 때로는 패키지로서의 디자인적인 표현이 적절하지 않거나 심지어는 왜곡된 형태를 표현하는 경우도 있다.

패키지디자이너의 입장에서 항상 잊지 말아야 할 기본 자세가 있다. '상품을 위하여, 상품의 정보를 명확하게 전달' 한다는 사명감이 그것이다. 소비자와 기업이 윈윈(Win-Win)할 수 있는 논리적이고 타당한 마케팅 계획의 선상에서 패키지디자인은 이루어져야 한다.

마케팅이란 생산자가 자신의 상품으로 이익을 창출하기 위하여 모든 수단과 방법을 동원하는 관련 활동을 말한다. 다른 표현으로는 '교환 과정을 통하여 인간의 필요와 욕구를 만족시키는 데 목표를 둔 인간 활동' 이라고도 정의할 수 있다.

마케팅은 시대에 따라 지향하는 형태도 다르게 나타난다. 초기 산업사회는 만들기만 하면 팔리는 시대였다. 이처럼 '어떻게 생산할 것인가' 가 관건인 생산 지향적 마케팅에서 점차 제품 지향적 마케팅의 시대로 변해 왔다. 제품 지향적 마케팅은 다시 판매 지향적 마케팅으로 바뀌었고, 이어서 마케팅 전략이 우선시되는 마케팅 지향적 마케팅으로 바뀌기에 이르렀다. 근래에는 사회 지향적 마케팅으로 변하고 있다.

메슬로우(Maslow)의 욕구 5단계 이론(사람에게는 1. 생리적 욕구 2. 안전의 욕구 3. 사랑과 소속의 욕구 4. 승인과 존경의 욕구 5. 자기실현의 욕구가 있으며, 첫번째부터 순서대로 욕구를 만족시켜 나간다는 이론)을 상기해 보자. 모든 인간은 주목하고 인지하며 이해하고 확신한 후 물건을 구입한다. 마케팅은 이러한 과정 가운데 어떤 측면부터 공략할 것인가를 기본으로 연구해야 한다.

하나의 상품이 타 상품에 비해 어떠한 측면에서 높은 포지션에 놓였는가를 파악하려면 타깃이 되는 소비자의 기본 욕구를 얼마나 정확하게 충족하고 있는지를 측정해 보면 된다. 타깃 관련 정보 수집, 각종 시장조사, 일련의 마케팅 믹스 계획 수립 후에는 본격적인 마케팅 전략을 세워야 한다.

여기에는 수없이 많은 전략들이 존재한다. 예를 들어 SWOT(Strengths, Weaknesses, Opportunities, Threats) 분석법이 있고, BCG(Boston consulting Group) 모형에 따른 SBU(Strategic Business Unit) 모형, 멕킨지와 GE가 공동 개발한 GE(General Electrics) 사업 계획 매트릭스도 있다. 그 외에 여러 전략들이 있지만 일반적으로 매트릭스를 활용하여 마케팅 개념을 정리해 나가는 방법이 유효하다. X축과 Y축을 이용하여 정리하는 것으로 각자 상반되는 개념에서 2개의 축을 활용하여 문제의 범위를 좁혀 나가면서 마케팅 콘셉트를 도출하고 정예화 시켜가는 것이다.

4) 정보와 패키지디자인

과학과 정보통신이 화려하게 발달한 21세기 인간의 생활환경 변화는 '소비'와 '소비자'를 둘러싸고 경제적으로 엄청나게 다양한 역학관계를 형성했다. 경제 환경은 시장 개방과 그로 인해 양적·질적으로 성장한 국제화의 효과를 가져왔다. 또한 인터넷망의 발달은 오픈된 정보화 사회의 기반 아래 전자상거래의 활성화로 연결되었다.

정보의 발달과 거대해진 경제 환경의 단면을 보여주는 패키지디자인의 사례가 있다. 사진 속 신문 기사처럼 '19년 전 커피 병 라벨에 사용된 모델이 자신'이라고 주장하고 법적소송을 통하여 엄청난 보상을 받은 경우이다.

현대 경제 사회를 형성하는 핵심요인 중에는 소비자들과 그들의 라이프스타일이 있다.

고령화 사회로 실버마켓이 활성화되었고, 기존의 가족제도가 붕괴되면서 독신 가구 숫자가 증가했고, 혹은 소자녀화 경향이 두드러지면서 이로 인한 어린이 시장의 고급화가 새롭게 등

러셀 크리스토퍼가 자신의 사진이 인쇄된 테이스터스 초이스 커피병 뒤에 서 있다.　　[AP＝연합]

현대의 경제 환경을 패키지를 통해서 단적으로 보여주고 있다. (중앙일보기사 발췌)

장했다. 여성의 사회 진출이 눈에 띄게 늘면서 여성 고객 위주의 마켓도 상당한 영향력을 가지며 하루가 다르게 늘어나고 있다.

　　이러한 사회적 변화들은 자연스럽게 소비 라이프스타일의 변화를 불러오고 있다.

　　첫째, 물질주의적 생활관에서 벗어나 미(美), 지(知), 개성, 문화, 사회적 귀속감, 자아실현, 자기개발 등을 중시하는 '탈물질적 생활관'으로의 변화이다.

　　둘째, 생활과 가치관의 다원화 현상이다. 예를 들어 과거에는 가정과 직장에서 많은 시간을 보냈으나 요즘은 적극적인 레저 환경이 두드러지고 있다. 결국 생활의 기본 축은 가정과 직장이라는 협소한 영역에서 보다 다원화된 외부 영역으로 확대되는 것이다. 이것은 사람들의 사고방식에도 많은 영향을 끼쳐 절대가 아닌 상대적 가치관을 형성하게 된다.

　　셋째, 개인의 가치가 중요해지는 자기 가치 주도적인 사회로의 변화이다. 다양한 라이프스타일이 나타나며 그러한 라이프스타일은 각각의 상황에 맞게 세분화 및 전문화되면서 새로운 트렌드와 시장 다변화를 만들어 나갈 것이다.

　　아래 그림들은 '웰빙' 트렌드를 겨냥한 상품과 패키지디자인들이다. 왼쪽의 국외 상품과 오른쪽의 국내 상품 모두 그래픽처리가 담백하고 섬세하며 컬러의 사용이 절제되어 있다. 이러한 트렌드의 클러스트 현상은 수많은 종류의 패키지디자인 상품에도 반영되어 상품 진열 마켓의 분위기에 많은 영향을 끼칠 것이다.

'웰빙' 트렌드를 겨냥한 상품

'웰빙' 트렌드 상품의 패키지디자인

5) 과학발전과 패키지 표현의 변화

과학발전의 무한한 가능성은 포장재의 개발과 연계되는 표현의 다양성에 대한 기대감을 주고 있다. 즉 기존에 종이옵셋 인쇄를 통한 일반적인 패키지디자인은 소비자에게 더욱 설득력을 갖기 위하여 눈에 띄고 감성을 충족시키는 디자인으로 거듭나게 될 것이다.

즉, 복합 포장재를 활용하여 제품의 특징을 더욱 강조한다거나 제시한 예와 같이 기존의 스트레이트 스타일의 알루미늄 캔을 탈피하여 기능성과 아름다움을 동시에 추구한 디자인이 가까운 미래에는 더욱 많이 개발될 것이다.

특히 디지털시대를 대변하는 동영상의 이미지 구현을 통하여 패키지디자인에도 많은 적용이 될 것이라는 것을 예견해 볼 수 있는데 아래의 예는 스티븐 스필버그(Steven Allan Spielberg)감독의 영화 마이너리티 리포트(Minority Report)의 한 장면으로 주인공인 톰 클루즈(Tom Cruise)가 손을 대고 있는 패키지는 씨리얼 제품으로 그래픽이 동영상으로 움직이고 있다. 이것은 미래의 패키지 디자인의 기술 양상이 어떻게 달라질 것인가에 대한 좋은 한 예가 될 것이다.

영화 마이너리티 리포트(Minority Report)의 한 장면으로 주인공인 톰 클루즈(Tom Cruise)가 손을 대고 있는 패키지

가까운 미래의 패키지디자인에 적용될 유비쿼터스 (Ubiquitous)는 RFID(Radio Frequency Identification)라는 $1cm^3$ 이하의 저전력칩을 패키지에 삽입하는 방식으로 언제 어디서든 네트워크와의 접속을 가능하게 하여 내용물의 정보를 읽어내는 것이 가능하게 된다. 따라서 머트리얼(Material)에 대해 많은 자유로움이 예상되어 헝겊 같은 재질에도 직접 상품의 정보를 기록할 수 있으며 껌이나 담배 포장 같은 작은 공간에도 그래픽을 표현하는 데 도움이 될 것이다.

김응화 교수 한양대학교
kpack@hanyang.ac.kr

2장　패키지 마케팅

바야흐로 세계화의 한가운데 놓인 오늘날의 시장 경제 속에서 자기 자리를 지키려는 기업 간의 치열한 경쟁은 경쟁을 넘어서 거의 전쟁의 양상을 방불케 하고 있다. 그리하여 이 시대의 기업 환경은 이윤 추구에 매달리던 과거와 달리 '생존' 그 자체가 하나의 핵심적인 목표가 되었다.

기업 활동이 한 한 국가 안에 머물지 않고 세계를 넘나드는 요즘, 무수하게 쏟아지는 상품더미 속에서 한두 가지 제품의 판매 실적만으로는 기업의 성공 여부를 판가름할 수 없는 실정이다. 이제 기업은 보다 장기적인 시각을 가지고, 좋은 기업문화를 통해 사회에 좋은 이미지를 심으며 소비자들과의 관계를 돈독하게 하는 기업 운동을 게을리 해서는 안 되는 시점에 이르렀다.

1. 기업문화와 패키지

시장이 성숙할 대로 성숙해진 요즈음, 대부분의 제품들은 가격이
나 특성 면에서 큰 차이가 없어졌다. 이처럼 제품이 성숙기에 이
르렀을 때, 구매에 결정적인 역할을 하는 것은 기업의 전략적 아
이덴티티(Identity)를 바탕으로 한 이미지이다. 소비자의 감성에 작
용하는 것이 바로 기업의 이미지이다. 호감 가는 기업문화를 형성
하는 절대적인 요인이 바로 기업의 전략적 아이덴티티인 것이다.

　　　기업 이미지를 높이기 위해서는 기업문화를 소비자의
마음속에 기초부터 탄탄하게 아로새길 수 있어야 한다. 기업이 가
지고 있는 이념, 전통과 관습까지도 체계화된 기업의 문화로서 패
키지해야 하는 것이다.

1) 문화와 기업

문화는 삶의 방식이다. 집단 학습에 의해 형성되는, 지식과 신념과
예술과 도덕과 법과 관습 등 인간이 사회의 구성원으로서 사회적
관습에 의해 얻는 모든 것이 문화이다. 문화는 체계가 있다. 기초
가 되는 밑바닥에는 산업과 기술 문화가 있고, 가장 윗부분에는 종
교·도덕·예술 문화가 있다. 그 중간층에 있는 것이 정치·교육·기
업문화이다. 수평적으로 문화는 물질문화, 제도문화, 관념문화로
구분할 수 있는데, 기업문화 역시 이 같은 문화의 3가지 본질에 따
라 정리할 수 있다.

앤디 워홀 작품 속의 패키지

첫째, 기업의 물질문화이다

기업에서 생산하는 제품들에 소비자가 직접 개입하고 참여하는, 일정한 소비문화를 만들어 가는 경우이다. '롯데 월드콘'이나 '보성 녹차'와 같은 제품은 소비와 동시에 문화적 취향, 즉 '월드컵'과 '웰빙' 기호에 접근한 예이다. 건축물의 경우도 마찬가지인데, 2006년 독일 월드컵 주경기장인 '알리안츠 아레나'는 시설을 사용하는 수많은 경기 관람자들로 하여금 편의와 미적인 만족감 등 건축물 본연의 기능과 동시에, 초대형 광고 미디어로서의 역할도 하고 있다.

알리안츠 아레나

월드콘

둘째, 기업의 제도문화이다

기업의 제품이 많이 소비되며 소비자들 집단에서 일정한 행동이 나타나거나 사회적으로 제도화(制度化)를 이루는 경우이다. 모 기업이 브랜드 전략으로 만들어낸 '빼빼로데이'는 매년 11월 11일 청소년들 사이에 하나의 풍습이 되었다.

다른 예로, 기업이 문화·예술을 지원하는 메세나(Mecenat)를 들 수 있다. 초기 이윤의 사회적 환원이라는 취지에서 자발적으로 시작된 제도인데, 현재는 정부의 세제 혜택 등 지원책도 따르고 있다. 소비자의 문화적 수요와 욕구를 맞춘 기업의 전략적 접근인 셈이다.

빼빼로

셋째, 기업의 관념문화이다

'한류'가 좋은 예인데, 한국의 기업이 만든 문화 상품, 한국만의 한국적인 스타일로 각광받는 한류는 다른 나라 기업에서 찾을 수 없는 독특한 우리만의 문화이다. 기업 경영의 특유한 행동 양식이 사회적인 가치관으로 공유되었던 예로는 삼성의 '초일류 경영'을 들 수 있다.

한류스타와 패키지

문화의 개념을 기업 내부에 도입해 보자. 기업문화란 한 기업체의 임직원들이 공유하고 있는 가치관, 신념, 이념, 관습, 지식과 기술을 총칭한다. 이것은 임직원들로부터 비롯된 기업의 전체 행동에 영향을 주는 기본 요인으로, 기업을 움직이는 '보이지 않는 손'이라고 할 수 있다. 기업의 밑바닥에 흐르고 있는 정신적 배경인 것이다.

최근 이러한 기업문화가 강조되는 까닭은 무엇일까? 소비자 행동에 미치는 기업문화의 영향이 점점 커지기 때문이다. 이제 한 기업이 자신들의 아이덴티티를 뚜렷이 자리 잡지 못하면, 사회나 소비자들은 그 기업을 제대로 인식하지도, 기억하지도 않는 시대가 되었다.

한 기업의 아이덴티티를 확립한다는 것은 다른 기업과 구별되는 독창적인 기업문화를 발굴하고 그들 간의 질서를 찾는 작업이다. 자신들이 가지고 있는 문화적 가치들을 모아 경쟁 집단과 차별되는 체계를 만드는 것이다. 차별화된 기업문화는 결국 소비자들에게 독특한 기업 이미지를 심어주는 역할을 한다. 오늘날은 이미지의 시대요, 감성의 시대이다. 소비자, 주주, 지역사회, 정부 등에 문화로서의 아이덴티티를 강력하게 전달하지 못하는 기업은 경쟁 기업에게 뒤떨어지고 결국 낙오하는 운명을 맞게 될지도 모른다.

2) 기업 아이덴티티

사람이 아이덴티티를 갖는다는 것은 '사회라는 환경 속에서 자기만의 일정한 위치를 차지하려고 노력하는 상태'라고 할 수 있다. 이에 반해 기업 아이덴티티(Corporate Identity)란 기업 자체의 존재와 본질 간 동일화(同一化, identification), 다른 기업과의 차별화(差別化 differentiation)라는 의미가 함축되어 있다. 다시 말해 기업의 아이덴티티는 '수많은 아이덴티티를 형성하고 있는 개인들로 구성된 기업이 같은 비전을 가지고 동일성을 지속적으로 유지해 나가는 한편, 자신의 사회적 존재 의미인 철학과의 일관성을 자각하는 것'이다.

일반적으로 기업 아이덴티티는 한 기업의 문화를 전략적으로 만드는데, 그 문화는 임직원들의 사고와 행동을 통제할 뿐만 아니라 기업의 행동 전체를 규제한다. 다시 말해 목표 설정, 시장 전략, 광고 및 PR, 패키지 등 모든 대외 활동의 성격을 규정하며 일정한 양식의 패턴을 형성하는 것이다. 이것이 바로 기업의 문화형(文化型, ~ness, 삼성의 예를 들면 SAMSUNGness)이다. 여기서 기업의 특성(형질, characteristics)들이 내재된 문화형이 바로 경영 활동에 순기능을 하는 문화로서의 기업 아이덴티티 전략이다.

기업문화는 그동안 조직문화(Organizational Culture)라는 단어와 혼용되어 왔다. 기업 내 조직의 관점에서 작업 집단의 규범, 의식, 집합적 의지를 대변해 왔다. 그러나 문화와 이미지가 중요하게 활용되는 현대에는 소비자들의 욕구가 크게 달라졌다. 기업이 생산하는 제품의 예술적 가치를 추구하거나 한 제품을 소유함으로써 소비자 자신의 아이덴티티를 찾으려는 구매 패턴을 쉽게 찾아볼 수 있다. 관념의 대상으로서 기업문화를 보려는 소비자의 의식이 반영된 것이다.

기업문화는 소비자의 바람을 충족시켜 주어야 한다. 기업의 조직문화 뿐만 아니라 문화적 창조성을 지닌 집단으로 기업문화를 적극적으로 나타낼 필요가 있다. 결국 기업 이미지는 '소비자가 기업을 어떻게 인지하는가' 하는 것이고, 기업 아이덴티티는 '어떤 성향의 기업인가'를 보여 주는 것이다. 따라서 기업의 이미지가 곧 기업의 모습이고, 기업의 모습은 기업 아이덴티티에 의해 만들어진다고 할 수 있다.

삼성 휴대폰다운 패키지

3) 기업 아이덴티티의 구조와 요소

기업 아이덴티티는 일반적으로 마인드 아이덴티티(MI, Mind Identity), 행위 아이덴티티(BI, Behavior Identity), 시각 아이덴티티(VI, Visual Identity) 등 3가지로 분류할 수 있다. 최근에 세계화·정보화와 더불어 'e비즈니스'의 비중과 '최고경영자'의 역할이 점점 증대됨에 따라 웹 아이덴티티(WI, Web Identity)와 최고경영자 아이덴티티(PI, President Identity)가 기업 아이덴티티를 구성하는 새로운 요인으로 인식되고 있다.

MI와 BI는 이념, 규범, 조직 문화 등 기업의 내적 아이덴티티(internal identity)이고, VI와 WI는 그것을 소비자들에게 시각적으로 표출시키는 역할을 하는 외적 아이덴티티(external identity)이다.

PI는 최고경영자의 기업관이 임직원들의 근무 의욕이나 직장의 만족도에 영향을 끼친다는 점, 그리고 최고경영자의 사회에 비치는 인간성, 국가관, 도덕성 등 일거수일투족이 대중 매체를

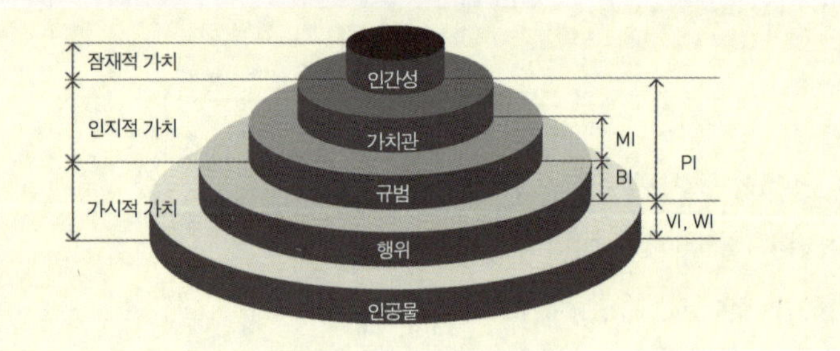

문화와 기업 아이덴티티의 관계

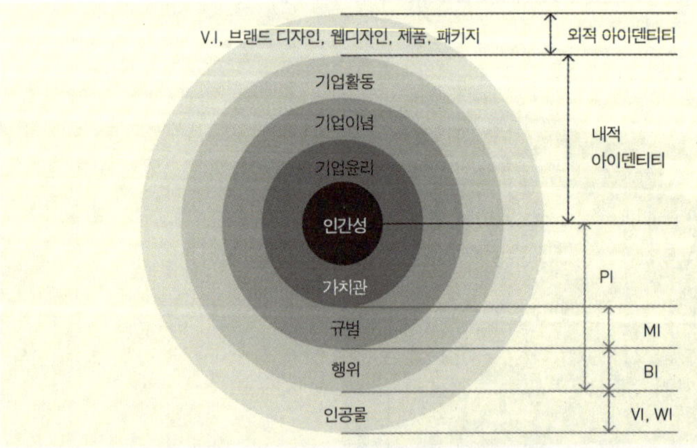

기업 문화와 아이덴티티의 구조

통해 소비자들에게 노출됨으로써 기업 이미지 형성에 악영향을 미
칠 수 있다는 점에서 내·외적 측면을 동시에 가지고 있다.

기업 내적·외적 구성 요인들이 수반되지 않은 기업 아
이덴티티는 본질을 제대로 파악하지 못한 시각 아이덴티티에 지
나지 않는다. 5가지 아이덴티티들이 의도한 방향대로 조화롭고 일
관성 있게 실천될 때 이상적인 기업문화와 올바른 기업 이미지로
소비자에게 선보일 수 있다.

MI 기업의 신념, 가치관, 철학, 정서 등 공유가치를 언어로
표현함으로써 기업의 존재 의의를 확정하는 것으로, 사람으로 비유하면
이상이나 철학을 갖는 것이다. 대체로 경영주에 의해 지침이 결정되며
기업의 특성을 중심으로 정립된다. CI를 추진하는 데 기초가 되며
임직원들에게 확고한 기업이념을 고취시켜 애사심을 갖게 하고 경영을
원활하게 할 수 있다.

BI 기업 이념을 행동 양식으로 확산시키는 프로그램이다. 기업이
나가야 할 방향을 임직원들에게 올바르게 인식시킴으로써 관리 관행을
표준화하는 일이다. CI를 성공적으로 실행하는 데 중요한 역할을 한다.
즉 친절한 행동으로 고객이 다시 기업을 기억하도록 한다. 기업 이념에
입각한 임직원들의 일관성 있는 언어의 사용도 포함된다.

VI 기업의 시각디자인 요소인 심벌, 로고타입, 브랜드, 패키지, 차량,
서식, 유니폼, 광고, 디스플레이 등 기업의 모든 매개체에 동일한
디자인을 적용하는 기업 이미지 프로그램이다. MI와 BI의 개념이
전달될 수 있는 차별화된 디자인 전략이 필요하며, 기업 이념과
기업문화의 행동 양식을 담아야 한다. 기업이 변화를 시도할 때나
변화된 모습을 보여 주고자 할 때 강력한 마케팅 전략 중 하나이다.

WI 기업이 가지고 있는 웹사이트들의 콘텐츠와 디자인을 기업 이념에
맞도록 일관성 있게 표현하는 작업이다. 고객과 on-line으로 만나는
웹사이트에서 자사의 사이트를 돋보이게 하여 좀더 강력하게
인식시킴으로써 경쟁력 있는 아이덴티티를 창출해야 한다.
VI 요소들의 웹사이트에 알맞도록 적용하는 것과 off-line과의 조화를
이루어야 한다.

PI 기업문화를 상징적으로 보여줄 수 있는 최고경영자의 좋은 이미지를
조직 안팎에 확고히 심어 주는 작업이다. 최고경영자의 외모,
패션스타일, 행동, 말투, 연설 방법이나 인터뷰 태도 등, 사회에서
요구하는 기준과 조화를 이루도록 설정이 되고 관리되어야 한다.

4) 기업 이미지와 패키지

소비자는 기업의 제품뿐 아니라 기업의 문화도 함께 사고 싶어한
다. 신뢰할 수 있는 문화를 가진 기업이 더 먼저 선택된다는 것이다.

기업의 많은 시각문화 중에 직접 소비자에게 선택되고
만져지는 것이 바로 패키지이다. 패키지야말로 기업과 소비자의
문화적 공감대를 이루는 대표적인 매체인 것이다. 소비자가 꿈꾸
는 것을 패키지에 담을 수만 있다면 기업으로서 그보다 더 소비자
와 가까워지는 방법도 없을 것이다. 수준 높은 패키지는 문화로서
가치를 인정받고, 한 국가의 국가(國歌)나 국기 이상의 문화적 심벌
이 되기도 한다.

소비자는 기업의 심벌마크, 로고타입, 광고 등 시각 메
시지와 판매원의 호감 가는 제품 설명 등 기업 활동이 드러나는 매
개체를 통해 기업체의 이념과 성격을 파악하고 제품을 선택한다.

기업의 이미지가 소비자의 인식 속에 자리 잡는 경로는
여러 가지인데, 기본적으로 시각적인 것에서부터 온다. 물론 시각
적인 것이 전부는 아니다. 시각적인 특징뿐 아니라 청각·후각·촉
각·미각 등 나머지 감각으로도 형성된다. 음향이나 소음도 역시
이미지에 속하며 식품의 냄새와 맛은 후각과 미각 이미지에 속하
고, 제품 표면의 질감은 촉각의 이미지 영역에 모두 포함된다. 이
외에도 종업원의 태도나 용모, 서비스의 수준 등 보거나 만질 수
없는 것도 있다.

패키지는 사람의 5가지 감각기관을 모두 동원하는 이
미지를 그려낼 수 있다. 캔 참치 패키지를 보자. 이것 역시 오감
만족을 목표해야 한다. 참치의 그래픽이미지와 브랜드 로고타입,
제품을 손으로 쥘 때의 표면 감촉, 뚜껑을 열 때의 경쾌한 소리,
부드럽고 촉촉한 살점. 기업의 입장에서는 어느 것 하나 소홀히

동원참치 캔

할 수 없다. 사소한 것 하나라도 좋지 않은 이미지로 남는다면 결국 '다 좋은 데 이것 때문에' 라는 결과가 남겨질 수도 있다.

　　　그러므로 패키지디자인은 총체적인 기업 이미지의 차원에서 체계적으로 다루어져야 한다. 관리되지 않아 조잡하고 들쭉날쭉 엉망인 패키지 하나로 그동안 기업이 쌓아 왔던 기술력과 경쟁력의 우위를 한꺼번에 잃을 수 있다. 소비자는 한 패키지와의 만남을 통해 기업의 대표자를 대면하고, 그 자리에서 기업의 참 인상(좋은 이미지)과 거짓 인상(나쁜 이미지)을 구분 짓게 된다.

　　　첫인상이 중요하다는 말처럼 대부분의 소비자들은 처음 받은 인상을 다음에 받는 인상보다 강하게 기억하기 마련이다. 첫인상을 잘못 들여 놓았을 때, 그것을 상대의 머릿속에서 지우거나 뒤바꾸기란 참으로 어려운 일이다. 첫인상이 시작되는 패키지를 체계적이고 구체적인 이미지 관리로 연결하는 것은 그만큼 중요한 일인 것이다.

5) 기업 퍼스널리티와 패키지디자인

기업이 어느 제품을 시장에 내놓는 것은 '앞으로도 그 제품을 일관성 있게 공급하겠다' 는 소비자와의 약속이라고 할 수 있다. 경쟁 기업에게는 자사 제품을 드러내 보이게 되고, 소비자와는 패키지를 통한 유대관계가 이루어지게 된다.

　　　패키지디자인을 통해 상품의 존재를 알리는 과정에서 브랜드이미지와 기업 이미지를 서로 동일시하는 것은 매우 중요한 작업이다. 여기서의 퍼스널리티는 현재 또는 미래의 상태를 결정하는 것으로, 타 기업과 다르다는 것을 증명하는 중요 수단이 되기 때문에 그 수준을 꾸준히 유지해 나가야 한다. 기업이 제품을 브랜딩하는 것은 소비자들이 구매하여 사용할 때마다 똑같은 만족을 보증한다는 의미이다. 그러한 만족의 신뢰가 쌓임으로서 소비자는 그 상품의 브랜드네임이나 패키지디자인을 선택하게 된다.

　　　결국 중요한 것은 아이덴티티의 역할이다. 소비자가 느끼는 기업 아이덴티티는 간접적으로 습득한 지식이 아니라 제품의 패키지, 광고, 제품의 질 같은 구체적인 것에 의해 결정된다.

그러므로 기업은 소비자가 좋은 이미지를 형성할 수 있도록 계기를 마련해야 한다. 기업이 선택하는 모든 디자인 요소들이 종합되었을 때 바로 그것이 기업의 아이덴티티로 나타난다.

기업이 전달하는 아이덴티티의 단서들은 여러 가지가 있지만, 소비자들의 호감을 얻으려면 그 중 특별한 의미를 가지는 시각적 단서들을 결합하여 제품의 아이덴티티를 일관성 있게 유지시키고 오랜 시간 이를 반복하여 전달해야 한다.

브랜드 아이덴티티는 물질적인 부분과 스타일에 의해 지각되는데, 특히 스타일은 브랜드의 모든 활동에 일관되게 적용되어 소비자들로 하여금 특성화를 인정하게 하는 중요한 요인이 된다. 기업은 패키지디자인을 통해 타 상품과 차별화하고 개성이 강한 시각적 특성을 유지시켜야 한다. 이러한 시각적 특성이 기업의 스타일로 일관성 있게 발전시켜 나갈 때, 브랜드의 퍼스널리티도 자연스럽게 만들어지는 것이다.

CJ 햇반 브랜드 패키지

2. 마케팅과 패키지디자인

마케팅이란 용어는 미국에서 처음 쓰이기 시작했다. 초기 마케팅은 생산자 중심의 사고에서 사용되던 용어였다. 그러나 현대사회에서 쓰이는 마케팅의 의미는 '소비자에게 상품을 전달하는 유통방법'에 대한 문제로, 소비자의 욕구를 어떻게 만족시키느냐에 중점을 두는 소비자 지향적인 노력으로 전환되었다.

1) 마케팅을 있게 하는 요소들

현대사회의 마케팅 활동은 소비자를 만족시킬 수 있는 창조적인 활동이다. 무한경쟁의 시장 상황에서 창조적인 사고와 의식이 수반되어야 하는 마케팅 활동은 패키지디자인과 밀접한 관계를 갖고 있다.

마케팅이란 기업이 시장에서 교환을 창조하기 위해 제품, 가격, 유통, 그리고 판매 촉진활동을 계획하고 실천함으로써 고객의 욕구와 필요의 충족을 통해 자신의 목적을 이루는 과정이다.

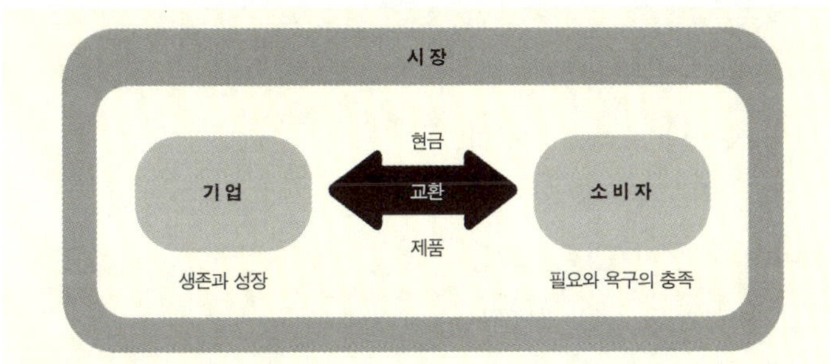

마케팅 개념의 구성 요소

❶ 욕구와 필요

마케팅에서 가장 기본적인 개념은 인간의 욕구(needs)이다. 인간의 욕구란 '어떤 기본적인 만족이 결핍된 상태'를 말한다. 인간은 매우 복잡하고 다양한 기본 욕구를 가지고 있다. 의식주를 비롯해 편안함과 안전함 등의 생리적 욕구, 집단에의 소속감이나 애정과 같은 사회적 욕구, 지식과 자기표현 등과 같은 개인적 욕구 등 인간은 이러한 기본적 욕구가 만족되지 못하면 심리적 긴장을 느끼고, 그 긴장의 강도가 어느 수준을 넘게 되면 이의 해결을 위해 욕구를 대리 만족할 어떤 대상물을 찾게 된다. 이것이 소비자가 교환에 참여하게 되는 직접적인 동기이다.

❷ 제품

인간의 욕구와 필요는 제품을 소비·사용함으로써 충족된다. 따라서 인간의 욕구와 필요를 충족시킬 수 있는 것은 무엇이든 제품으로 볼 수 있다. 이렇게 제품의 범위는 형태를 가진 유형 제품과 서비스 같은 무형의 것과 더불어 사람, 장소, 조직, 활동 그리고 아이디어까지 확대된다. 요컨대 연예인 '비'(사람), 문화와 예술의 도시 파리(장소), 한나라당 당적을 가진 정치인(조직), 노후를 위한 연금 보험(아이디어) 등 모든 것이 인간의 욕구를 충족시켜 줄 수 있는 선택의 대상물이며 또한 제품이다. 제품이 욕구 충족물, 욕구 충족 자원 또는 욕구 충족 제공물 등으로 다양하게 표현되는 것이 이 때문이다. 결국 제품이란 인간의 욕구 충족을 위해 가치 있는 그 무엇을 의미한다.

❸ 교환

마케팅은 기업과 소비자가 교환을 통해 자신의 목적을 달성하고자 할 때 의미를 가진다. 여기서 교환이란 어떤 사람에게 그가 필요로 하는 것을 주고 그 대가로 자신이 원하는 것을 얻는 행동을 말한다. 기업과 소비자의 측면에서 볼 때 교환은 바로 판매와 구매에 해당한다.

교환 당사자들은 상대방에게 무엇인가 가치 있는 것을 가지고 있어야 한다. 그리고 거래하기를 원해야 한다. 교환 당사자들은 교환을 했을 때 그 이전보다 더 나은 상태가 되리라는 확신이 있을 때만 교환에 참여하게 된다. 왜냐하면 교환 당사자는 상대방의 제안을 거부하거나 수용할 자유가 있기 때문이다. 생산이 가치를 창조하는 것처럼 교환도 가치 창조의 한 과정으로 볼 수 있다.

❹ 시장

교환은 시장에서 이루어진다. 이러한 의미에서 시장이란 물품의 매매가 이루어지는 잠재적 교환의 장이며, 동일한 욕구와 필요를 충족시켜 주는 제품의 집합체로도 볼 수 있다. 또한 시장은 제품 거래를 광범위하게 수행하는 사람들과 조직체의 집합을 의미하기도 한다. 이처럼 시장이란 교환의 장소, 제품의 집합, 사람들의 집합 등 다양한 개념을 포함하고 있다.

2) 소비자들에게 가장 필요한 마케팅

소비자와 제품 사이에 가능한 모든 접점을 커뮤니케이션 채널로 보고 소비자의 구매 행동에 영향을 미치는 효과를 확보하는 것이 마케팅 활동이다.

제품은 물리적인 측면 그 자체로서만이 아니라 가격, 브랜드명, 광고, 패키지 등과 같은 정보 요소로 구성되어 있는 집합체이다. 따라서 상품의 특성화를 형성하려면 모든 마케팅 요소와 상호 조화를 이루어야 한다. 이와 같이 다양한 메시지 채널이 소비자에게 영향을 주어 구매에 영향을 주는 행위를 경쟁적으로 진행시키는 것인데, 그들 간에는 상호 연계성과 보완적 관계를 유지하는 특성이 있다.

일반적으로 제품은 눈으로 볼 수 있고 만질 수 있는 유형의 제품과 보고 느낄 수 없는 무형의 제품으로 구분된다. 이 가운데 패키지는 전자의 유형 제품으로 물질적인 형태를 갖추고 있다. 형태를 갖춘 제품으로서 패키지가 시장에서 호응을 받을 수 있는 요인은 내구성, 쾌적성, 보존성, 운반성, 가격성, 대체성, 독점성, 공지성, 희소성 등이다.

감성적 패키지는 디자인이 소비자의 감정을 움직이고 정신적인 부분에 호소하며 상품성을 끝없이 발전시킬 수 있다. 별도의 광고나 홍보비용을 투입하지 않고도 제품에 자생력을 불어넣는 경제적이고 효과적인 역할을 패키지라는 매개로 활용할 수 있는 것이다. 이는 실로 중요한 상품화 전략이다. 엄청난 홍보비와 광고비를 지출하지 않고도 제품의 판매가 이루어지고 매출이 증대될 수 있다는 것, 이것이야말로 패키지디자인이란 제품의 자생력을 생성시키는 결정적인 요소인 것이다.

　　그러나 끊임없이 변화하는 소비자들의 동향 파악과 마
케팅적 발상을 소홀히 할 경우, 심각한 문제에 직면할 수 있다. 외
국의 제품이나 패키지를 모방하거나 경쟁 제품과 유사한 제품과
패키지를 도입하는 사례들은 참으로 매력이 없고 위험한 발상이
아닐 수 없다. 국내 기업이 국제적으로 차지하는 브랜드 신뢰도를
높이기 위해서는 이러한 현상을 완벽하게 극복해야 한다.

볼빅(volvic) 생수

제주 삼다수

　　소비자들이 원하는 제품, 기대하는 패키지디자인은 그
러므로 제품의 필수적인 조건이 될 수밖에 없다. 이러한 패키지디
자인은 경쟁 제품과 차별화되는 것, 그 기업 고유의 특성을 갖춘
창의적인 것이어야 한다. 또한 그 특성은 제품마다의 단발적인 것
에 그쳐서는 안 된다. 반대로 정책적 차원에서 계속 유지되고 연
계되어야 한다.

　　기업은 제품을 계속적으로 개발하며, 또 다양한 안정적
인 제품 구성군을 가져야 한다. 기업이 생산하는 제품들의 개별
이미지로부터 제품군 전체가 형성하는 이미지까지의 평판은 매우
중요한 의미를 갖는다. 그것은 기업의 대 사회적 이미지와 직결되
는 문제이다. 개별 제품에 대한 창의적인 패키지는 단기적으로는
상대 제품에 대한 차별화 및 특성화 전략의 하나이다. 한편 기업
의 장기적인 측면에서 볼 때, 제품 하나하나의 누적된 차별화 특
성화는 그 기업의 이미지 형성에 기여하며 결과적으로 기업이 쌓
아올린 전통성으로 평가받기 마련이다.

3) 사회 지향적인 마케팅

소비자의 필요와 욕구만을 충족시키는 마케팅 콘셉트는 오래 전
이야기이다. 사회가 고도화·첨단화되어감에 따라 기업은 보다 사
회 지향적인 마케팅을 요구받고 있다. 변화된 욕구나 필요, 가치
관의 새로운 인식에서 만들어진 소비 패턴과, 더욱 높아진 소비자
의 사회적 관심에 눈을 돌려야 한다. 더욱이 소비자의 권리에 대
한 요구와 환경 보호를 위한 기업 활동의 법률적 규제 등 기업에
부담스러운 상황이 많아지는 현실이다.

그러나 이처럼 다양하게 변화되고 있는 환경을 부담스
럽게 받아들일 필요는 없다. 사회적 변화에 능동적으로 대처하는
것은 어차피 기본적인 기업의 자세인 것이다.

기업은 사회와 유기적인 관계를 유지함으로써 생존이
가능해진다. 홀로 고립되지 않기 위해서는 항상 사회와 접촉하면
서 때때로 기업의 체질이나 운영을 수정해야 한다.

패키지디자인의 개발 역시 마찬가지이다. 시대적 가치
관에 부합하고, 소비자들의 요구에 합당한 수준으로, 또한 경쟁
기업과의 우위적 차별화가 성취될 때 비로소 상품의 상품적 가치
가 발생한다. 소비자들에게 기업의 신뢰감을 주는 일, 미래에 대
한 안정되고 지속적인 확신을 갖게 하는 일이 중요하다. 이를 통
해 기업의 철학과 가치관에 기초한 가능성을 인정받을 수 있으며,
이것은 결과적으로 기업이 가진 능력이 된다.

상품의 전문성과 특성을 고취시키는 구체적 효과는 물
리적인 제품의 성격보다는 오히려 상품화의 수단인 패키지디자인
을 통해 더 효과적으로 실현되고 있다. 소비자는 여러 매체를 통해
얻은 정보를 가지고 매장에 가서 패키지를 직접 접하고 주변의 경
쟁 제품과 현장 비교를 한 뒤 구매를 결정한다. 제품 유통의 이 마
지막 단계에서 효과를 보려면 경쟁 제품과 확실히 구별되는 특성
을 디자인해야 한다. 피상적인 식별 기능으로서의 차별화에 그쳐
서는 안 된다. 기업의 문화를 나타낼 수 있는 것이어야만 한다.

제품의 속성과 특성을 시각화한 패키지디자인은 소비
자들에게 커뮤니케이션 특질을 통해 제품의 물리적 가치 이상의

심리적·정신적 만족까지도 실현시켜 주어야 한다. 패키지디자인
이 행하는 메시지는 브랜드의 이미지에 독특한 개성을 부여해야
한다. 그리고 경쟁 상품과 차별되는 창의력의 표현으로 브랜드의
퍼스널리티가 강하게 표출돼야 한다. 바로 이것이 소비자로 하여
금 브랜드에 호의적인 관계를 유지할 수 있게 하는 핵심적인 역할
이다.

더바디샵(The Body Shop) 패키지

3. 패키지디자인 속의 마케팅 요소

마케팅 수단으로서 패키지디자인의 역할은 가히 절대적인 위치를 차지하고 있다. 또한 그 역할은 앞으로도 더욱 강조되고 확장될 것이다. 패키지디자인과 마케팅과의 관계를 논함에 있어 빠질 수 없는 요소들이 있다. 브랜드, 광고, 구매 시점, 세일즈 프로모션 등이 그것들이다.

1) 브랜드의 가치와 중요성

브랜드란 고대 스칸디나비아 지역에 살았던 토착민의 말 'Brandr'에서 유래한다. '타다, 태우다(burn)'의 의미로 소, 말 등의 가축에 낙인을 찍어 자신의 소유임을 알리는 '손 떼(hands off)'의 의미로 사용되었다. 그러나 현대의 브랜드란 그와 정반대이다. '나 여기 있습니다. 손 대(hands on) 주십시오.'라는 메시지로 발전한 것이다.

　　　브랜드 아이덴티티는 그 브랜드를 인식할 수 있는 말, 이미지, 관념과 그 연상의 구조물로서 소비자가 가지고 있는 제품에 대한 모든 지각의 형태라고 할 수 있다. 영국의 패키지디자이너 메리 루이스(Mary Lewis)는 '패키지는 브랜드의 핵심적 가치를 나타내는 물리적 자산이다'라며 브랜드와 패키지디자인이 가진 불가분의 관계를 설명했다. 패키지가 브랜드에 관한 모든 본질을 불러내는 역할을 한다는 패키지디자인이 곧 브랜드 아이덴티티의 원천임을 뜻한다.

　　　기업은 제품에 의해서만 존재할 수 있다. 그러다 보면 기업 이미지는 유형이든 무형이든 브랜드라는 표현으로 집약되기 마련이다. 현대사회의 기업은 강력한 브랜드를 보유하고 있어야만 기업 활동이 가능하고 성장도 기대할 수 있다. 수많은 제품이 시시각각으로 출시되는 현대의 시장 경쟁 상황에서 비싼 로열티를 지닌 브랜드는 기업에게 커다란 경쟁력 요소가 되어 준다. 기업에서 가장 중요한 실제적 자산 가치를 그 기업이 보유하고 있는 브랜드로 평가하기도 한다. 기업의 전체 자산 가치 가운데 80% 정도가 브랜드 가치이며 20%만이 기타의 가치라는 주장도 있다.

　　　브랜드의 가치와 그 중요성은 앞으로 더욱 커질 것으로

글로벌 최고의 브랜드 코카콜라

예측된다. 엄청난 생산 시설, 적재·수송 시스템, 여러 부서에서
일하는 수많은 조직원 등의 다양한 기업 요소 역시 한시적인 자산
으로 값어치가 있는 것이다. 그러나 영원히 지속되는 무한한 자산
가치는 기업의 이름과 브랜드라고 할 수 있다.

많은 기업들이 강력한 브랜드를 육성하기 위해 모든 노
력을 기울이고 있다. 강력한 브랜드의 확보란 결국 기업은 물론이
고 국가의 경쟁력 재고에도 직결이 되는 현대사회의 실질적인 에
너지라고 할 수 있다.

브랜드란 그 제품의 우수성을 이름과 함께 노출시키는
유일한 형태이다.

제품의 우수성과 가치는 외형적으로 노출되는 브랜드
로 압축되어 소비자의 의식 속에 존재되고 각인된다. 소비자의 의
식에 깊이 남은 브랜드는 제품을 구매하는 데 있어서 가장 중요한
조건 요소가 되는 것이다. 이러한 브랜드는 크게 통합 브랜드와
개별 브랜드 두 가지로 구별되어 패키지디자인에 활용되고 있다.

통합 브랜드(Family Brand) 하나의 강력한 브랜드를 집중적으로 광고,
홍보하는 동시에 또 다른 종류의 제품들은 한 브랜드나 패키지로
통일시킨 것이다. 특히 광고의 영향력이 크지만 제품의 개별 브랜드를
광고할 수 있었던 과거에는 브랜드를 하나로 묶은 통합 브랜드의 광고가
전략적으로 효과를 보았다. 역으로 많은 제품을 비슷한 특성끼리 모아
놓을 수 있는 방법이기도 하다. 이미 광고·홍보 지원을 받은 브랜드의
상품과 더불어 또 다른 종류들이 동시에 매장에 진열되는데, 이러한
제품의 무리(상품집단)들은 구매자의 시선을 좀더 자극할 수 있다.
이러한 통합 브랜드 전략은 광고·판촉 비용을 줄일 수 있는 경제적인
전략일 뿐 아니라 다양한 소비자의 욕구를 집단화해서 만족시켜 주는
패키지디자인 전략이기도 하다. 특히 강력한 브랜드의 여러 제품들을
동시에 적용시켜 조기에 정착시킬 수 있는 유리한 점도 지니고 있다.

개별 브랜드(Individual Brand) 개별 브랜드란 시장에서 자연스럽게
탄생한다. 패키지디자인은 그 제품의 특성을 통합 브랜드보다 분명하게
전달하면서 매우 효과적으로 표현할 수 있다. 제품의 제반 요소가
오로지 하나로만 구성되었기 때문에 또 다른 커뮤니케이션의 가설을
준비할 필요가 없다. 여러 가지의 환경(제품의 질, 향, 규격, 형태 등)을 염두에

두어야 하는 브랜드 통합의 여건과 비교한다면 매우 유리한 조건일 수
있다. 고객의 심리에 강하게 인지될 여지가 높고 경쟁 제품과의
차별성도 뚜렷이 할 수 있는 등 유리한 점이 많다.
시장성이 큰 제품이나 상품 경쟁이 치열한 경우에 흔히 사용된다. 광고
홍보비가 많이 투입되는 부담이 있으나 전문화·세분화되는 현대사회의
자유 경쟁 상황에서는 매우 바람직한 디자인 방향으로, 최근 국내의
많은 기업들도 이러한 개별 브랜드 중심의 패키지디자인 정책을 펴고
있다.

2) 광고 Advertising

광고는 소비자들에게 제품의 존재를 빨리 알려서 잠재된 수요를
표출시키고 새로운 시장을 개척하는 동시에 고객을 창출하는 임
무를 띠고 있다. 마케팅 촉진 활동의 한 가지 방법으로 이익과 시
장점유율을 높이는 역할을 한다. 특정 광고주가 대가를 지불하고
제품, 서비스, 아이디어 등을 매체를 통해 널리 알리고 구매를 일
으키게 하는 모든 형태의 촉진 활동을 말한다.

일반적으로 제품에 대한 정보를 여러 사람에게 알리고,
그들이 제품을 구매하도록 설득하며 구매자가 자사 브랜드를 기
억할 수 있도록 하는 것이 광고의 역할이다. 광고는 다수의 대중
에게 짧은 시간 동안 정보를 제공할 수 있는데, 고객에게 전달할
수 있는 정보량이 제한되어 있는 데다 정보의 내용을 고객에 따라
개별화하는 데 어려움이 있다.

수많은 새로운 제품은 구매자에게 많은 혼란을 불러올
수 있다. 특히 새로운 제품이 새롭게 출현될 때마다 그 제품을 판
매하기 위한 각종 광고와 홍보의 물량이 날이 갈수록 폭발적으로
증대되고 있는 것이 현실이다. 도대체 어떤 제품이 출하되었는지,
그 제품은 다른 제품과 어떻게 다른지 모르는 경우가 많으며, 제
품의 명칭조차 기억하지 못할 때가 있다.

광고가 판매 증대에 대단한 위력이 있다는 것을 부인하
기는 어렵지만 광고에 모든 것을 의존하려는 현대 기업의 욕구는
충족되기 어려워 보인다. 현대사회에서 광고를 할 수 있는 제반
여건은 매우 한정적이고 제한적일 수밖에 없다. 광고를 할 수 있

는 공간, 시간, 자본, 인력 등은 한정되어 있는 반면 새롭게 등장하는 신상품의 숫자와 그들 제품을 소개하는 정보의 양은 점점 늘어만 가고 있기 때문이다.

광고는 제품의 종류에 따라 그 방법이 달라진다. 감성형 기호 제품인 위스키는 잡지 광고에서 인지되는 경우가 많다. 첫 단계인 잡지 광고에서는 제품의 특성을 이미지로 파악하는 정도에 그친다. 그리고 상점에서 제품(패키지)을 보고 나서 비로소 공감과 확신을 얻게 된다. 이 경우 패키지디자인이 제품 내용물을 대표하여 공감과 확신을 준다 해도 과언이 아니다. '아, 나야말로 이 분위기를 즐길 수 있어' 라는 확신을 패키지를 통해 얻는 것이다.

인터넷 광고의 경우는 인터넷을 통해 고객과 커뮤니케이션을 한다. 특정사이트에 광고용 배너를 게재하여 자신의 사이트로 연결하거나 검색 엔진 혹은 여타 사이트에 자기 사이트를 연결시키고 그 대가를 지불하는 형태이다. 최신 제품 정보에 관심이 많은, 바쁜 직장인들에게 매우 유용한 수단이다.

인터넷으로 제품을 구매하는 경우, 여러 곳의 사이트 정보를 분석하여 판매가 이루어지는 경우가 많다. 웹디자인의 신뢰도와 콘텐츠가 제품의 구매로 연결되기도 한다. 인터넷 구매 고객은 주로 젊은 층이 많은데, 인터넷에 접근이 용이하고 컴퓨터 사용 시간이 많기 때문일 것이다. 그러나 제품의 실체를 완벽하게 확인할 수 없는 조건이어서 반품되는 사례도 적지 않다.

광고와 윈저 패키지

페리에(perrier)의 배너 광고에 삽입된 패키지

패키지 마케팅

시장의 구매 현장에서 나타나는 광고, 판촉물을 POP라고 하는데, 그것에만 국한되는 것은 아니다. 소비자가 매장에서 제품을 구입하는 바로 그 순간이 POP라 할 수 있다. 기업의 입장에서는 실로 긴장되는 순간이 아닐 수 없다. 아무리 훌륭한 제품이라 하더라도 이런 결정적인 순간에 구매자의 시선을 끌지 못하면 그간의 모든 노력과 투자는 물거품처럼 사라지고 만다.

다양한 경로의 광고 활동이 소비자의 의식을 아무리 자극했다 해도 안심할 수는 없다. 소비자가 제품을 구입하는 순간, 모든 정보는 소비자의 바로 눈앞에 있는 제품 자체인 패키지디자인에 집중된다. 그 첫인상이 구매 의욕을 불러일으킬 수도 있고 그 반대일 수도 있는 것이다. 패키지디자인은 최종 구매자가 '이 제품을 선택할 것인가? 다른 제품을 선택할 것인가?' 하는 마지막 결정권을 행사하는 데 결정적인 영향력을 준다.

제품 하나하나의 패키지가 여러 개의 집단으로 연출되는 현장을 생각해 보자. 부피가 비교적 작은 IT제품이나 껌, 비스킷 같은 제품들의 패키지 구조는 바로 개봉해서 진열하는 POP 기능도 겸하는데, 이러한 패키지는 인력은 물론이고 제품을 진열하는 별도의 시간까지 절감할 수 있다. 패키지에 POP기능을 강화하기 위한 방법으로서 우선해야 할 점을 두 가지로 나누어 보자.

콩을 통째로 갈아 만든 숯두유 패키지

첫째, POP의 구조적 형태를 강조해야 한다는 것이다

모든 사물에 있어서 우선적으로 지각되는 것은 그 형태이다. 제품 자체가 어떠한 모습, 어떠한 구조인가에 따라 제품의 특성은 다양한 상황으로 소비자에게 전달된다. 시각 정보가 넘쳐나는 현대사회에서의 색상이나 광고의 변화만으로 고객을 사로잡을 수는 없다. 소비자들이 원하는 것은 근본적인 형태부터의 변화이다. 결국 새로운 형태의 패키지는 구매시점에서 가장 강력한 판매촉진 수단이 된다.

그러나 새로운 형태의 제품을 만드는 노력은 많은 투자비와 생산 시설의 변화가 요구되는 일이므로 기업으로서는 큰 부담이 아닐 수 없다. 이러한 환경에서 가장 위험 부담이 적고 투자비가 적은 효과적인 방법이 바로 패키지디자인이다. 제품 자체의 형태의 변화는 어려워도 패키지디자인을 통해 그 구조를 바꾸는 작업은 크게 어려운 조건이 아니기 때문이다.

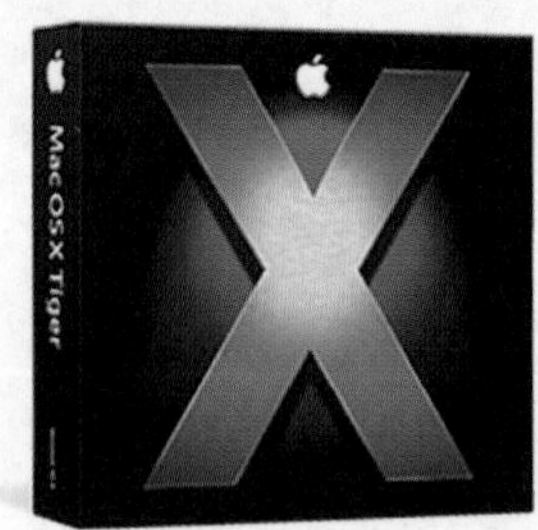

애플(apple) 소프트웨어 패키지

둘째, 패키지의 그래픽 디자인으로 광고 효과를 높일 수 있는 점이다

대부분의 사람(소비자)들은 정보를 시각적으로 입수하고 판단한다. 그래픽디자인이 광고, 홍보 등 기업의 여러 분야에서 커다란 역할을 하고 있는 것은 바로 이 때문이다.

매장에 나온 소비자는 바로 그곳에서 구매하고자 하는 제품의 가치를 판단하게 된다. 이 같은 최종 의사 결정에 중요한 영향을 미치는 것은 바로 패키지 겉면에 인쇄된 그래픽이다. 색상, 이미지, 로고타입, 인쇄, 후가공 등 겉으로 나타나는 표면디자인이 구매 결정에 큰 역할을 하는 것이다. 시각적 처리 방안은 여러 가지 관점에서 검토되고 계획되어야 한다. 상황에 따라서 여러

가지 특성이 표현되어야 하겠지만, 정보의 중요도를 잘 따져 제품
의 가장 큰 특성을 한눈에 드러나도록 표현하는 것이 중요하다.

4) 세일즈 프로모션 Sales Promotion

구매 현장에서 경품이나 보너스 쿠폰 등을 제공하는 등 세일즈 프
로모션의 광고·판촉 활동도 무척 다양하고 활발해졌다. 이 역시
구매 현장에서 가장 강력하고도 효과적인 판매촉진 수단이라 할
수 있다.

그러나 패키지는 이렇게 큰 투자비나 별도의 인원, 광고
매개체도 필요 없이 자생적 방법으로 프로모션 효과를 발휘할 수
있는 능력을 지니고 있다. 매장에 진열된 제품의 패키지디자인은
제품 개개의 특성은 물론 프로모션의 효과까지 발휘한다.

최소한의 낱개 제품의 패키지디자인이 여러 개 나뉘어
매장에 진열되는 경우, 넓은 공간과 범위에서의 광고 효과가 증대
되는 시너지효과가 발생하기도 한다. 특히 해외시장을 겨냥하는
수출 상품의 경우에는 더욱 그 효과에 기대할 필요가 있다. 해외
에서 광고비를 투입하는 수출 상품의 마케팅 전략은 국내 시장과
는 또 다른 투자와 노력이 필요하기 때문이다.

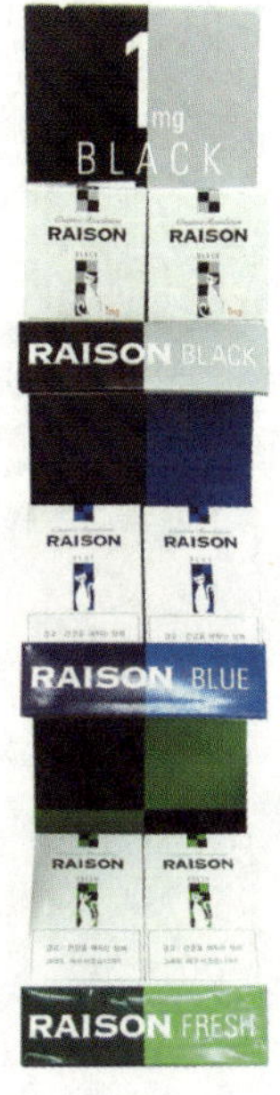

메종 패키지와 스탠드

참고 자료

- 김호곤·윤형건, 《디자인 경영전략》,
  한국아카데미, 2003
- 경노훈, 《기업 이미지를 디자인하라》, 이손,
  2003
- 손일권, 《브랜드 아이덴티티》, 작가정신,
  2003
- 송용섭, 《마케팅》 문영사, 1998
- 박규원, 《현대포장디자인》, 미진사, 1995
- Behaeghel Julien, 《Brand Packaging》,
  Architecture Design & Technology Press,
  1991
- Kotler Philip, 《Principles of Marketing》,
  Prentice Hall, 1996

최동신 교수 홍익대학교 전 교수
dongseen@hanmail.net
김재홍 교수 충북대학교
jkim@cbnu.ac.kr

3장 패키지디자인과 커뮤니케이션

세상 사람들의 이름이 다 다르듯 우리 주변의 사물이나 상품들, 그리고 눈에 보이지 않는 모든 것들은 그 나름대로의 독자적 이름을 갖고 있다. 경우에 따라서는 지금 존재하지도 않는 미래의 가상체(假像體)에도 이름을 붙이는 경우가 있다. 존재 여부가 확인될 수 없는 많은 신(神)들도 그 이름이 있어 왔다. 이런 이름(혹은 상품명)이 만들어진 이유는 분명하다. 무수히 많은 다른 것들과 구별할 필요에 의해서인 것이다. 또한 이런 명칭은 사회를 연결하고 이해·결속시키는 커뮤니케이션의 도구이자 실체로서의 중요한 상징체계이기도 하다.

그런데 현대사회에 들어서서 상징으로서의 이름(브랜드 명칭)은 '다른 것들과의 구별'이라는 단순한 용도를 크게 넘어선 지 오래이다. 물질문명을 바탕으로 한 정보화 사회에서 제품의 명칭은 그 기능이나 서비스의 특징과 장점을 널리 알리는 마케팅 커뮤니케이션의 핵심 요소 중의 하나가 된 것이다.

1. 상징으로서 패키지디자인

브랜드 명칭은 그것만으로도 상품이 지니고 있는 정보를 충분히 전달시킬 수 있다. 상품의 명칭은 제품의 정체성을 알리거나 특성을 알리는 데 가장 효율적이다. 언어적 특성을 통해 상품에 내포되어 있는 정보를 가장 빠르고도 명확하게 전달할 수 있기 때문이다.

그런데 아쉽게도 이런 브랜드의 활용 여건이 점점 나빠지고 있다. 기업이나 조직사회가 그동안(그리고 요즘도) 너무나 빈번이 이런 명칭의 특성을 활용해 온 때문이다. 이러한 연유로 요즈음의 기업이나 생산자들은 우수한 브랜드 명칭을 획득하는 데 많은 어려움을 겪고 있다.

1) 상품에서 브랜드 명칭

직설적인 상품의 명칭은 제품의 속성을 가장 빠르게 전달하는 특성을 지니고 있고, 은유적인 표현이라 하더라도 상품의 이미지를 다양하게 형성하는 데 결정적인 역할을 한다. 경우에 따라서는 상품의 명칭을 은유적으로 표현하는 것이 더 효과적이라는 의견도 제기되고 있다.

온갖 상품과 정보가 넘쳐나는 이 시대에 상품의 상품적 요소를 함축적으로 응축시켜 드러내는 언어적·비언어적 커뮤니케이션 시스템은 무척 중요하게 다루어 주어야 한다.

상품에서의 명칭은 입과 귀를 통해 인식되는 것뿐만 아니라 눈(시각)을 통해 커뮤니케이션되는 경우가 많다. 브랜드 명칭에 대한 디자인은 가장 중요한 커뮤니케이션 소재이다.

상품을 드러내는 가장 상징적 요소로 그 제품에 붙여진 이름을 연상하는 경우가 많다. 더 나아가 제품 명칭을 브랜드라고 믿는 경우도 있다. 그러나 제품 명칭이 곧 브랜드가 되는 것은 아니다. 모든 상품에 나타나는 상징적 체계는 청각을 통한 언어적 체계로만 형성될 수는 없다. 언어적 요소와 함께 조형적 요소가 가미되어야만 제품은 현대사회에서 실질적인 상징성을 부여받게 된다.

결국 상징적 명칭은 조형적 효율성을 위한 언어적 특성이 보이는 명칭으로 정하는 것이 유리하다. 아무리 우수한 제품 명칭이라 하더라도 외형적 조형성에서 유리한 조건을 갖추지 못한다면 여러 가지 커뮤니케이션 활동에서의 효율성이 떨어지게 마련이다. 상품의 명칭은 항상 조형적 요소를 감안한 브랜드 명칭으로 만드는 것이 좋다.

2) 상징적 조형과 패키지디자인

상품에서 나타나는 언어적 요인으로서의 상징체계인 브랜드명은 입과 귀를 통해 커뮤니케이션되는 특징이 있다. 이는 브랜드를 알리는 데 있어서 여러 가지 높은 효율성을 가진다. 그러나 화려한 시각적 요소를 통해 커뮤니케이션되는 시장 경쟁 환경에서 '말(spoken language)'이란 그리 유용하지 못한 수단일 수가 있다. 소비자는 '말'을 통해서 정보를 인식하기보다는 시각적 특성을 가진, 즉 '만들어진 디자인 조형'에 의해 자기 의사를 결정하고 구매하는 특징이 있기 때문이다.

현대사회에서 시각적 디자인의 조형 요소가 상품의 정보 커뮤니케이션에서 중요하게 작용하는 특성을 감안하면, 패키지디자인은 모든 제품이나 상품에서 필연적으로 나타날 수밖에 없는 상징적 조형 요소임이 분명하다. 다른 제품과의 차별화를 위해 만들어진 상품의 명칭처럼 패키지디자인이란 모방될 수가 없는 특성이 있다.

지금 바로 이 시간에도 수많은 제품과 상품들이 시장과 우리 주변에서 새롭게 탄생하고 있다. 지식과 정보들이 무한히 공유되는 정보화 사회에서는 그 빈도가 훨씬 증대되고 있는 것이 사실이다.

예를 들어 우리가 매일 먹는 쌀도 이제는 다양한 상표

코카콜라의 상징은 여러 가지가 있다. 독특한 용기의 형태, 브랜드로고타입, 붉은 적색 등 시원한 청량감까지도 나타내는 코카콜라의 다양한 상징이 담겨 있는 디자인

와 브랜드를 업고 우리 앞에 선보이고 있다. 예전에는 '이천쌀' '여주쌀' 정도의 몇 안 되던 제품들이 있었을 뿐이지만 이제는 지역마다, 또는 생산자마다 다른 브랜드들이 무수히 생겨났다. 이제는 각각 제품들의 브랜드 명칭을 기억하기조차 어려운 실정이다.

결국 좋은 쌀을 고르기 위해 시장 진열대 앞에서 세심하게 살펴봐야만 그 제품의 특성을 정확히 알 수 있게 되었다. 익히지 않은 생쌀을 먹어보고 판단할 수는 없다. 그저 제품 패키지에 나타나는 여러 가지 그림이나 문자, 카피 등의 시각적 요소를 보고 상품의 특성과 내용에 대한 정보를 이해하는 것이다.

패키지에 나타나는 상품의 상징적 디자인 요소들은 인식되는 과정에서 결과적으로 반복·학습되어짐으로 소비자의 기억 속에 각인된다.

상품은 여러 가지 물리적·비물리적 기능들이 결합되어 하나의 이미지를 가진다. 예를 들어 '쌀'이란 '영양 요소'가 본질적 기능이지만 부수적 기능이라 할 수 있는 '맛'의 역할을 배제할 수 없다. 나아가 '어떤 과정을 거쳐 생산되었는지'에 대한 과정도 무시할 수 없는 조건이 되었다. 요컨대 환경친화적으로 생산되었는지, 화학비료가 쓰였는지 안 쓰였는지, 공기가 맑은 지역에서 생산되었는지에 관한 문제들도 상품력에 영향을 미치는 요소가 되었다.

변기용 세제인 토이렛 덕은 오리라는 브랜드 명칭과 그 용도를 쉽게 인식시킬 수 있는 패키지디자인 형태를 지니고 있다. 변기의 닦기 어려운 윗부분 속에 세제를 바를 수 있는 기능성과 브랜드 명칭과의 절묘한 통일성을 지니고 있는 패키지디자인이다.

국내에서는 2000여 개가 넘는 쌀 브랜드가 있다고 알려져 있다. 당연히 그에 따른 디자인도 다양하다. 모든 쌀 브랜드들이 막대한 광고, 홍보활동이 어려운데 그 비용이나 효율성이 높지 않기 때문이다. 결과적으로 패키지디자인을 통한 광고, 홍보 효과가 가장 효율적이라고 할 수 있는데 아직은 그 중요성이 인식되지 않은 경우가 많다.

패키지디자인과 커뮤니케이션

제품을 담고 있는 패키지디자인에 거부감을 느꼈다면, 소비자는 그 상품 가치를 절하시키거나 구매를 포기할 수 있다. 대부분의 상품들에서 보이듯 패키지의 기능은 물리적 역할과 감성적 역할을 동시에 수행하는 중요한 상품 요소이다.

사람 개개인의 이미지는 그 사람의 외모만으로 나타나는 것이 아니다. 성격이나 지식, 교양, 가치관, 직업, 재산 등 여러 가지 복잡한 조건들에 의해 만들어지게 마련이다. 상품의 이미지 역시 그 제품이 지닌 '여러 가지 역할과 기능들'이 복합적으로 어우러져 형성된다. 자동차의 이미지는 오직 빨리 달린다는 기능만으로 형성되는 것이 아니다. 빠르고 멋있고 경제적이고 소음이 적고 안전한 것 등 여러 가지 요소로 만들어진다.

여러 가지 복합적 요소들로 형성되는 상품에서, 조형은 이를 담고 있는 패키지디자인이라는 가시적이고 외형적 형태로 표출된다. 패키지가 선보이는 이러한 외형적이고 가시적인 이미지는 공급자와 수요자 간 정보 전달의 매개체로서 상징적 역할을 한다.

제품의 물리적 기능을 제외한다면, 패키지가 드러내는 시각적 조형매체는 그 상품의 상징성을 대신하는 절대적인 요소가 된다. 패키지디자인이 만들어내는 조형성이 결국 상품의 대표적 상징이자 가장 중요한 커뮤니케이션 요소인 셈이다.

화장품에서의 패키지디자인은 중요한 상품력 향상 요인이다. 매력적 외형이나 조형은 보는 사람으로 하여금 상품에 대한 인식과 제품의 특징을 이해시키는 요소가 되기 때문이다. 사진은 일정한 브랜드이미지를 나타내고 있는 로레알 화장품이 패키지디자인 시안 어떤 브랜드의 제품을 사용했을 때, 그 경험에서 얻어진 결과를 우리는 기억한다. 좋은 인상을 받았다면 제품에 대해 긍정적 이미지가 형성될 것이고 좋지 않은 인상을 받았다면 다분히 부정적 이미지가 각인될 것이다. 긍정적인 것이든 부정적인 것이든, 이런 결과는 오래 기억되며 쉽게 잊혀지지 않는 상징적 요소로 남을 것이다.

상품이 가진 여러 측면의 정보 가운데 가장 각인되기 쉬운 것은 시각적 정보이다. 또한 가장 활발하고, 자극적인 정보이기도 하다. 그래서 패키지디자인의 상징성의 영향력은 클 수밖에 없다.

패키지디자인은 상품을 소개하는 가장 상징적인 기호이다. 제품을 연구, 생산, 유통하는 관계자의 입장에서도 그렇고, 그 제품을 구매하여 사용하는 소비자의 입장에서도 마찬가지이다. 상품의 정보를 전달하는 쪽이나 제품의 상품성을 따져보는 쪽이나 중요한 매개체는 결국 패키지디자인인 것이다.

1회용 커피는 캔 용기로 판매되던 시기에 카페라떼는 연질 프라스틱인 부드러운 패키지재료를 사용했다. 부드러운 커피 맛의 속성을 패키지재료를 통해 소비자에게 촉감으로 전달시켜 브랜드이미지를 구축시켰다.

가재, 조개, 게의 일러스트레이션이 살아있는 느낌으로 표현된 금속 캔의 패키지디자인. 바닷가의 거친 환경과 갑각류의 특성을 단순하면서도 생명력 넘치게 처리하여 식품에서의 시즐감을 효과적으로 처리했다.

2. 브랜드와 패키지디자인

여러 가지 주장들이 있을 수 있겠지만 현대사회에서 브랜드란 '상품의 이름이나 외형적 디자인을 통한 비물리적인 커뮤니케이션 역할은 물론, 제품의 품질을 상징적으로 나타내는 가장 신뢰성이 높은 표현(messenger)'을 뜻한다. 브랜드란 상품 그 자체, 경우에 따라서는 그 이상의 것이 될 수도 있다.

기업에서 연구, 개발하고 생산하는 물리적 품질만으로 상품의 판매와 이익이 발생되는 시대는 이미 지났다. 훌륭한 품질과 생산시설, 유통망 같은 환경은 이제 더 이상 기업의 성공을 보장하는 요건이 아니다. 기업으로서 미래를 보장받을 수 있으려면 최소한 한 개 이상의 우수한 브랜드를 제대로 보유하고 있어야 한다. 아무리 오랜 전통의 거대 기업이었고 우수한 기술과 인력, 생산 시설을 가지고 있다 하더라도 우수한 브랜드를 보유하지 못한다면 미래 시장 경쟁에서는 견디기 어렵게 되었다.

1) 브랜드와 상표

'브랜드'와 '상표'는 의미상으로 분명히 동일하다. 두 가지 모두 특정 상품임을 알리는 대표적 상징 수단이라는 의미를 가진 영어와 한국어인 것이다. 그러나 브랜드에 대한 개념이 엄청나게 확대된 현대사회에서, 이 두 가지 용어는 어감 이상의 중요한 차이를 가지게 되었다.

많은 사람들이 '상표'란 단어를 대부분 법률적 의미로 사용하고 있다. 실제로 누군가 남의 브랜드를 도용하거나 해서 법적인 문제가 대두되었을 때, 브랜드의 물질적 자산으로서 상표권에 대한 논의가 가장 중요해진다. 기업들은 물론 특허청, 법원, 변리사사무소 등에서도 대부분 상표라는 단어를 즐겨 쓴다. 언론매체들까지도 브랜드를 상표라는 뜻으로 사용한다.

상표라는 의미와 비교할 때 브랜드는 비물리적인 상태로 사용되는 특징을 가지고 있다. '상품에 대한 모든 제품력을 함축한 그 무엇'의 효과적인 운영 등을 고민할 때, '브랜드'라는 용어가 쓰이게 된다.

브랜드 명칭은 제품의 패키지에 나타나게 된다. 이와 더불어 외형적 라벨이나 패키지에는 여러 가지 조형적 특성을 보이는데 이를 통합적으로 상표라고도 한다. 이러한 상표는 소비자로부터 신뢰성을 보장받는 가장 확실한 요소가 된다.

세계적인 위생용품 취급업체 존슨 앤 존슨(J&J)의 최고 경영자인 제임스 레네한(James Lenehan)은 《포춘》(Fortune)지에서 다음과 같이 반문한다. "만약 당신이 브랜드를 하나 기억하고 있다면 당신은 그것으로 그 상품을 알게 되고, 믿을 수 있을 것이다. 결국 브랜드는 당신이 상품을 좀더 신속하게 결정하는 데 도움을 준다. 당신은 과연 브랜드를 생각하지 않고 쇼핑을 할 수 있겠는가?" 현대사회에서 소비자는 과연 제품을 쇼핑하는 것이 아니라 브랜드를 구매한다고 해도 과언이 아니다.

귀여운 아이가 편하게 누워 있는 팸퍼스의 브랜드디자인은 전세계 어디에서나 공통적으로 쓰이는 제품 패키지디자인이다. 일정한 테두리(가운데 표현된 레이아웃)에 적용된 브랜드 로고타입과 일러스트는 어느 상점 어느 위치에 진열되든 쉽게 눈에 띄지 않을 수 없는 패키지디자인이다. 예쁜 아기가 옆으로 누워 있는 얼굴 모습은 동서양을 막론하고 가장 편하고도 안락한 장면일 것이다.

브랜드 명칭은 이렇듯 제품의 패키지디자인에 여러 가지 디자인 요소들과 더불어 표현됨으로써 그 가치를 발휘한다. 브랜드가 구매자 또는 사용자의 신뢰를 높여주는 이러한 사례들은 우리 주변에서 다양하고 광범위하게 볼 수 있는 현상이다. 이렇듯 패키지에 연출되는 브랜드의 디자인 요소들은 브랜드의 가치를 향상시키는 한편 소비자로 하여금 제품의 구매와 재구매를 유도하는 중요한 마케팅 수단으로 활용되고 있다.

사람에게 있어서 어린아기는 가장 평화스럽고 귀여운 존재라 할 수 있다. 특히나 어린아이를 키우는 엄마에게 있어서 눈에 가장 잘 들어오는 인상적 장면은 아기의 사랑스러운 모습일 것이다. 엄마의 눈높이에서 효과적일 수 밖에 없는 팸퍼스 패키지디자인

2) 브랜드이미지의 형성

소비자 사이에 하나의 브랜드이미지가 형성되기까지, 여러 가지 방식과 다양한 경로를 가지게 될 것이다. 가장 강하고 확실한 인상을 남기는 것은 물론 제품을 사용해 본 직접적인 경험이 될 것이다. 이와 더불어 제품을 직접 경험해 보지는 않았지만 다른 사용자나 주변에서 얻는 여러 가지 정보를 통한 간접적인 경험도 생각해 볼 수 있다.

어떠한 경우이든 하나의 브랜드 상품, 혹은 그 브랜드

패키지디자인과 커뮤니케이션

에 대해 소비자들은 어느 정도의 이해와 기대 가치(믿음)를 가지고 있기 마련이다. 믿음이 강하게 형성된 제품은 그에 상응하는 상표에 대한 충성도 역시 커진다. 따라서 구매의욕은 물론 재구매로 이어질 확률 역시 높을 것이다.

밥은 항상 밥솥이나 냄비에 불을 사용해 익혀서 먹는 것으로 생각했던 개념을 포장의 기술력을 통해 새롭게 전환시켰다. 햇반은 간편하게 밥을 먹을 수 있도록 만들어진 강력한 브랜드로 자리 잡았다. 이러한 패키지의 간편식은 다양한 메뉴를 계속 개발하게 된 요인이기도 하다.

그러나 이 과정에 부정적 이미지가 발생된다면 제품에 대한 재구매란 더 이상 기대하기 어렵다. 부정적 이미지를 가지게 된 사용자는 거기에 그치지 않고 주변의 또 다른 미래의 예비소비자에게 브랜드의 부정적 이미지를 전달하여 매출에 많은 악영향을 끼치게 된다.

그러나 브랜드이미지를 형성하는 데 있어 소비자의 사용 경험이라는 직접적인 요소는 그 중요도가 점점 줄어들고 있다. 정보 공유가 용이하여 기술이 평준화가 된 것이 원인이고, 감성적 요소들에 의한 이미지가 중시되는 시대 분위기가 원인이며, 물리적인 품질력 가치를 판별할 수 있는 소비자가 별로 없다는 것이 또한 그 이유다. 물리적인 품질력을 평가할 만한 장비나 기술 등이 없는 상태에서 소비자의 사용 경험이란 브랜드이미지 형성에 별다른 역할을 하지 못하는 것이다.

소비자가 느끼는 브랜드에 대한 인식은 이성적인 관찰력이나 판단력보다는 다분히 직감적인 개인의 감성이나 주변 환경에 의해 이루어지는 경우가 많다.

국내 순수한방화장품이 세계적 수입화장품 브랜드와 치열하게 경쟁하고 있다. 한방 성분과 천연 지향적 제품력이 함께 동양적 신비감으로 디자인되어 한방화장품의 브랜드이미지를 강화하는 좋은 요소가 되었다. 동양적 이미지가 강한 보석과 조형성이 강하게 보여지는 '후' 화장품의 용기디자인 제품에서의 패키지는 소비자가 직접 제품을 만져보고 느낄 수 있는 직접 경험이 이루어지는 현장이고 실체이다. 직접 만지거나 개봉하지 않더라도 매장에서 실제로 보거나 광고를 통해 입체적 조형성과 시각디자인을 접하게 하여, 보는 사람으로 하여금 일정한 인식을 만들어 가면서 간접적으로 브랜드 이미지가 형성된다.

독자적 형태와 브랜드이미지를 효과적으로 연출시키고 있는 에비앙 생수의 새로운 용기 디자인. 뚜껑의 고리 모양 형태는 독자성과 주목성을 높였고, 기능면에서도 우수한 패키지디자인이다.

3) 브랜드커뮤니케이션과 패키지디자인

상품을 대표하는 상징적 형상은 흔히 패키지디자인에 의해 나타난다. 이를 더 압축시켜 최소화한다면 결국은 하나의 브랜드로 집약될 것이다. 여기에서 브랜드란-고전적 의미의 다른 제품과의 차별을 위해 만들어진 언어적 조형적 상징이거나 넓은 의미로 상품을 대표적으로 나타내는 상징적 표현이거나-패키지디자인과 긴밀한 관계를 갖게 된다.

현대사회에서 브랜드가 기업이나 조직에서 갖는 중요성은 그 어느 때보다 크다. 앞으로도 그 위력은 날로 증대될 것으로 예상된다. 기업은 물론 국가기관이나 비영리단체에서까지 브랜드의 중요성을 역설하고 있는 상황이다. 이제는 '대한민국도 강력한 국가브랜드이미지가 필요하다' 고 흔히들 얘기한다. 기업이나 조직체가 보유하고 있는 실질적 자산 가치와 경쟁력이 결국은 브랜드에 있다고 판단되기 때문이다.

많은 전문가와 학자들이 '브랜드를 보유하고 있지 못하다면 기업의 미래가 없다' 고 단언하고 있다. 정보화 사회를 맞이하여 물리적 기술력이 평준화되고 다양한 제품들이 무수하게 쏟아지는 환경에서 브랜드의 가치는 더욱 증대될 것이다.

효율적인 브랜드이미지를 구축하기 위해 기업과 조직들은 많은 투자와 노력을 아끼지 않고 있다. 그러나 생각보다 많은 브랜드 커뮤니케이션 전략들이 간접적인 이미지 구축 방법을 사용하고 있는 것 같다. 쏟아지는 각종 광고 홍보 전략과 브랜드 마케팅이 이를 대변하고 있다.

감성과 이미지에 의존해 브랜드이미지를 형성시키는

골프공의 특징인 딤플(오목하게 파인 모양)을 패키지구조디자인에서 상징적으로 보여준 사례. 8각형의 낱포장 지기구조와 박스포장은 제품의 속성은 물론 진열에서의 브랜드커뮤니케이션 역할에서도 우수하게 나타나고 있는 사례다.

방식을 간접적 커뮤니케이션 전략이라 할 수 있다. 광고나 홍보 등 간접적 커뮤니케이션 활동도 물론 브랜드이미지를 구축하는 데 필요한 요소들이다. 그러나 이를 통해 얻어지는 브랜드 기억 인자(광고 모델, 음악, 스토리나 배경 등 수시로 바뀌는 요소들)들은 하나의 상징적 형상으로 기억에 남기가 어렵다는 문제점을 지니고 있다.

상품을 구매하고 사용하는 소비자들은 브랜드라는 상품의 상징성을 통해 제품 자체를 인식하고 타 제품과의 식별 기준을 갖게 된다. 더불어 제품의 사용 유무와 상관없이 그 가치를 평가하고 이로 인한 브랜드이미지를 형성한다.

그런데 상품의 브랜드이미지를 인식하는 과정에서, 제품을 직접 체험해 본 소비자의 인지 강도가 비체험자의 그것에 비해 월등하기 마련이다. 여기에서 체험자란 제품을 직접 사용하고 체험해 본 사람과 패키지를 통해 눈과 손으로 느꼈던 사람 모두를 포함한다.

상품의 이미지가 형성되고 공급자와 수요자 간에 현실적으로 관계를 통해 상징적 연결 고리로 진화(進化)하는 브랜드란 다분히 언어적 요소보다는 시각적 요소-여기에서의 시각적인 요소란 다양한 표면 처리와 더불어 독특한 형태적 디자인을 포함한다-에 의해 형성되기 쉽다. 시각적 요소를 활용한 정보 전달이 보다 확실히, 보다 오래 기억에 남기 때문이다.

상품을 직접적으로 접촉하는 소비자 또는 구매자에게 가장 친밀하고 효과적으로 다가가는 것은 시각적 조형형상을 통한 브랜드이다. 언어적 요소에만 집중하는 광고, 홍보의 브랜드 커뮤니케이션 활동은 상대적으로 비효율적일 수밖에 없다.

아직까지도 언어 요소(소리나 문자)로 브랜드의 정보나 지식을 제공하고 얻는 경우가 적지 않다. 이를 통해 브랜드에 대한 이해와 이미지가 간접적으로 형성되는 것이다. 그러나 이것은 그리 신뢰할 만한 결과를 가져오지 않는다는 치명적 결점이 있다. 소비자들이 스스로 경험해 보지 않고 외부로부터 일방적으로 제품 이미지를 주입받았다 한들, 이것이 오래도록 지속될 수는 없는 것이다.

세계적 유명 백화점 '하로스'의 홍차패키지 가운데 하나. 고급스러운 금속포장재에 담겨진 제품은 보관 및 유통에서의 경쟁력을 강화시키고 있을 뿐 아니라 간략하게 표기된 브랜드 명칭을 통해 효과적 커뮤니케이션을 구축하고 있다. 특히 뚜껑의 독자적 구조 형태는 고급제품의 브랜드 이미지를 유감없이 전달하고 있다.

　　기업의 입장에서도 제품 개발에 직접 경험하지 못한 소비자 의견을 참조하려는 것은 비효율적 시도가 아닐 수 없다. 직접적 체험을 통한 브랜드 커뮤니케이션이 효율성 높다는 사실을 잘 인식해야 한다.

　　효과적인 패키지디자인을 통한 브랜드 커뮤니케이션 활동은 마케팅의 중요한 도구이다. 소비자 모두에게 신뢰받는 브랜드이미지를 구축하기 위해 제품을 직접적으로 경험해 보는 기회를 제공할 수 없다면, 패키지를 통해 강렬하게 체험시키는 것이 가장 유리한 방법일 것이다.

　　패키지디자인은 소비자 또는 구매자가 제품을 직접 접할 수 있는 브랜드 커뮤니케이션 요소이다. 제품을 구매하려는 소비자는 당연히 매장의 진열대 앞에 서서 내용물에 대한 정보를 파악하기 이전에, 패키지디자인을 통해 그 상품의 정보를 감지하게 된다. 대부분의 상품은 포장된 상태로 소비자의 손과 눈을 향해 일정한 메시지나 이미지를 전달하고 있기 때문이다. 제품이란 어떤 형태로든 패키지디자인이 존재하기 마련이다. 더불어 패키지디자인은 소비자에게 우선적으로 브랜드이미지를 전달하는 요소이다.

　　좁은 의미로서의 브랜드는 다양한 시각적·언어적 요소들의 결합체로서 스스로의 가치를 창출해 나간다는 특징이 있다. 브랜드란 또, 언어적 요소들과 더불어 시각 요소로 만들어지는 경향이 크다. 시각적으로 연출되고 표현되는 패키지디자인과 밀접한 관계를 가지고, 언어적 특성과 시각적 특성을 함께 나타내는 것이다.

　　결국 패키지디자인에 의한 브랜드 커뮤니케이션 활동은 매우 경제적이면서도 효과적인 마케팅 커뮤니케이션 도구이다. 이러한 예들은 이미 엄청난 브랜드 가치가 형성된 세계적 상품이 적극적으로 활용하는 방법을 통해, 주변 시장 환경에서도 쉽게 볼 수 있다.

　　브랜드이미지를 구축하기 위해 기업들은 다양한 방법을 시도하고 있다. 브랜드이미지 향상을 위한 가장 큰 마케팅 활

다양한 형태와 구조, 시각적 차별화를 통해 브랜드이미지를 전달하는 생수시장에서 풀무원 '워터라인' 생수브랜드는 용기의 중간 부분을 얇게 처리하여 생생함과 부드러움을 동시에 연출하고자 했다. 특히 가늘어진 허리 부분은 용기를 잡을 때 안정감을 더할 수 있는 형태가 되었다.

동으로 흔히 광고 및 홍보 활동을 꼽기도 하는데, 이것은 잘못된 편견일 수 있다. 브랜드이미지를 형성하기 위해서는 제품에 대한 직간접의 여러 가지 다양한 활동들이 결집되어야 한다. 무엇보다 제품에 대한 간접적 경험보다는 직접적 경험이 중요하다는 점을 먼저 인식할 필요가 있다.

　　　상품을 기획하는 단계는 물론 물리적인 기술력과 이를 효과적으로 제품화하는 생산력, 고객 앞에 빠르게 다가가는 유통 활동과 소비자 반응 조사 등의 기업 활동들도 결국 상품의 브랜드이미지 형성에 큰 영향을 미치는 요소들이다. 결국 기업의 모든 활동들은 차이는 있겠지만, 결국 이 과정 속에서 이루어지게 마련이다.

푸른 용기바탕과 목 부위에 있는 강력한 백색 띠의 패키지디자인은 제품의 속성을 강렬하게 전달하는 목적으로 디자인되었다. 청량감과 함께 젊고 활기찬 여성을 위한 디자인 시안은 목표시장을 적절하게 공략할 수 있는 패키지디자인으로서 일관성과 주목성이 우수해 보인다.

　　　패키지디자인은 브랜드이미지를 구축하는 데 있어 매우 효과적이고도 중요한 역할을 한다. 과거 패키지디자인의 역할은 제품 내용물에 대한 안전한 보호나 보관을 비롯해 좀더 편리한 관리, 효율적 유통, 판매 촉진 등과 같은 1차적 역할에 한정되어 왔다. 요즘은 그동안 다소 부수적 역할이라고 여겨졌던 정보 전달 기능이 강화되고 있다.

　　　여기서 정보 전달 기능이란 단순히 제품에 대한 설득이 아니라 브랜드에 대한 정보 전달이라 할 수 있다. 현대사회에서 정보 전달이란 상품의 내용물 특성에 대한 설득뿐 아니라 하나의 브랜드를 이해시키는 통합적인 문제이다.

　　　어떤 브랜드를 소비자에게 커뮤니케이션시키는 데 있

어 가장 효율적 방법은 직접적으로 경험해 보는 것이다. 아무리 광고나 홍보, 판촉 등 간접적인 방식으로 브랜드이미지를 전달한다 해도, 소비자들의 확신을 얻는 데는 한계가 있을 수 밖에 없다. 직접 만져보거나 그 상품을 접하기 전에는 그 브랜드에 대한 확고한 느낌은 형성되기 어렵다.

　　패키지디자인이란 제품을 담은 조형적 형태를 고스란히 가질 수 밖에 없다는 특징이 있다.

　　이는 구매자나 소비자로 하여금 상품을 직접적으로 만지거나 볼 수 있도록 하는 최종 조형물(상징적 표현물)로서, 브랜드이미지를 각인시키는 데 중요한 요인으로 작용한다. 소비자에게 상품의 물질적 기능을 전달하는 패키지디자인의 특성까지 감안한다면 그 중요성과 관계성은 더욱 높아진다.

대나무의 모양을 용기에 접목시킨 패키지디자인은 생생한 자연의 이미지를 나타내고 있어서 깊은 산에서 채취한 자연의 차 맛 분위기를 충분히 전달하고 있다. 반면 현대적이면서 과학적 제품으로서의 첨단 기술력이 깃든 '라네즈' 화장품의 용기디자인은 투명하면서도 세련된 금속성의 이미지를 잘 나타내고 있다.

3. 패키지디자인과 광고, 홍보 커뮤니케이션

현대사회에서 광고의 역할과 영향은 과연 어느 정도일까. 수많은 상품들이 끊임없이 쏟아지는 이 복잡하고 경쟁적인 시장 환경에서 과연 광고나 홍보라는 지원 없이 고객들에게 브랜드를 알린다는 것은 거의 불가능한 일일 것이다. 물론 수많은 상품을 모두 광고·홍보한다는 것은 매우 어려운 일이 아닐 수 없다. 날마다 시장에 출시되는 신상품들의 숫자는 실로 엄청나고, 그 숫자는 날로 증대하고 있기 때문이다.

1) 지속적 광고의 효과

1963년 미국의 마케팅협회는 광고에 대해 다음과 같이 정의했다. '누구인지 확인할 수 있는 광고주가 하는 일체의 유료 형태에 의한 아이디어, 상품 또는 서비스의 대개인적(對個人的)이지 않은 정보 제공 또는 판촉 활동을 광고'라 한다. 한편 홍보란 '일정한 조직체가 커뮤니케이션 활동을 통하여 그들의 계획이나 활동, 업적 등을 알리는 행동'이다. 이는 일정한 비용을 지불해야만 하는 광고와는 성격이 다르다. 광고와 홍보란 공통적으로 상품의 인지도를 향상시키는 커뮤니케이션 활동을 의미하는데, 이는 기업의 궁극적인 목적에 일치된다고 할 수 있다.

패키지디자인에서 나타나는 용기 형태, 시각적 표현은 제품의 본질적 속성이나 특징을 알리는 중요한 매체이다. 굳이 별도의 광고나 홍보활동을 하지 않아도 패키지디자인에서는 제품의 용도나 특성을 전달하게 된다. 작은 캐릭터를 보여줌으로 어린이 제품임이 분명하게 나타나는 패키지디자인

지속적인 투자와 활동을 통해 얻어지는 광고, 홍보의 위력 덕분에 이러한 기업의 활동은 지속될 수 있겠지만 이것은 안타깝게도 광고·홍보비에 대한 여력이 유지되었을 경우에 해당된다. 비용과 예산이 편성되지 않는다면 이러한 활동은 즉시 중단 위기를 맞이하기 마련이다.

반면에 패키지디자인은 이를 통해 직접적이면서도 지속적으로 광고나 홍보 활동이 이루어지는 특성을 가지고 있다. 매장에서는 물론, 판매된 제품이 가정으로 자리를 옮기더라도 이러한 광고 홍보 활동은 지속된다. 특히나 패키지디자인에 의한 광고 홍보 활동은 별도의 비용이나 지원도 필요치 않은 상태에서 계속적으로 유지된다는 장점이 있다.

광고와 홍보를 통해 브랜드 이미지 향상 효과를 보기

위해서는 그 활동을 매우 오랜 기간 지속해야만 한다는 문제점이
있다. 오랜 동안의 누적을 통해 긍정적 이미지를 심거나 몇 차례
의 강한 인상을 연속적으로 남기지 못한다면 실제 상품을 선택하
는 현장에서 별다른 효과를 보기 힘든 것이다. 다시 말해 아무리
많은 비용을 광고나 홍보에 투입하더라도 구매 현장에서 경쟁력
을 유지하지 못하면 매장에서 소비자의 관심을 끌지 못하게 된다
는 것이다.

　　　패키지디자인은 실질 구매 현장에서 소비자에게 직접
적으로, 가장 강력한 이미지를 통해 상품을 홍보하는 역할을 한
다. 거기에 광고나 홍보 활동의 투자비용까지 비교한다면, 패키지
야말로 가장 경제적이며 효과적인 광고 행위인 것이다.

　　　막대한 광고·홍보·판촉활동 비용의 대부분은 결국 하
나의 브랜드 강화를 위해 사용되는 것이라는 인식이 커지고 있다.
이처럼 엄청난 비용을 들이며 유능한 인원들을 투입하는 기업의
마케팅활동이 곧 브랜드 강화를 위한 최선의 노력이라고 간주하
는 기업인들이 적지 않다. 이것은 기업의 최대 자산 가치가 곧 브
랜드가치라는 인식이 확산된 결과이다. 이런 까닭으로 상품을 취
급하는 기업들은 브랜드강화를 위한 광고·홍보·판촉활동 등에
투자를 게을리 하지 않는다.

비록 작은 오리새끼를 캐릭터로 활용한 특징밖에
없으나, 이 캐릭터는 어린이용이라는 이미지를 충분히
전달하는 데 부족함이 없다. 바탕의 옅은 연두색은
연약한 피부의 어린이에게 순하면서도 효과적이라는
제품 특성을 보이고 있다.

　　제품을 직접 사용한 뒤의 호감도만큼 결정적이고 중요한 것은 없다. 그러나 모든 소비자들에게 제품들을 직접 사용하거나 체험하도록 권한다는 것은 결코 쉬운 일이 아니다. 특히나 아직 시장에 나오지도 않은 신제품의 경우에는 이러한 시도 자체가 불가능할 수도 있다. 이러한 경우 제품에 대한 브랜드이미지는 광고, 홍보를 통한 간접 경험에 의해 형성되기 마련이다.

　　한편 제품의 물리적인 기능을 직접 체험하지 않더라도 요즈음 소비자들은 여러 경로의 간접 정보를 통해 무의식적으로 브랜드이미지가 형성되곤 한다. 기업이 바라는 방향으로 교육되어지는 강제적 측면인데, 반복·연속적으로 보여지고 설득되는 특성 때문이다.

　　광고·홍보 활동으로 얻어지는 특정 상품에 대한 정보, 곧 그 상품에 대한 심리적 브랜드 가치는 다분히 감정적으로 평가될 수밖에 없는 약점이 있다. 현대사회에서 소비자는-직접적인 경험을 하지 못한다 하더라도-광고, 홍보와 같은 간접 경험을 통해 브랜드에 대한 이미지를 강하게 인식하는 특징이 있다. 여러 제품에 대한 물리적 특성을 모두 판단한다는 것도 실제적으로는 가능하지 않은 문제이다. 특히나 기술이 평준화된 정보화 사회에서 제품들에 대한 물리적 오차 범위는 날로 좁혀지고 있다.

특별한 이벤트가 있는 환경(시간이나 장소 등)에서도 주목할 만한 광고, 홍보 효과를 극대화시킬 수 있는 패키지디자인은 얼마든지 연출될 수 있다. 2002년 월드컵 행사기간에 공식 스폰서의 입장이 아님에도 축구공 이미지의 용기 등 독특한 패키지디자인으로 만들어진 프로모션 사례

　　　이러한 환경에서 상품의 브랜드에 대한 이미지 구축은 직접적 경험에 의하기보다 다른 비경험적 요인으로 형성될 가능성이 높아지고 있다. 이런 연유로 기업들은 브랜드에 대한 광고·홍보 활동을 강화하고 있으며, 앞으로 이에 대한 의존도가 높아 갈 전망이다.

　　　막대한 비용이 투입된 광고, 홍보 등에 의해 간접적 지원을 받은 상품의 브랜드이미지가 소비자에게 강하게 각인될 확률이 높다는 것은 분명한 사실이다. 또 이런 효과는 기업 활동이 지속적으로 진행되었을 때 증폭될 확률이 더욱 높다. 그러나 매장의 치열한 진열 경쟁 상황에서는 문제가 좀 다르다. 좀더 직접적인 방법(패키지디자인)에 의해 순간적인 선택의 성패가 좌우될 수도 있음을 간과해서는 안 된다.

　　　제품의 실제 구매 환경은 시기적으로나 시간적으로 상당한 차이가 있기 마련이다. 상품을 구매하는 짧은 순간에 광고의 어떤 장면 따위가 구매 고객의 뇌리에 떠오르기를 기대하기란 매우 어렵다. 결국 수많은 경쟁 제품들 사이에 진열되어 있는 하나의 제품은 단지 그 환경 속에서 무한히 경쟁하게 될 뿐이다. 경쟁 관계의 유사제품들과 비교, 진열되는 상태에서 소비자의 시선을 끌어야 하는 숙명을 안고 있는 것이다.

　　　광고, 홍보 활동을 통한 브랜드이미지의 구축은 다분히 변동적이라는 특성이 있다. 광고에 의해 형성된 이미지라면, 또 다른 광고 연출에 의해 변화할 수 있다는 논리이다. 그러므로 광고·홍보 활동은 지속적인 투자가 필요하기 마련이다. 그 연출 방법도 더욱 자극적으로 변화하기 쉽다. 반면에 패키지디자인을 통한 광고·홍보 효과는 장기적인 연속성과 효율성을 지니고 있다는 매력이 있다.

2) 판매 촉진의 효과

상품의 판매를 촉진시키기 위해서는 우선 제품의 물리적 품질력이 보장되어야 한다. 상품에 대한 기대와 함께 제품을 사용해 본 구매자나 사용자가 만족감을 경험했다면 향후 판매가 향상되는

패키지디자인에 나타나는 상징적 심벌마크는 제품에 대한 신뢰성을 확인시키는 요소다. 이를 통해 상품에 대한 확실한 신뢰성을 구축하기도 하지만, 이것이 상품구매 요인의 중요한 매개가 되는 것이 현실이다.

것은 당연한 결론이다. 그러나 구매되어 사용되기 이전에는 그 제품을 사용할 기회가 주어지지 않으므로 그런 기대는 아무 소용이 없을 것이다. 상품이 판매되는 최초의 단계가 필수적으로 이루어져야만 연속적인 판매도 발생할 수 있다.

한편 제품을 사용한 경험이 있더라도 다른 경쟁 제품과의 비교로 우열을 인식하기란 실질적으로 쉽지 않은 일이다. 기능적으로 어떠한 제품이 더 우수한지 판단 기준이 애매할 뿐 아니라, 그러한 능력이나 필요를 가진 소비자는 많지 않기 때문이다.

상품의 판매를 촉진시키는 방안으로 제품력에 대한 우월성이나 차별성을 강조, 홍보하는 방식은(앞에서도 거론했듯) 상당한 시간과 비용이 수반되어야만 하는 문제점을 안고 있다. 이에 비해 패키지디자인은 소비자의 감성을 자극하여 제품의 우월성을 표출하는 특성을 풍부하게 지녔다고 할 수 있다. 곧 제품의 특성이나 우수성을 디자인으로 연출하고, 소비자는 이를 통해 제품을 쉽게 이해하며 동시에 강력한 구매충동을 느끼게 되는 것이다.

감각적 매력 포인트의 핵심인 제품의 겉모습이나 패키지의 시각적 요소들이 상품 구매 현장에서 중요한 요인으로 인식된 것은 이미 오래 전 일이다. 조잡한 패키지디자인이나 열악한 제품을 가지고 경쟁력을 높인다는 것은 현대사회에서 상상하지 못할 일이다.

패키지디자인의 여러 요소들은 구매 현장에서 의사 결정이나 판매 촉진에 절대적 영향력을 발휘한다. 더불어 소비자의 기억 속에 직접적이고 장기적인 인식을 남기는 패키지는 가장 효율적이고도 경제적인 홍보 수단이다. 매체를 통한 광고나 홍보 효과보다는 매장에서 만나는 직접 대면 방식이 강렬한 메시지를 전달할 수 있는 것이다.

패키지디자인이란 제품의 물리적 기능을 유지시켜 준다는 기본 목적과 더불어 평면적이고 입체적인 시각적, 예술적, 심미적 가치 창출에 기여하는 중요한 요소이다. 이로써 소비자들에게 상품을 광고·홍보할 뿐 아니라 최종적으로 판매를 촉진하는 역할을 맡는 것이다.

일상적으로 사용되는 간장에도 이제 다양한 특성과 개성이 있다. 패키지디자인에서 브랜드 명칭과 함께 어떤 특징을 갖고 있는 간장인지를 보여 주는 것이 효과적이라 하겠다. 맛에 대한 장인정신이 깃든 고집쟁이의 이미지와 오랜 기간 충분히 숙성된 맛을 보여 주기 위해 개발된 패키지디자인

오랜 역사의 동양 음식 맛은 자칫 서구사회에서 좋은 호응을 받지 못할 수도 있다. 깔끔하고 청결한 서구식 음식환경과 다르기 때문이다. 서양사회에서의 판매확대와 현대적 상품으로 재탄생하기 위한 서구화된 동양음식 관련 제품의 패키지디자인 사례

박규원 교수 한양대학교
kyuwon@hanyang.ac.kr

4장 패키지디자인의 개발과 표현

패키지디자인은 단순히 제품을 개발하고 시장에 판매하기
위한 소위 ‘옷 입히기’ 수준의 업무가 아니다. 생산 기업들의
심화되는 경쟁 속에서 제품에 대한 차별화와 로열티를
부여하여 자사의 상품이 지속적으로 독점적 지위를 갖게 하는
고도로 계획된 경영 활동의 일환이 바로 패키지디자인이다.

1. 패키지디자인의 개발 시점

제품 개발에 착수한 기업은 시장의 규모, 생산, 광고, 유통 등 많은 부문에 대한 준비를 하게 된다. 이때 특히 중요한 것이 패키지디자인으로 경쟁사에 대한 자료 수집도 패키지디자인을 위한 활동이라 할 수 있다.

이제 패키지디자인의 개발 시점과 그 이유에 대해 알아보기로 한다.

1) 신제품을 출시할 경우

신제품은 크게 2가지가 있다.

첫째, 시장에 출시된 적이 없는 특허상품이나 이에 준하는 신제품으로 독점적 지위를 확보한 블루오션의 제품이다

블루오션 전략(Blue Ocean Strategy)이란 '경쟁이 없는 시장, 즉 푸른 바다(Blue Ocean)와 같은 신시장을 개척해야 살아남을 수 있다' 는 성장 전략으로 붉은 피를 흘려야 할 정도로 경쟁이 치열한 기존의 업종이나 고객 개념에 얽매여 있지 말아야 한다는 가치혁신 이론이다.

둘째, 경쟁제품이 최소한 1종 이상 있는 시장에 선보이는 신제품이다

대다수의 패키지디자인은 경쟁사와의 차별화를 염두에 두고 개발된다. 따라서 전자의 경우는 상대적으로 패키지디자인의 필요성에 대한 인식이 낮거나 많은 시행착오를 요구하는 경우가 많다.

1994년 출시된 손발톱 무좀 치료제인 '로푸록스' 디자인. 지금까지 경쟁제품이 없는 독점적인 신약으로 한독약품이 생겨난 이후 단시간 내에 가장 많은 매출을 올린 제품이라고 한다.

2) 타사와의 차별화 전략이 필요한 경우

자사의 제품이 시장 점유율과 인지도, 브랜드선호도 등에서 우월한 제품일 경우 경쟁사의 견제와 추종은 필연적이다. 따라서 합법적인 경쟁에 대해 미리 준비하고 대응책을 마련해야 한다.

초코파이의 예를 들어보자. 이 제품으로 시장을 선점하고 있던 오리온을 추종한 롯데는 쵸코파이라는 네이밍을 그대로 사용했고 패키지디자인도 미투(Metoo) 전략으로 출시했다. 이에 오

리온은 '초코파이'라는 상표 권리를 주장하여 법원에 소송했지만
이미 일반 명사화된 상표에 대해 권리를 인정받지 못했다. 이후
오리온 초코파이는 '정(情)'이라는 네이밍을 강조하고 색상의 적용
에도 차별화를 주었다. 이런 노력들로 소비자는 오리온 초코파이
와 롯데 죠코파이를 구별할 수 있게 되었으며, 이에 자극받은 롯
데는 드림파이라는 새 브랜드를 만들게 된다.

3) 시대에 맞춰 디자인을 업그레이드Upgrade할 경우

박카스는 1960년에 출시된 우리나라 드링크류의 대표적인 장수상
품 브랜드이다. 지금까지 무수히 많은 경쟁제품이 나왔지만 이에
필적할 만한 것은 없었다. 오직 박카스만이 그 역사성을 유지하면
서, 시대성을 고려한 리디자인을 통해 끊임없이 브랜드를 관리해
왔다. 이외에도 시대적 분위기를 고려하여 디자인을 업그레이드
해 온 제품으로는 활명수, 부라보콘, 새우깡, 빼빼로, 처음처럼,
칠성사이다, 삼양라면 등이 있다.

시대적 리듬에 맞게, 전면적으로 업그레이드된
디자인. 산의 디자인은 '처음처럼'으로 개선되었다.
소주의 도수가 낮아지면서 경쟁사의 시장뿐만 아니라
백세주 등 저도주 시장까지 경쟁 범위를 넓혀가고
있다.

4) 신기술이나 원가절감 요인이 나타났을 경우

패키지의 새로운 제작 기술이나 방법이 등장할 때, 또는 원가절감
요인이 현저할 때이다.

　　　김치의 경우, 상품화의 시작은 오래되지 않았다. 유통
중 발효에 의해서 맛이 변하거나 봉지가 터지는 등 기술적인 어려
운 문제가 있었기 때문이다. 막걸리 역시 오랫 동안 술통으로 판매
되어 오다가 페트병으로 바뀌었으며, 해외 수출을 위해 캔 포장으
로 개선되기에 이르렀다. 백세주는 부식병을 투명한 병으로 교체
하면서 재사용으로 인한 원가절감과 함께 환경적인 면까지 고려할
수 있게 된 경우인데, 이와 동시에 라벨을 리디자인하기도 했다.
그러나 제품에 대한 느낌도 병의 촉감과 부식병에서 느끼는 시감
(視感)의 차이로 인해 예전의 백세주와 다른 호감도를 나타내는 소
비자가 있는 것 같다. 상품의 시각적 개성은 꼭 신기술과 원가의
관계는 소비자의 반응과 연계하여 이루어지는 것이 바람직할 것이
다. 그 밖에도 삼각김밥, 컵라면 등의 패키지가 여기에 속한다.

국순당 백세주의 부식병. 재사용이 불가능하다.
투명한 병으로 리디자인 하자마자 판매와 수익증가의
기대로 주식 가격이 오르기도 했다.
새로 나온 백세주의 디자인과 비교해 보자.

5) 기업 인수합병의 경우

기업은 하나의 생명체와 같아서 생성과 사멸이 반복된다. 상품 역
시 비슷한 운명이지만, 히트상품이나 브랜드인지도가 높은 상품
의 경우 기업의 운영자가 바뀌어도 브랜드는 유지되는 것이 일반
적이다.

　　　　CJ의 음료 사업부문이 롯데칠성음료로 인수된 후에도
'솔의 눈'은 회사 명칭과 약간의 수정을 거쳐 출시되었는데, 바로
이러한 예이다.

6) 수출시 문화·정서의 차이가 있는 경우

수출 제품의 경우 문화적 차이로 인해 패키지디자인을 다르게 적
용할 때가 많다. 이 경우 수출 지역의 가격 정책, 언어, 디자인의
기호도, 표기사항 등이 새로운 패키지디자인에 고려된다. 때로는
바이어 측에서 패키지디자인까지 제작하여 인쇄용 데이터를 넘기
는 경우도 있다.

　　　　대기업 제품은 자사 브랜드의 비율이 높지만 중소업체
는 OEM으로 수출하는 비율이 더 높아진다. OEM(Original Equipment
Manufacturing)이란 '주문자 상표 부착 생산'이라는 의미로 자기 상표
가 아니라 주문자가 요구하는 상표명으로 부품이나 완제품을 생산
하는 방식이다. 이러한 수출 방식은 상품 값을 제대로 받지 못할
뿐만 아니라 주문자, 즉 상표권자의 하청 생산기지 이상의 기능을
할 수 없게 되는 단점이 있다. 장기적으로는 자기 브랜드를 키우지
못하여 시장에 대한 변화와 대응력이 떨어지게 된다.

일본 수출용 안동소주 패키지디자인. 40도, 21도의 두
종류로 제작되었다.

2. 패키지디자인의 개발 과정

소비자의 제품 선택 여부는 상품력, 브랜드이미지, 광고, 유통, 가격 등의 변수에 의해 결정된다. 특히 패키지디자인은 소비자의 최종 접점으로서 구매 여부를 좌우하게 되는 전략적이며 기술적 도구임에 틀림없다.

패키지디자인을 위한 전체적인 프로세스는 다음과 같다. 이 같은 흐름 속에서 타 부서와의 협력과 조정을 통해 계획적이며 순차적으로 진행해야 성공적인 상품을 만들어 낼 수 있다.

1) 정보수집 및 분석 단계

전략적이며 마케팅적인 부문이다. 상품의 기획은 고객(Customer), 경쟁사(Competitor) 및 자사(Company)에 대한 이해를 바탕으로 한다. 고객은 상품이 존재하고 나아가 기업이 존재하는 근본적인 이유로서, 고객이 원하는 가치를 제공하지 못하는 기업은 경쟁 우위를 상실하고 도태하게 된다. 특히 공급자 위주의 시대에서 고객 위주의 시대로 전환되는 사업 환경 아래에서 고객을 위한 전략은 보다 중요한 문제라고 할 수 있다. 경쟁사의 분석도 함께 연구되고 검토되어야 하며, 자사에 대한 제조·유통과 상품 출시 시점, 상품의 판매 가격과 마진율 등 마케팅 환경까지 이해하는 것이 바람직한 패키지디자인을 수행하는 데 도움이 된다. 결국 디자인 실시 이전의 기획 단계부터 공동으로 참여하여 연구하는 것이 바람직하다고 할 수 있다.

전략의 '3C' 인 고객, 경쟁사, 자사의 관계

2) 디자인 계획 단계

정보 수집된 마케팅 자료에서 소비자의 니즈와 동향, 경쟁사의 디자인, 앞으로의 트렌드 등을 면밀히 연구한다. 아이디어 스케치에 들어가기 전에 다음과 같이 몇 가지 단계를 거치는 것이 좋다.

제1단계에서는 첫째, 전체 시장을 세분화하고, 각 시장별 제품과 패키지디자인의 상관관계와 매력도를 평가하여 디자인의 타깃 세그먼트(Target Segment)를 선정한다.

둘째, 타깃 세그먼트의 고객 특성을 분석하고 고객의 구매 결정

• 이승주, 경영전략 실천 매뉴얼, 시그마 인사이트그룹, 2001, 91p 참조

요인(Key Buying Factors)을 파악한다.

셋째, 고객을 위한 가치 명제(Value Proposition)를 명확히 설정한다. 가치 명제란 특정고객에 대해 제공할 수 있는 가치의 내용을 구체적으로 명시화하는 것이다.

넷째, 고객을 만족하게 함으로써 재구매를 유도할 수 있는 요인을 찾아낸다.

제2단계에서는 제품의 상태를 파악하고 유효한 패키지디자인의 아이디어 스케치에 들어간다. 이때 트렌드를 파악하고 자신만의 스토리 또는 발신음을 담도록 한다. 과거와는 달리 패키지에 관련한 기술이 급속히 발전하여 생각과 꿈을 현실화하는 것이 가능해졌다. 오히려 얼마나 자유롭게 사고하고 창조적이냐가 디자이너의 제일 요건이 되었다.

예를 들면 클래식 음악의 저장 매체에 대한 패키지디자인의 경우, 작곡가의 특성에 따라 '꽃'을 시각적 요소로 디자인한 사례는 1차원적인 접근이 아니라 감성적이며 소비자와의 공감대를 형성하는 디자인이라고 할 수 있을 것이다.

액체로 된 제품의 상태를 관찰해 보라. 우유의 포장 재료만 해도 유리병, 플라스틱 병, PP팩, 테트라 팩, 종이 팩 등이 있으며 형태도 원통, 네모, 삼각형 등 매우 다양하다.

제품의 완충 작용을 하는 방법도 다양해서 공기 충진법까지 나왔다.

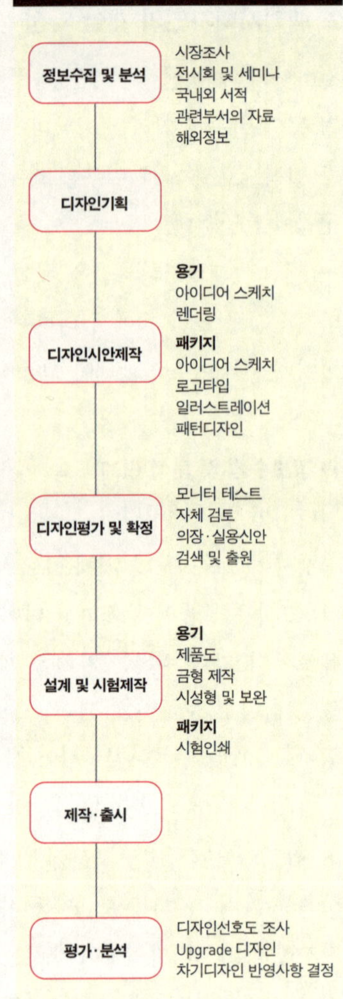

정보수집 및 분석	시장조사 전시회 및 세미나 국내외 서적 관련부서의 자료 해외정보
디자인기획	
디자인시안제작	**용기** 아이디어 스케치 렌더링 **패키지** 아이디어 스케치 로고타입 일러스트레이션 패턴디자인
디자인평가 및 확정	모니터 테스트 자체 검토 의장·실용신안 검색 및 출원
설계 및 시험제작	**용기** 제품도 금형 제작 시성형 및 보완 **패키지** 시험인쇄
제작·출시	
평가·분석	디자인선호도 조사 Upgrade 디자인 차기디자인 반영사항 결정

패키지디자인의 플로우차트

제품의 완충작용을 위한 공기 충진 패키지. 범용성이 뛰어나다. 몇 가지의 사이즈로 만들어져 다양한 모양이나 크기의 상품에 적용할 수 있다.

제3단계에서는 자사 상품 간의 디자인 아이덴티티는 어떻게 처리할 것인가 하는 것이 중요한 포인트이다. 만약 자사의 최초 상품이라면 장기적인 전략에 의한 패밀리 브랜드(Family Brand)

패키지디자인의 개발과 표현

까지 배려한 디자인이 요구된다. 타 회사와의 디자인의 차별화와
독창성을 유지하며 자사 상품들과의 아이덴티티를 이루는 것이
중요하다.

자사 상품 간의 응집력이 생긴다면 타사에 대한 방어막
이 자연스럽게 형성되며, 소비자들에게 중장기적으로 통일된 이
미지를 노출시킴으로써 기억성 및 인지성을 높일 수 있다. 또한
디자인 및 패키지 제작에 따른 시간적, 비용적 효율성을 높이고
나아가 상품에 대한 광고비를 절감할 수 있다. 그 예로서 '나비스
코' 사의 패키지디자인이나 하겐다즈의 아이스크림 패키지디자인
등이 여기에 속한다.

3) 디자인 시안 제작 단계

디자인 기획 단계에서 나온 전략적 아이디어에 따라 디자인 시안
을 제작한다. 아이디어 스케치 단계에서는 그 포지션을 약간 넓혀
서 진행한 후, 디자인팀의 회의를 거쳐 최종적으로 약 3~5개 안
정도를 작업한다. 입체물인 경우 3D로 시뮬레이션 작업을 한다.
최대한 실제 제품과 같아 보이도록 하는 것이 바람직하다.

4) 디자인 평가 및 확정 단계

내부적인 스크리닝을 거친 최종 2~3안에 대해 소비자 조사 등을
거친 후 시안을 확정한다. 일반적으로 많은 소비자에게 보여주어
선호도가 높은 것을 결정하는 것이 바람직하지만 그러한 결정에
는 대단한 오류가 있다는 것을 염두에 두어야 한다. 즉, 특별하거
나 혁신적인 디자인 안이 결정되기는 쉽지 않다는 것이다. 때로는
특별한 메시지나 이슈가 들어 있는 패키지디자인이 의외로 좋은
결과가 나타날 때도 있다는 점을 기억해야 한다.

5) 설계 및 시험 제작 단계

결정된 안의 제작을 위한 단계로 시각디자인, 구조디자인, 산업디
자인 등 대량 생산을 위한 후작업에 들어간다. 도면이나 인쇄 원
고 작업을 거쳐 시험 제작에 들어가는 것이다.

시안에서의 디자인 의도가 충실히 반영되었는지, 생산의 효율성을 높일 수 있는 구조로 디자인되어 있는지, 개당 패키지의 제작단가는 얼마 정도가 적정한지 등을 검토한다. 인쇄 방법, 재질의 종류, 가공 방법 등을 꼼꼼히 따져야 한다. 제품의 속성이 고급성, 유행성, 소량 생산성 제품일 경우 패키지의 제작 단가는 크게 구애 받지 않지만 원가 대비 넘지 말아야 할 한계선이 있다. 대량 생산시 수익률과 밀접한 관계가 있으며 판매가를 높이기 때문이다.

이러한 시안 제작이 끝나면 최종적으로 패키지의 보존·보호성과 이동성에는 문제가 없는지 따져 본다. 국제간 교역에 있어서 상품은 국경을 넘어 지구의 반대까지 선박으로 운송되고 보관·유통된다. 상품의 진동과 충격, 장시간의 온도와 습도 변화, 바이러스나 곤충·동물의 침입 등 유통에서 일어날 수 있는 모든 위험과 변수를 상정하여 작업해야 한다.

6) 제작·출시 단계

제작된 패키지는 공장으로 옮겨져 제품이 담겨진다. 자동 포장도 있으며 때로는 수작업으로 포장되는데, 현장에서의 생산과 조립은 디자이너가 상상하기 어려울 정도로 시간 단축을 요구 받는다. 이러한 현장을 경험하는 순간 패키지의 구조가 얼마나 중요한지 깨닫게 된다.

상품의 제조와 포장이 끝나도 직접 소비자에게 가는 경우는 드물다. 각 지역별 물류창고로 운반되며 그곳에서 중간 유통 과정을 거치거나 곧바로 할인점으로 배송되기도 한다. 이 유통과정에서 제품의 파손율을 최소화 할 수 있는 디자인이어야 한다.

최종 유통단계까지 넘어가야 소비자와 만나게 된다. 상품이 매장에 디스플레이되는 것이다. 이 단계야말로 디자이너로서는 지금까지 노력의 결과물이 소비자에게 검증받는다는 흥분을 맛보는 순간이기도 하다.

시안 작업에서 실제적인 판매를 가정하여 디스플레이 상황을 시뮬레이션 하기도 하지만 실제 판매 현장에서는 판매대

의 위치, 조명의 상태, 경쟁 제품과의 관계 등에 따라 의외의 상황
이 발생할 수 있다. 이러한 예민한 문제로 유통점과 제품을 생산
한 기업 간에 갈등을 빚기도 한다.

　　　　매장에서는 작고 가격대가 높은 경우 제품이 분실될 가
능성이 크다. 때문에 윈도우 판매 등 간접 판매 방법도 있지만 직
접적으로 소비자가 만지고 선택하는 상품의 경우 PP재질의 크람
쉘 타입으로 제작하기도 한다. 제품의 패키지를 일정 크기 이상으
로 견고하게 만들어 분실을 막는 효과가 있다.

　　　　또 제품의 내외부에 RFID(radio frequency identification)를 붙
여서 판매하기도 한다. RFID란 일정한 주파수로 원거리에서도 대
상물을 분별할 수 있는 인식 시스템이다. 판독기로 일일이 찍어야
하는 2차원적 바코드 대신 상품마다 초소형 마이크로칩을 부착,
주파수로 수십 수백 가지의 정보를 읽어내는 신개념의 태그(꼬리표)
로 출입 통제, 물류, 주차관리 등을 위한 새로운 솔루션이다. RFID
가 상용화될 경우 상품 하나를 얼마에 출고하는지, 출고된 상품이
어디에 있는 할인점에 납품되고 언제 팔려나가는지를 실시간으로
파악할 수 있게 된다. 할인점에서는 판매량을 확인하기 위해 매장
관리원을 따로 둘 필요가 없으며, 바코드를 찍느라 계산대 앞에 길
게 늘어선 손님들의 행렬도 사라지게 된다.

　　　　이외에도 여러 가지 패키징 기술을 이해하고 디자인하
는 습관이 중요하다.

크람쉘 타입으로 만들어진 USB 케이블의
패키지디자인. 마치 '조개'와 같은 모양으로 앞판과
뒷판이 벌어지거나 닫히는 타입을 말한다. 패키지의
안쪽에 RFID가 붙어 있어서 상품 관리가 용이하다.

7) 평가·분석 단계

제품이 출시되면 현장에서의 반응을 조사하고 분석해서 문제점을
찾아 보완해 나가는 작업이 필요하다. 이러한 데이터는 다시 피드
백으로 제품 개선과 신제품 개발에 반영된다.

　　　　정확한 데이터는 추후 회사의 중요한 결정에 영향을
준다. 신뢰할 수 있는 외부 조사 기관에 용역을 주는 것이 바람직
하다.

3. 패키지디자인과 구매관여도[*]

현대사회에서 패키지디자인은 기업의 자기 방어 수단이자 이익을 창출해 내는 존재이고, 고객에게는 소비를 경험하게 하는 가치의 수단이다.

구매관여도란 패키지디자인이 단순히 아름답고 보기 좋은 단계를 넘어서 체계화된 시스템을 갖추어 나가기 위한 일환으로 '소비자가 상품을 선택할 때 상품군에 따른 패키지디자인의 영향력의 정도'를 말한다.

구매관여도는 상품의 가격과 속성, 유통방법과 판매점의 형태, 소비자의 경향, 지역과 국가에 따라 약간씩 다를 수 있으며 패키지디자인 여하에 따라 단계의 변동이 가능하다. 여기서는 크게 3단계로 분류했다.

구매관여도에 따른 각 단계별 특성을 이해하면 개발과정 속에서 정확한 디자인 포인트를 찾을 수 있다. 이는 자사 상품에 대한 위상과 경쟁력을 파악하는 데 유용하다.

1) 구매관여도 제1단계 – 패키지디자인에 의한 구매결정력이 높은 단계

패키지만으로 내용물의 가치와 존재를 알리는 단계이다. 패키지디자인에 의해 소비자의 구매의사가 결정되는 확률이 높다. 다시 말해서 내용물과 패키지가 일체감을 이루고 있는 상품이 많으며, 가격은 보통 소액이다. 또한 본 단계의 특징은 구매가 반복되면서 브랜드 인지도가 상승하며 충성도가 높아진다. 이러한 단계를 지나면 생산자의 가격 결정력과 유통에 대한 지배력이 높아지면서 구매관여도 제2단계의 속성을 나타내기 시작한다.

주 제품은 식료품, 생활용품, 저가화장품 등으로 편의점이나 할인점, 슈퍼마켓 등에서 판매되는 편의품류이다. 편의품은 선매품에 비해 그다지 주의를 기울이지 않고 구입하는 상품군이다. 이 단계의 상품은 온라인에서도 패키지 그 자체로 소비자에게 소개된다. 그렇기 때문에 직접적이며 확실하게 드러나는 디자인이 중요하다.

패키지디자인 구매관여도 1단계 상품의 예이다. 소비자의 상품 선택에 패키지디자인은 매우 영향력이 크다. 브랜드 이미지에 한 번 익숙해지면 소비자는 직감적으로 또는 무의식적으로 그 제품을 선택하게 된다. 액면가가 적은 상품군의 경우에 많은 광고비를 들일 수 없는 한계가 있기 때문에 패키지디자인은 강력한 판촉 수단이 된다.

● 2005년 한국패키지디자인학회 17호 논문
'디지털미디어 사회에 있어서 패키지디자인'
고봉석

패키지디자인의 개발과 표현

2) 구매관여도 제2단계 - 특정 브랜드 선호도가 높은 단계

제품에 대한 소비자의 브랜드에 대한 선호도가 비교적 높은 단계
이다. 편의품에서 선매품으로 옮겨 가는 단계이기도 하다. 제품가
격이 중·고액가로 제품의 속성에 대한 정보가 중요해진다.

제품을 포장하기 위한 별도의 패키지가 있는 경우가 많
다. 다시 말해서 외포장 안에 별도의 내포장이 있는 상품이다. 일
반적으로 내용물(제품)만 취하고 외포장은 버리는 경우가 많다. 휴
대폰, 디지털카메라, 시계, 고가화장품 같은 상품이 이에 속한다.
온라인에서도 패키지로 보이기보다는 제품 그 자체(휴대폰, 카메라, 화
장품 등)로 소개된다.

결국 구매관여도의 단계가 높아질수록 전체적인 브랜드
이미지가 중요하게 된다. 패키지디자인 이외의 판촉수단으로 매체
광고나 스폰서 행사 등으로 브랜드이미지와 인지도를 높이게 된
다. 자연스럽게 '브랜드 자산(Brand Equity)'도 높아지는 단계이다.

'옥션'과 같은 중고품 경매 사이트를 보면, 패키지가
구비되어 있을 때 비교적 높은 값을 받는 경우가 많다. 패키지가
일종의 진품성, 명품성 기능을 하고 있기 때문이다. 결국 인터넷
매장에서도 신제품의 패키지디자인을 같이 디스플레이한다면 제
품에 대한 인지도와 선호, 구매욕구를 더 높일 수 있을 것이다.

삼성전자 애니콜 패키지디자인. 구매관여도
제2단계의 예이다. 휴대폰은 상품의 크기가 작기
때문에 패키지디자인이 디스플레이 될 경우 POP
기능을 겸하고 있다. 특히 중국 등의 개발도상국은
패키지디자인에 대한 구매관여도가 높은 편이다.

3) 구매관여도 제3단계
- 패키지디자인의 영향력이 약해지며 상대적으로 브랜드의 중요성이 매우 높은 단계

패키지디자인에 의한 소비자의 구매력이 약해지는 단계이다. 패키
지디자인으로서 소비자에게 구입을 요구하기에는 그 영향력이 적
다고 할 수 있다. 그러나 브랜드의 중요성은 매우 높은 단계이다.
그러므로 패키지디자인도 이미지나 소재 등으로 관심이 옮겨지게
된다. 자주 구매하는 것이 아닌, 가격도 상당히 높은 선매품(選買品)
이나 전문품으로 전문매장이나 백화점 등이 주요한 취급점이다.
상품 구매에 앞서 소비자는 브랜드이미지나 제품의 성능·형태 등
을 여러모로 따져보게 된다.

패키지디자인 기획에 있어서 네이밍, 브랜드디자인, 색

채 기획에 역점을 두고 디자인해야 한다. 이를 바탕으로 한 브랜드이미지나 코퍼레이트이미지가 매우 중요한 단계이다.

전문카메라, 시계, 명품 신변잡화류, 의류, 고가의 TV, 대형가전 등이 이에 속한다. 주변 사람에 대한 의식이나 사회적 지위 등도 구매에 큰 연관성을 갖는다. 패키지디자인은 소비자가 구매한 후 만족도 등에도 관여하게 된다. 이것은 브랜드 자산이 되어 후속구매와 패밀리브랜드 등에 대한 관심으로 이어진다.

본 단계 이후는 자동차나 서비스 제품군 등 패키지디자인과는 크게 관계가 없는 단계로 옮아간다. 참고로 네트워크마케팅은 한정된 고객과 그 하위 고객 간의 연결 고리에 의한 유통 방법, 즉 구전과 설득을 통한 영향력이 강하기 때문에 여기서 제외했다. 구매관여도와의 상관관계를 말하기가 적합하지 않기 때문이다.

유통을 위한 운송용 외박스의 디자인 또한 구매 관여도가 아니라 시스템에 관한 부분이다. 하지만 최근에는 경쟁의 심화에 따라 디자인 차별화 수단으로 활용하기도 한다.

전자사전 패키지디자인으로 구매관여도 제3단계 전문제품의 예이다. 휴대폰에 비해 패키지디자인에 의한 구매 영향력이 떨어진다. 경쟁사의 제품이 성능이나 디자인이 좋을 경우 쉽게 시장을 내줄 가능성이 있다. 실제로 이 시장은 캐논과의 선두 다툼이 치열한 시장이었지만 아이리버가 참여하면서 새로운 양상으로 접어들었다. 장기적인 브랜드 이미지 관리를 위해 패키지디자인에도 이미지나 소재 등에 더욱 관심을 기울일 필요가 있다.

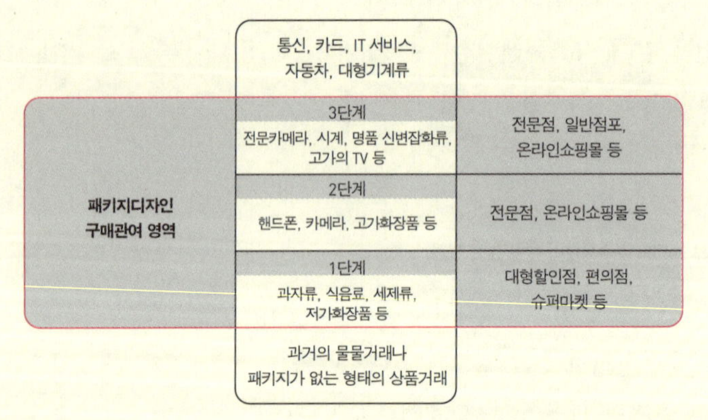

패키지디자인 구매관여도의 영역

4. 패키지디자인의 7대 요소

패키지디자인은 한 상품의 총합이라고 할 수 있다. 따라서 디자이너가 관심을 가지고 연구할 분야가 많다.

거시적으로는 국제적 감각과 경제의 흐름, 트렌드와 시대적 유행을 이해해야 한다.

미시적으로는 경쟁사에 대한 연구와 마케팅 분야, 재활용 등 패키지의 환경적 역할, 법적 합리성, 광고 분야, 좀더 작게는 상품의 원가에 영향을 미치는 생산성과 제작의 합리성, 패키지디자인의 입체적인 측면 등을 이해해야 한다. 또한 다음에서 언급될 네이밍과 평면에 대한 시각적인 6가지 요소 등 종합적이며 심도 있는 연구가 필요하다.

클라이언트 또는 결정권자에게 신뢰감을 주는 동시에 소비자에게 설득력을 갖출 만한 패키지디자인을 위해, 먼저 패키지디자인에 대한 전반적인 구조를 이해해야 함은 당연한 일일 것이다.

다음의 7대 요소에 대한 상관관계를 이해하고, 좋은 패키지디자인으로 표현해 내는 능력을 갖추도록 노력하자. 각각 분야별로 전문서적이 다양하게 있다.

1) 네이밍 Naming

기업의 경영활동을 위해 상품의 이름을 짓는 작업이다. 브랜드디자인이 시작되면서부터 제품의 수명이 다할 때까지 지속적으로 사용된다. 소비자는 네이밍을 통해 만들어진 '브랜드디자인' 으로 상품에 대한 커뮤니케이션을 한다.

무수히 많은 음소와 음절의 조합을 통해 상품을 상징하는 이름을 만든다. 기억성, 연상성, 독창성 등 뛰어난 이름이 만들어져야 하는데, 특히 국제화시대에 있어서는 수출 지역에 대한 검증이 필요하다. 이 모든 결과물은 특허 관련 법규에 의해 보호를 받는다.

네이밍이 언어의 결과물이라면 디자인은 시각(Visual) 언어의 결과물이다. 시각언어는 언어, 즉 브랜드 명칭과의 밀접한

OB맥주를 밀어내고 맥주 시장 1위 자리를 차지하며 회사 이름까지 교체시킨 '하이트' 네이밍과 브랜드디자인. '자, 네이밍 입문을 위한 퀴즈 하나! 하이트맥주의 이전 브랜드 명칭과 회사 이름이 무엇인지?'

연관성을 가진다. 시각적 상상력은 아이디어를 통해 언어적 상상력과 융합되거나 대칭적으로 마주보기도 한다. 그러므로 디자인 회사나 부서는 네이밍 프로젝트를 선도하거나 그 작업에 참여하는 것이 중요하다. 네이밍을 만드는 외부 협력업체나 타 부서의 제작자가 느끼지 못하거나 이해하기 어려운 감성적 요소를 체크해 줄 수 있으며, 상품에 대한 정확한 콘셉트도 이해할 수 있기 때문이다. 근래에 들어 디자인 전공자들의 네이밍 결과물이 시장에서 두각을 나타내는 이유도 여기에 있다.

네이밍 작업을 진행할 때 특히 중요한 것이 있다. 다른 문화권에 네거티브 요소없이 구매에 영향을 미칠 수 있도록 심도 있는 검토를 해야 한다는 점이다.

삼성전자의 모(母) 브랜드를 숨기고 개별(Individual) 브랜드 전략을 취한 냉장고 '지펠(Zipel)'은 독일어로 정상, 최고봉을 의미하는 'Gifpel'에서 유래된 단어이다. 그러나 남성의 성기를 뜻하는 의미도 있으므로 부정적인 연상을 배제하기 위하여 초기 단계에서 'Zipel'로 명칭을 수정하게 되었다.

네이밍 작업은 오른쪽 그림과 같이 진행되는 것이 일반적이다.

2) 브랜드로고 Brand logo

브랜드로고는 커뮤니케이션에 있어서 시각적 효과를 강하게 연출하는 중요한 그래픽 요소이다. 따라서 브랜드로고는 기업 또는 상품의 상징으로 이념이나 사상을 담고 있는 추상적 또는 구체적 형태로 표현된다. 이는 브랜드 네이밍과 함께 제품의 수명이 다할 때까지 지속적이고도 장기적으로 사용된다.

제품에 있어서 상품력이란 결국 그 제품의 이름 하나로 함축된다. 아무리 많은 광고와 홍보, 프로모션 정책이 투자되었다 하더라도 최종적으로 몇 마디 또는 몇 글자에 불과할 수 있는 상품명으로 축약되는 것이다. 이것이 브랜드(brand)이다. 강력한 마케팅력을 지닌 브랜드는 제품의 신뢰도를 증진시키며 다양한 광고 홍보를 자율적으로 수행해 제품의 가치를 증대함은 물론, 그

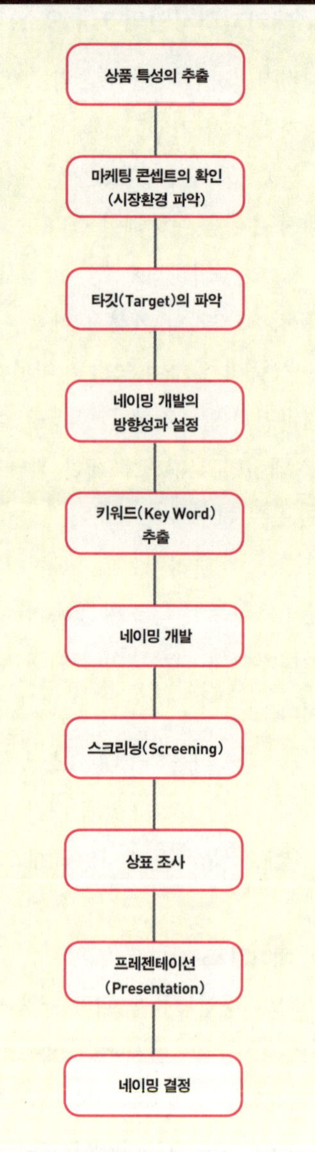

네이밍의 진행 단계 도표

어느 것 이상으로 강력하고 실제적으로 기업의 실질 자산가치를 인정받는 요소이다.

성공적인 브랜드, 또는 장수브랜드는 이름만 들어도 제품이 연상되곤 한다. 이는 제품이 될 경우도 있고 제품을 담고 있는 패키지디자인일 경우도 있다. 후자의 경우 가장 확실하게 시각적으로 기억되는 것은 패키지디자인에 적용된 브랜드로고이다. 브랜드는 최종적으로 소비자의 의식에 남을 수 있는 기업의 중요한 가치 요소이다.

여기에서 브랜드란 두 가지 요소를 가지는데 첫째는 언어적(言語的, verbal language) 요소이고, 둘째는 비언어적(非言語的, nonverbal language) 시각적 요소이다. 이러한 언어적 요소와 시각적 요소가 상호 보완되어 브랜드이미지를 만들고 상승 작용을 일으키는 것이다.

여기에 좀더 개성 있고 제품의 특성과 어울리는 패키지디자인이 만들어진다면 그 이상 효과적인 판촉 수단은 없을 것이다. 이러한 바탕을 전제로, 다음의 4가지 요건을 충족시킴으로써 상품력을 더욱 극대화할 수 있다.

첫째, 상품으로서 자기 정체성을 명확히 표현할 수 있도록 가독성을 확보하며
둘째, 상품의 특성을 전달시킬 수 있는 전달성을 갖도록 하고
셋째, 고객의 잠재의식 속에 존재할 수 있는 기억성을 갖추며
넷째, 여러 미디어나 자사의 동일 제품군의 적용에 통일성을 갖추고 있으면 더욱 효과적이다.

경우에 따라 브랜드로고는 상품명 전체를 읽지 않아도 인식될 수 있는 함축적 디자인이 효과적이다. 또한 반복적인 전달에 의해 인지도가 높아짐으로써 효과적인 커뮤니케이션의 결과를 가져올 수 있다.

1960년에 출시된 박카스 디자인. 이 브랜드의 디자인은 지금까지 크게 바뀌지 않았다. 2005년에는 비타500에게 선두 자리를 내주기도 했지만, 많은 경쟁상품 속에서도 여전히 수위의 자리를 지키고 있다.

삼성전자의 '애니콜' 브랜드 로고

인간의 인지반응이론에 있어서 색채의 시각적 자극은 형태 인식에 비해 속도성이 앞서는 특징을 가지고 있다. 일례로 호랑이의 얼룩무늬와 얼룩말의 얼룩무늬는 크기와 모양에 있어서 매우 비슷하지만 색상의 차이로 확연하게 구별된다.

　　패키지디자인도 마찬가지이다. 디자인은 비슷하지만 색상에 의해 이미지가 다르게 전달되는 경우가 있는 것이다.

　　패키지디자인에 있어서 색상은 비언어적·비형태적 요소로서 타사와의 차별화와 상품 이미지를 표현하는 데 매우 중요한 시각요소의 하나이다. 효과적인 시각전달은 물론 홍보나 광고에도 효과적으로 활용될 수 있는 요소인 것이다.

포카리스웨트의 컬러를 세 종류로 나열해 보았다. 원래의 제품(왼쪽)에 비해 녹색은 제품 고유의 맛이 나지 않을 것 같고 빨간색은 코카콜라와 같은 느낌을 지우기 어렵다. 특히 웨이브가 그런 느낌을 더욱 부각시키고 있다. 결과적으로 색상의 적용에 따라 상품의 성격이 부여되는 것을 알 수 있다. 컬러의 선정은 경쟁제품과의 차별화에 밀접한 관련이 있기 때문에 처음부터 컬러의 선택에 신중을 기해야 한다.

　　실질적으로 판매가 이루어지는 매장의 경우를 보자. 상품이 색상별로 디스플레이 되지 않고 종류별로 디스플레이 되는 것을 알 수 있다. 예를 들면 커피는 커피군에, 식용유는 식용유군에 놓여 있다. 그러므로 미투전략이 아니라면 그들 제품군 속에서 독점적이며 효과적인 색상을 선점하는 것이 매우 중요하다 할 수 있다. 세계적인 브랜드의 상품 중에서도 그러한 제품들을 어렵지 않게 발견할 수 있다. 코카콜라의 적색, 포카리스웨트의 파란색, 칠성사이다의 녹색 등 제품의 속성과 브랜드의 정체성을 구축하는 데 색상이 지배적 요소로 적용된 예가 많다.

　　효과적인 색상을 선택하기에 앞서 유의할 점이 있다.

첫째, 상품의 개발 단계부터 참여하라

　　부득이할 경우에는 나중에라도 상품 정보를 수집 분석

하여 전략적으로 접근할 필요가 있다.

둘째, 디자인하고자 하는 상품을 분류하여 카테고리별로 묶고,

소비자의 기호성과 차별성 중 강조할 색상을 결정하라

주목율에 관계된 색상의 고려는 기호성과 차별성이 결정된 후에 이루어져도 늦지 않다. 하루에도 수많은 제품들이 시장에 쏟아져 나오고 있지만, 그런 제품들을 분류하여 카테고리별로 묶어 보면 선택해야 할 색상이 보이게 마련이다.

셋째, 제품군에 따라 비중이 다르지만 상품과 연관성 있는 컬러에

주목하라

넷째, 시대적 유행성과 트렌드 등에 꾸준한 관심을 가지고 접근하라

다섯째, 수출 상품인 경우 그 나라의 문화적·시장적 요소에 관심을

갖도록 한다

여섯째, 판매되는 주 시간대, 장소, 조명 상태에 따른 색채의 특성을

감안하라

일곱째, 면적·색상·채도 대비 등 색상 고유의 기본 지식을

이해하라

이렇게 결정된 색상은 브랜드 아이덴티티의 일환 속에서 경쟁사와 상관관계를 끊임없이 유지하며 지속적인 브랜드 전략으로 유지해야 한다. 그럼으로써 상품의 브랜드이미지가 자연스럽게 구축될 수 있다.

4) 캐릭터 Character

캐릭터는 일러스트레이션의 한 분야이다. 그러나 패키지디자인에 있어서 캐릭터는 상품의 이미지에 매우 큰 영역을 차지하므로 통상적으로 분리하여 설명하고 있다.

캐릭터(Character)라는 말은 1953년 미국의 월트디즈니사가 머천다이징 계약에서 애니메이션 주인공을 가리켜 '팬시플 캐릭터(Fanciful Character)' 라고 명명한 데서 유래되었다.•

이후 캐릭터는 일반적으로 애니메이션에 나오는 캐릭터와 그 캐릭터의 상품화 정도로 인식되었는데, 점차적으로 상품뿐 아니라 패키지디자인에도 확장성을 가지게 되었다.

블루의 대명사인 니베아크림

• 캐릭터비즈니스 土屋新太郎 저, 김형석 편역
문지사 2000년 11월 16p

캐릭터는 특정한 인물이나 동물, 사물의 형태를 고유의 성격으로 시각화하여 만든 모습으로 팬시하고 귀엽다는 느낌으로 소비자에게 쉽게 접근할 수 있는 장점을 지니고 있다. 또한 생산자와 소비자, 소비자와 소비자 사이의 매개체로서 동질성을 유발하고 빠른 시간 안에 친밀도를 높여주는 연결 고리 역할을 한다. 퍼블리케이션(Publication Relation-PR) 기능을 통해 제품의 주목성과 기억성을 높이며 결국 판매 촉진을 유도할 수 있다.

패키지디자인을 사용자 관점에서 볼 때 캐릭터는 크게 두 개의 그룹으로 나누어진다.

첫째, 제품의 이미지를 위해 독자적으로 만들어진 셀프캐릭터(Self Character)이다

옥시의 물먹는 하마 캐릭터, 빼빼로의 캐릭터, 자일리톨의 휘바 캐릭터, 진로 소주의 두꺼비 등이 그것이다. 셀프캐릭터가 상품의 확고한 지위를 확보하기 위해서는 일단 제품의 이미지와 잘 맞아야 하고, 스토리가 있어야 하며, 마케팅 수단으로서 일관되게 지속적으로 사용하여야 한다. 또한 시간과 유행에 따라 업그레이드를 해 주어야만 생명력을 유지할 수 있다.

둘째, 우리가 흔히 접하는 애니메이션이나 만화를 통해 알려진 캐릭터들로 이를 라이선시(licensee)캐릭터라고 부른다

미키마우스, 피카츄, 아톰 같은 캐릭터를 일정한 비용을 지불하고 상품의 이미지와 패키지디자인 전면에 내세우는 경우이다. 이미 부여된 캐릭터의 부가가치를 이용하여 자사의 상품

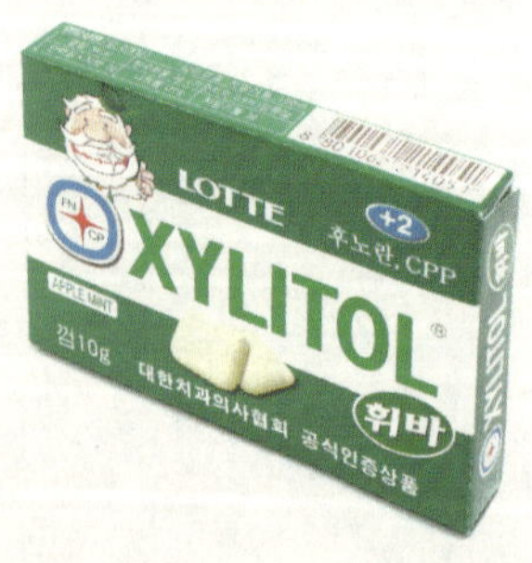

롯데 자일리톨의 휘바 캐릭터를 이용한 패키지디자인. 출시 이후 마켓에서 선두를 지키고 있다. 후발 경쟁 브랜드의 등장으로 휘바 캐릭터의 적용은 차별성을 더욱 두드러지게 하고 있다.

옷장 속의 물먹는하마. 상품과의 연관성이 매우 절묘하다. 초기 상품 출시 시기부터 여전히 잊혀지지 않은 하마 캐릭터로, 성공적인 셀프캐릭터의 경우이다.

이미지를 일거에 확장시키는 데 유리하다.

　　　　라이선스생산은 다른 기업이나 개인이 개발하거나 소유한 상표·마크 또는 제품 제조에 대한 신기술·신제조법 등을 소유자의 허가(license)를 받아 생산하는 것을 말한다. 이때의 계약을 라이선스계약이라고 하며, 라이선스를 받는 쪽을 라이선시(licensee)라고 부른다. 계약 시에는 라이선스 비용으로 상표, 캐릭터 사용료 등의 일정한 로열티가 소유자에게 지불된다. 라이선스생산은 의류·가방 등의 패션 관련 상품에서 자동차·군용기·전차에 이르기까지 아주 광범한 제품 분야에서 이루어진다.

　　　　상품에서 캐릭터는 어떠한 가치를 창출해 낼 수 있을까?
첫째, 가치관을 공유한 그룹, 즉 팬(Fan) 사이에 내재된 유대감과 동질성, 친밀감 등을 자극하는 데 유리하다

둘째, 원하는 타깃에 대해 정밀한 판매 전략을 세울 수 있다

어린이나 주부, 일정한 습관을 가지고 있는 층이나 특정 지역을 대상으로 한 전략이다

셋째, 지속적으로 노출되고 검증된 캐릭터이기 때문에 초기 런칭 비용 및 광고비가 적게 든다

넷째, 상품의 충성도를 높일 수 있다

　　　　그러나 이러한 캐릭터를 사용할 때 주의할 점도 있다. 캐릭터의 사용은 보통 생활용품이나 식료품, 경공업제품, 이벤트 성격이 강한 유행적 상품에 잘 어울린다는 점이다. 때문에 고가의 명품브랜드나 트렌디한 상품의 경우에는 적용에 신중을 기할 필요가 있다. 또 하나, 유명 캐릭터를 적용하는 경우 판매에 따른 비용이 지속적으로 지불되므로 장기적으로는 이윤의 극대화에 걸림돌이 될 수 있다. 계약기간이 만료되면 재계약하거나 반려해야 한다. 그야말로 빌린 캐릭터의 한계인 것이다. 캐릭터의 유행성이 떨어질 경우에는 상품의 판매에도 영향을 미치게 된다. 이때 상품의 이미지를 바꾸어야 한다는 부담이 따르게 된다.

타이포(typo)는 글자 하나하나, 혹은 활자를 가리키고 그래피 (graphy)는 쓰는 것을 말한다. 두 단어가 합쳐진 타이포그래피는 과 거에는 활판 인쇄술을 의미했지만 근래에는 의미의 폭이 넓어지 며 '글자꼴(typeface), 디자인, 조판 방법, 레이아웃(layout), 가독성' 등의 조형적인 사항을 의미하게 되었다. 즉 활자, 컴퓨터, 멀티미 디어 등처럼 글자(text)에 대한 조형적 표현을 가리키는 것이다. 참 고로 폰트(Font)는 같은 크기와 스타일로 디자인된 한 벌의 글자를 의미한다.

농심 신라면의 패키지디자인. 손글씨와 타이포그래피가 인상적이다.

　　　　패키지디자인에서의 타이포그래피는 (상품의 속성에 따라 약 간의 차이는 있지만 일반적으로) 제품명, 슬로건, 사용법, 제품의 법적 표 시 사항, 기호나 픽토그램, 바코드, 단어나 문장, 세부 항목에 대 한 일련의 표시 등 시각적·서술적 상품 정보의 전달(communication) 내용과 처리 방법을 말한다.

　　　　그러나 타이포그래피의 영역 가운데 레이아웃(layout)은 너무 포괄적이어서 따로 설명하는 것이 일반적이다.

　　　　이 같은 요소들은 패키지디자인의 적재적소에 배치되 어 선택 시점의 소비자에게 구매결정을 위한 정보를 전달하고 또 한 구입 후 상품에 대한 정보를 제공한다. 제품 선택 후 소비자에 게 안정감과 만족감을 동시에 제공하는 것이다.

　　　　그러기 위해서는 패키지디자인의 앞부분에 언급한 다른 요소들, 즉 브랜드로고, 색채, 캐릭터, 일러스트와 사진 등은 상품 의 이미지에 맞는 역할을 충실히 해야 한다. 물론 이벤트적인 성격 을 강조하기 위해 슬로건 등을 강조하는 경우도 있을 수 있다.

　　　　훌륭한 타이포그래피의 느낌을 좌우하는 요소로는 서 체, 서체의 크기, 글자 사이(字間)와 글줄 사이(行間), 글자 폭과 길이 의 비례, 글자의 기울기, 내용을 나열할 때 단(段 column)의 길이, 단 수(段數 columniation), 조판 형식, 글자의 색상 등의 상관관계와 가독 성 등이 있다. 이러한 요소들을 면밀히 연구하고 적용함으로써 패 키지디자인이 더욱 가치를 발하게 된다.

　　　　주의사항으로는 ①이러한 내용들이 일정한 장소에 집합

(集合, Grouping)되어야만 바람직한 결과물을 얻을 수 있고 ②너무 다양한 색상의 적용을 피하며 ③서체를 자유롭게 활용하는 것도 좋지만 최대한 절제해야 하므로 서체는 3종 이내에서 처리하도록 하고 ④법적 표기사항의 서체 크기는 가능한 작게 하되 제품군에 따라 적절하게 맞추도록 한다.

세계적인 다국적 브랜드일 경우 타이포그래피 역시 다양한 언어로 표현되는데, 각 나라의 언어를 동시에 표기해야 할 경우 시각적인 배열은 결코 단순한 작업이 아니다. 그러나 그 속에도 공통적인 것을 발견할 수 있다.

미국은 유니버스(Univers) 패밀리 서체를 주로 사용하며 포맷 또한 일정한 규칙을 유지하고 있다. 유럽은 주로 헬베티카(Helveta) 패밀리 서체를 사용하고 있는데, 이러한 표기사항만 보아도 상품의 국적을 금방 알 수 있다. 때문에 수출 지역에 맞는 서체를 사용하는 것만으로도 상품의 그레이드를 동등하거나 그 이상의 것으로 발전시킬 수 있다.

그동안 우리나라는 이러한 표기사항의 처리를 소홀하게 다루어 온 것이 사실이지만 요즈음 신제품의 경우는 많이 안정되어 가는 것을 볼 수 있다.

Helvetica Light
ABCDEFGHIJKLMNOPQRSTUVWXYZ
abcdefghijklmnopqrstuvwxyz
0123456789~!@#$%^&*()_+`-=()|:"<>?[]\',./

Helvetica Condensed Light
ABCDEFGHIJKLMNOPQRSTUVWXYZ
abcdefghijklmnopqrstuvwxyz
0123456789-!@#$%^&*()_+`-=()|:"<>?[]\',./

Helvetica Regular
ABCDEFGHIJKLMNOPQRSTUVWXYZ
abcdefghijklmnopqrstuvwxyz
0123456789~!@#$%^&*()_+`-=()|:"<>?[]\',./

Helvetica Condensed Regular
ABCDEFGHIJKLMNOPQRSTUVWXYZ
abcdefghijklmnopqrstuvwxyz
0123456789-!@#$%^&*()_+`-=()|:"<>?[]\',./

Helvetica Bold
ABCDEFGHIJKLMNOPQRSTUVWXYZ
abcdefghijklmnopqrstuvwxyz
0123456789~!@#$%^&*()_+`-=()|:"<>?[]\',./

Helvetica Condensed Bold
ABCDEFGHIJKLMNOPQRSTUVWXYZ
abcdefghijklmnopqrstuvwxyz
0123456789~!@#$%^&*()_+`-=()|:"<>?[]\',./

Helvetica Black
ABCDEFGHIJKLMNOPQRSTUVWXYZ
abcdefghijklmnopqrstuvwxyz
0123456789~!@#$%^&*()_+`-=()|:"<>?[]\',./

Univers 45 Light
ABCDEFGHIJKLMNOPQRSTUVWXYZ
abcdefghijklmnopqrstuvwxyz
0123456789~!@#$%^&*()_+`-=()|:"<>?[]\',./

Univers 47 Condensed Light
ABCDEFGHIJKLMNOPQRSTUVWXYZ
abcdefghijklmnopqrstuvwxyz
0123456789~!@#$%^&*()_+`-=()|:"<>?[]\',./

Univers 55
ABCDEFGHIJKLMNOPQRSTUVWXYZ
abcdefghijklmnopqrstuvwxyz
0123456789~!@#$%^&*()_+`-=()|:"<>?[]\',./

Univers 57 Condensed
ABCDEFGHIJKLMNOPQRSTUVWXYZ
abcdefghijklmnopqrstuvwxyz
0123456789~!@#$%^&*()_+`-=()|:"<>?[]\',./

Univers 65 Bold
ABCDEFGHIJKLMNOPQRSTUVWXYZ
abcdefghijklmnopqrstuvwxyz
0123456789~!@#$%^&*()_+`-=()|:"<>?[]\',./

Univers 67 Condensed Bold
ABCDEFGHIJKLMNOPQRSTUVWXYZ
abcdefghijklmnopqrstuvwxyz
0123456789~!@#$%^&*()_+`-=()|:"<>?[]\',./

Univers 85 Extra Black
ABCDEFGHIJKLMNOPQRSTUVWXYZ
abcdefghijklmnopqrstuvwxyz
0123456789-!@#$%^&*()_+`-=()|:"<>?[]\',./

헬베티카와 유니버스체의 비교. G, Q, 2, 7 등은 작은 상태에서도 구별이 가능하다. 또한 전체적인 서체의 느낌을 이해해 보자.

6) 레이아웃 Layout

패키지디자인에 있어서 레이아웃이란 식탁에서의 세련된 예절과
도 같다. 세련되고 정제된 손놀림에 의한, 그러면서도 매우 유연
하고 얽매이지 않는 자유스러운 태도가 필요한 작업이다. 계획과
준비에 의한 브랜드디자인과 색상의 설정, 일러스트, 사진, 캐릭
터, 타이포그래피 등 디자이너의 상상력에 우선순위가 있을 수 없
지만, 레이아웃은 최초의 아이디어 스케치에 의한 접근들로서 좀
더 디테일한 작업을 위한 고도의 집중과 시간이 요구된다.

패키지디자인에 표현되는 형태의 크기, 여러 디자인 요
소들을 어떻게 배열하고 정리하느냐에 따라 나타나는 반응과 결
과는 크게 달라지게 마련이다.

패키지디자인에 있어서 표현할 내용은 일반적으로 정
해진 일정한 틀이 있다. 여러 가지 조형적인 요소가 배치되는 레
이아웃은 제품 내용물의 특성과 개성에 따라 그 표현 전략이 세심
하게 연구되어야 한다. 제품의 상품명과 일러스트레이션, 사진 같
은 일반적인 부분 말고도 법적 문안과 표기사항, 주의 마크도 레
이아웃을 이루는 하나의 커다란 시각적 요소로 간주해야 한다. 이
렇듯 다양한 디자인 요소들이 종합적으로 레이아웃 되어야만 만
족할 만한 패키지디자인을 완성할 수 있다.

레이아웃 작업을 할 때 유의해야 할 사항이 몇 가지 있다.

첫째, 타사 상품과의 관계에 있어서 차별화 포인트를 인식하라

자기 상품의 가장 큰 장점은 무엇인가, 가장 부각시켜
야 될 점은 무엇인가를 인식해야 한다. 중요도에 따라 5단계 정도
우선순위를 정해 본다.

경쟁 상품 없이 세계 최초로 시장에 처음 나오는 제품,
예를 들어 DMB 제품이나 포스트잇, 호치키스 등처럼 비교 대상이
없을 경우, 제품 접근에 쉬운 해결책을 찾을 수 있도록 도와준다.

둘째, 레이아웃의 위력은 디스플레이를 할 때 나타난다

진열 시에 자사 상품과 타사 상품과의 비교라든가 멀티

 패키지디자인의 개발과 표현

패키지디자인에 의한 효과를 누리기 위해서는 사전에 심도 있는 계획이 필요하다. 때문에 몇 가지 시안이 제작되면 판매 현장과 비슷한 조건으로 시뮬레이션을 해 보아야 한다.

셋째, 그리드시스템을 적용해 보라

그리드시스템은 주로 연속적이며 반복적인 편집디자인 작업을 할 때 유용하지만 패키지디자인 작업에 적용한다면 좀 더 세련된 결과물을 얻을 수 있다. 복잡하고 내용이 많은 것이라면 더욱 그러하다.

넷째, 패키지디자인은 항상 입체적 요건을 지닌다는 점을 잊어서는 안 된다

삼각형, 원통형, 박스형, 손잡이가 있는 박스형, 투명형, 병에 붙는 라벨형, 스티커형, 윈도우가 있는 입체형, 덮개형 등 적용 범위의 특징이 매우 다양하다. 그러므로 수차례 견본을 만들어 보고 최종적으로는 실제 크기의 제품에 적용해 보아야 한다. 모두가 디자이너의 땀과 수고를 요구하는 작업이다.

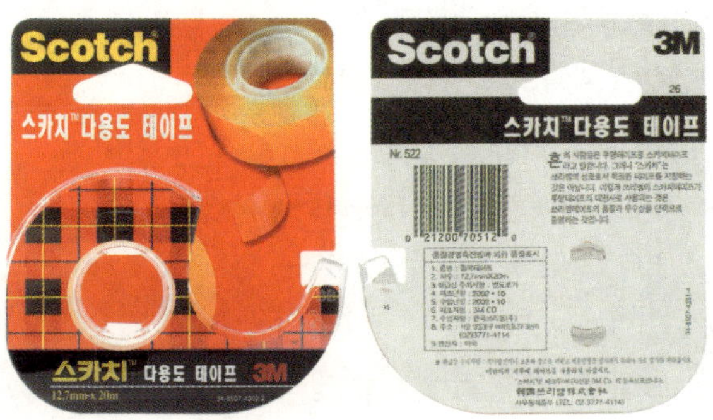

소위 '카드'라고도 표현하는 패키지디자인. 간단해 보이지만 테이프의 무게와 걸이 부분의 무게중심부터 정한 후 레이아웃에 들어가야 한다. 패키지디자인은 항상 입체적인 면을 고려한 후 동일한 재질로 견본을 만드는 것도 잊어서는 안 된다.

7) 일러스트레이션 Illustration

일러스트레이션은 사람들에게 어떠한 내용·목적을 구체적으로 커뮤니케이션하기 위해 설명적으로 시각화하는 목표 지향적 그림이다. 넓은 의미로는 회화와 사진을 비롯하여 도표, 도형 등 문자 이외에 시각화된 것을 가리키는데, 좁은 의미로는 핸드드로잉

(Hand Drawing)에 의한 그림만을 뜻한다. 오늘날의 일러스트레이션
은 작가의 개성이 잘 나타나고 작품 또한 다양해서 순수 회화와의
구별이 모호해지는 경향도 있다. 일러스트레이션은 기법에 의한
것과 미디어에 의한 종류가 있다.

먼저, 기법으로서의 일러스트레이션을 살펴보자.

일러스트레이션을 이해하기 위해서는 시대적인 조류를
이해할 필요가 있다. 관련된 미술 사조는 입체파(Cubism), 사실주
의, 인상주의, 상징주의, 표현주의, 초현실주의, 팝 아트, 하이퍼
리얼리즘 등이 있다. 현대에 들어서는 컴퓨터 그래픽, 애니메이션
등 새로운 조형 형식을 꼽을 수 있다.

다음으로 미디어에 따른 일러스트레이션을 살펴보면
광고, 기업 이미지, 패키지디자인, CD재킷, 영화, 출판 등과 더불
어 요즈음은 상업 공간, 슈퍼그래픽 등으로 확장되고 있다. 패키
지디자인에 있어서의 일러스트레이션을 살펴보면 미디어에 따른
성격이 확실히 구별됨을 알 수 있다.

한미식품 '콩두유' 에 사용된 일러스트레이션

보통 작은 입체물로 표현되는 패키지디자인은 색상이
나 브랜드로 제품의 특성을 알리고 고객에게 호감을 주는 데 한계
가 있을 수밖에 없다. 새로운 상품이 끊임없이 쏟아지는 시장 환
경에서 제품의 물리적인 성질과 특성을 효과적으로 알리는 커뮤
니케이션 계획은 많은 비용과 시간이 투입되는 작업인 것이다.

패키지디자인에 표현되는 일러스트레이션과 사진들은
이러한 문제를 명확하게 해결할 수 있는 디자인 요소이며 소비자
의 감성적 욕구를 충족시키는 효과적인 마케팅 도구이다. 내용물
의 요소나 출처, 사용법에 대한 일러스트레이션은 상품에 대한 정
보를 명확하게 전달하는 기능을 가지고 있다.

패키지디자인을 진행할 때에는 표면적으로 여건이 다
른 커뮤니케이션 매개체와의 차이를 확실히 이해하고 디자인해야
한다.

**첫째, 활용 면적이 극히 좁아 제한적일 수 있으므로 좁은 공간에서의
복잡한 비주얼 처리는 그 가능성을 미리 체크해 보아야 한다**

패키지디자인의 개발과 표현

둘째, 입체적인 형태의 특성을 가진 구조물은 인쇄 방법에 대한 제한이 많을 수 있으므로 그 물리적인 기능을 우선하는 상황도 생각해 봐야 한다

인쇄 도수가 1도나 2도의 간략한 실크 인쇄인지, 4원색으로 인쇄가 불가능한 플렉소 인쇄인지 살펴 가급적 알맞은 인쇄 도수를 정해야 한다.

셋째, 패키지 재질의 한계성이 있을 수 있다

패키지의 재질에 따라 복잡한 표현이나 정교한 일러스트레이션, 또는 사진의 재현이 불가능한 경우가 발생한다. 디자인이 어떠한 재질에 재현되는지를 사전에 숙지해야 한다.

노키아 핸드폰 패키지디자인. 각각의 면마다 슬로건 'Connecting People' 이라는 메시지를 사진으로 연출해 내고 있다.

참고 자료

- 《디자인사전》 안상수 외, 안그라픽스, 1996
- 《비쥬얼디자인 Vol2》 일본그래픽디자이너협회 교육위원회, 김상락 외 편역, 아트북, 1995
- 《시각커뮤니케이션디자인》 박선의, 최호천, 미진사, 1989
- 《캐릭터비즈니스》 土屋新太郎 저, 김형석 편역, 문지사, 2000
- 《도해·역전의 CI》 야마다 리에, 시노하라 세메, 패키징사, 1987
- 《네이밍의 성공법칙》 이와나가 요시히로, PHP연구소, 2002
- 《경영전략 실천 매뉴얼》 시그마 인사이트그룹, 이승주, 2001
- 《블루오션 전략》 김위찬, 르네 마보안 공저, 교보문고, 2005
- 《매일경제 용어사전》 매일경제신문사
- www.naver.com 지식검색사이트
- 《디지털미디어사회에 있어서 패키지디자인》 한국패키지디자인학회 17호 논문집, 고봉석, 2005

고봉석 대표 (주)어거스트브랜드
books@naver.com

5장 패키지디자인과 조형성

정보화 시대의 도래와 함께 아날로그 환경이 디지털로
바뀌면서 패키지디자인의 환경도 많이 바뀌었다. 상품의 구매
패러다임 역시 계속 변화하고 있으며, 현대의 디자이너에게
제품의 내용물 못지 않게 사용자의 동기, 욕구, 욕망을
반영하는 무형의 상황까지 디자인하는 것이 디자인의 중요한
덕목으로 요구되고 있다. 이러한 디자이너의 역할은 제품의
보호성과 편이성이라는 전통적 가치를 넘어서 브랜드라는
영역까지 패키지디자인의 지경을 넓히고 있다.

이 장에서는 패키지디자인의 이러한 전통적 가치에 더하여
조형성이라는 측면에서 접근하였다. 시뮬레이션이라는 방법적
접근을 통해서 실무에서 패키지디자인을 접하는
디자이너들에게 실질적 응용과 실험이 가능하도록 3D
시뮬레이션을 통한 디자인 방법을 제시하였다.

패키지디자인을 배우는 학생들에게도 실험적이고 방법적으로
많은 도움을 줄 것을 기대한다.

후반에는 패키지 재료와 인쇄 그리고 후가공까지 다룸으로써
가상의 디자인에서 실무 현장의 간접적 체험을 하도록 했다.

1. 패키지 소재

패키지의 3가지 기능인 보존성, 편리성, 상품성을 고려하여 상품의 포장 특징에 적합한 패키지 재료를 선택하는 일은 매우 중요하다. 물론 재료의 특성에 따라 인쇄하는 방법도, 가공하는 과정도 다르다. 패키지디자이너는 이러한 여러 가지 소재의 특성과 가공 과정을 잘 이해한 뒤 재료를 선택해야 한다.

1) 종이

시장에 쏟아지는 상품의 양이 기하급수적으로 증가하면서 패키지의 필요성이 크게 대두되었다.

판지를 이용한 패키지

　　　초창기 패키지에 가장 중요하게 쓰인 수단은 어디까지나 종이였다. 특성을 유지하기 쉬우며 인쇄 등 가공 역시 쉬운 까닭이다. 포장의 무게와 부피가 커지면서 종이는 판지나 골판지 또는 합지(合紙)의 형태로 쓰이게 되었다. 최근에는 종이와 PVC를 합지(合紙)한다든지 우유 같은 액체용 패키지에 테트라팩 같은 종이를 사용함으로써 그 사용 범위가 넓어지고 있다.

　　　종이의 장점은 다음과 같다.
- 오프셋, 그라비어, 실크스크린 등 인쇄 적성이 광범위하다.
- 박인쇄, 엠보싱 등 인쇄 후에 가공이 용이하다.
- 다양한 지기 구조가 가능하다.
- 가볍고 운반 및 보관이 간편하다.
- 진열효과가 좋다.
- 자동포장이 가능하다.

　　　반면 종이에는 이런 단점도 있다.
- 방습성이 약하다.
- 투명성이 없다.
- 가스나 향을 투과시킨다.

　　　포장용 재료 외에도 디자이너에게 종이에 대한 지식은 매우 중요한 부분이므로, 좀더 자세히 설명하기로 한다.

❶ 종이의 규격과 단위

일반 종이의 두께는 1m²의 무게를 그램(g)으로 나타낸 것으로 g/m²의 단위가 사용된다. 인쇄용 종이의 취급 단위는 연(連, Ream)이며 첫 글자를 따서 R로 표기하기도 한다. 즉 1연을 1R로도 쓴다. 매(枚)는 S(Sheet)라고 표기한다. 예를 들어 5연 100매이면 '5R 100S'라고 기록한다. 1연은 500매(2속 또는 4속)이다. 1속은 평량이 100g/m² 이하일 경우 250매이며, 100g/m² 이상일 경우 125매이다.

종이의 규격은 단순하다. A계열 종이와 B계열 종이가 있는데 B계열 종이가 A계열 종이보다 1.5배 넓다. 즉 150%의 면적을 갖는다는 말이다. 이 종이들을 절반씩 잘라서 1, 2, 3, 4 등의 규격을 정한다.

사무용으로 흔히 쓰는 A4 혹은 B5가 있을 것이다. 여기서 '4'나 '5'는 종이를 반씩 자른 횟수를 말하는데 숫자가 크면 클수록 종이는 반만큼씩 작아진다.

일반적으로 전지(全紙)에는 '국전지(5×7전지)'와 '4×6전지' 혹은 'A전지'와 'B전지'가 있다.

한국 공업 규격을 보면, 종이를 A계열과 B계열로 나누되 각기 '다듬치수'와 '표준치수'가 있어서,

A계열 0번(A0)의 '다듬치수'는 841×1,189mm,

B계열 0번(B0)의 '다듬치수'는 1,030×1,456mm

로 정하였다.

또한 각 계열의 1번은 0번을 1/2로 자른 크기이며 이를 전지(全紙)라고 한다. A계열 전지는 'A1'이라고 하고 면적이 1m²이며, B계열 전지는 'B1'이라고 하며 면적은 1.5m²이다. 2번은 1번을 다시 1/2로 자른 크기 등으로 정하고 있다.

이 크기에 맞추려면 전지의 크기를 다듬재단이 가능하도록 약간 크게 만들어내야 하는데 이를 '표준치수'라고 한다. 현재 시중에서 통용되고 있는 '표준치수'는 A전지 636×939mm이며, B전지 788×1,090mm이다.

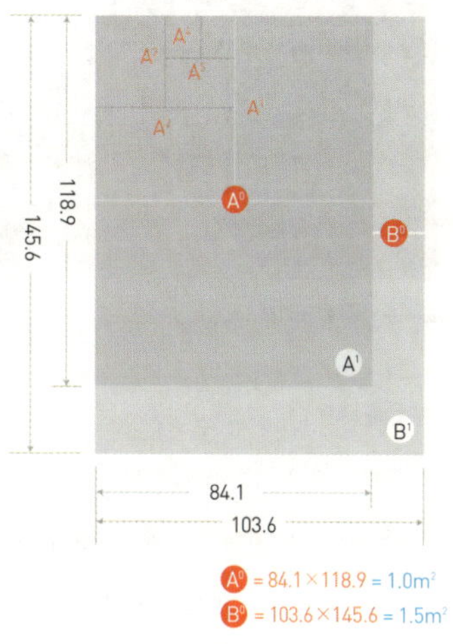

종이 규격과 치수

❷ 종이의 종류

• 크래프트지

시멘트, 양곡류, 비료 등의 포장재로 쓰이는 포장용 종이이다. 부드러우면서도 질겨서 쌀이나 시멘트처럼 무겁고 유동성이 있는 제품에 적합하다.

• 판지 板紙

여러 종류의 종이를 겹친, 다시 말해 합지(合紙)한 종이로, 층마다 다른 원료를 사용할 수 있으므로 재료에 따라 쓰임새와 종류가 정해진다. 아이보리지, 마닐라지, CCP지 등이 있다. 판지의 맨 표면에 은종이를 합지하여 특수 효과를 낼 수도 있다.

테트라팩(Tetra Pack)이란?

'테트라(Tetra)'는 그리스어에서 유래한 말로 '4'를 뜻한다. 주로 '4면 종이상자'나 '3각뿔 종이상자'로 되어 붙여진 이름이다. 1952년 스웨덴에서 개발되어 공업화된 종이용기로, 종이와 폴리에틸렌을 5겹으로 붙였다. 내부에 공기를 넣지 않고 충진할 수 있는 특징이 있다. 주로 음료나 우유 용기, 그리고 무균충진(無菌充塡)용으로 사용한다.

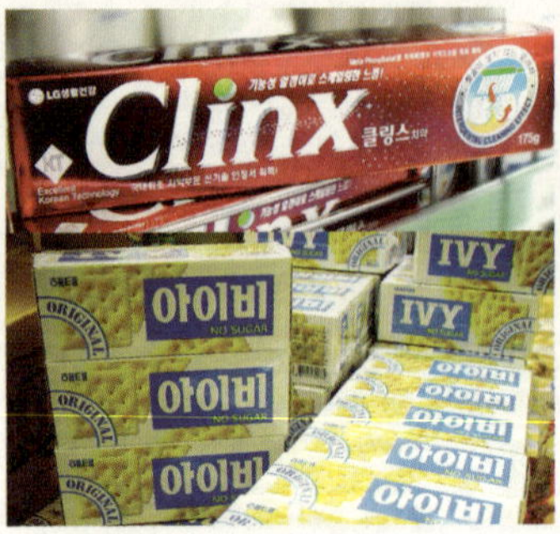

판지를 이용한 패키지

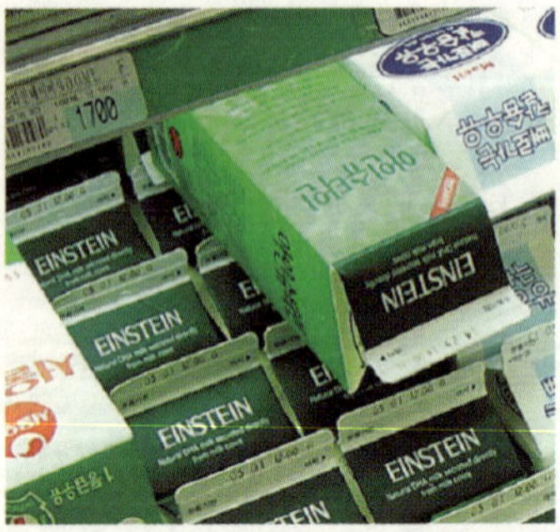

테트라 팩

• 골판지

판지와 함께 가장 흔히 쓰이는 종이 소재이다. 물결이나 고랑처럼 골(홈)이 난 판지를 의미한다. 골판지는 종이판(라이너)에 고랑 형태의 골 심지를 끼워 붙여 사용하는데, 단면 골판지와 양면 골판지가 있다.

단면 골판지는 주로 파손되기 쉬운 제품의 보호재로 쓰

골판지를 이용한 패키지

인다. 따라서 상자로 사용하기보다는 특수 구조체나 완충재로 쓰인다. 양면 골판지는 골심지 양쪽에 종이판을 붙여서 합지한 형태이다. 양면 골판지를 2중 혹은 3중으로 붙여서 강도를 높이기도 한다. 라이너 종이판은 누르스름한 재생지도 있고 표백한 흰색도 사용한다. 골판지는 그 원료에 따라 강도와 탄력은 물론 두께가 다르다.

골판지는 포장물의 필요에 따라 그 특성에 맞는 것을 이용해야 한다. 골판지는 두껍기 때문에 일반 오프셋 방식으로는 인쇄할 수 없고 플렉소 인쇄(Flexo Print)라는 수지(樹脂)판 인쇄 방식을 이용하는데, 인쇄 효과를 높이기 위해 얇은 아트지 등에 오프셋 인쇄한 후 골판지에 합지해서 쓰는 경우도 있다.

골판지 포장은 상품의 수송과 보관뿐만 아니라 오늘날 단위 포장 문화에 맞춰 보편화된 포장 재료이다. 이 다용성 포장 매체는 무엇보다도 모양을 여러 형태로 만들기 쉽고 내지(內紙)인 골이 난 종이를 여러 번 겹쳐 붙여 구성할 수도 있는 등 다양한 장점을 갖는다.

골판지는 골지의 강도, 종이판의 강도, 골의 높이와 골의 수, 골판지의 합지 수에 따라 다음 4가지 구조로 생산된다.

A골판지(A Flute) 골의 폭이 넓고 골의 높이가 높은 것으로, 강한 충격을 완충할 수 있는 형이다.
골의 높이 4.5~4.8mm, 골의 수 502개/30cm
B골판지(B Flute) 촘촘한 골로 포장의 찌그러짐이나 비틀림을 방지할 수 있는 형이다.
골의 높이 2.5~2.8mm, 골의 수 342개/30cm

C골판지(**C Flute**) A Flute와 B Flute를 적절히 겸한 형이다.
골의 높이 3.5~3.8mm, 골의 수 402개/30cm

E골판지(**E Flute**) 골의 배치가 가장 가늘고 촘촘한 배열. 제일 많이
사용되는, 장식적·장기적 진열을 위한 상품포장에 응용되는 형이다.
골의 높이 1.0~1.2mm, 골의 수 932개/30cm

2) 플라스틱·발포(發泡)재

플라스틱 소재 패키지

플라스틱 포장 재료는 우리가 보통 생각하는 것보다 종류와 성질
이 훨씬 다양하다. 각종 가전제품, 음료, 식품, 공업용품에 이르기
까지 우리의 생활 주변에 깊이 자리 잡고 있는 것이 플라스틱인
데, 포장 재료로서의 플라스틱 또한 일일이 열거하기 힘들다. 흔
히 비닐(Vinyl)이라는 포장재도 여기에 속한다.

플라스틱은 크게 열가소성(熱可塑性) 플라스틱(머리빗, 바가
지, 선풍기 날개 등)과 열경화성(熱硬化性) 플라스틱(전기 소켓, 멜라닌 식기, 낚
싯대, 냄비 손잡이, 자동차 부품)으로 나눌 수 있다.

화학적 분류에 의한 각각의 특성을 보면 아래와 같다.

폴리에틸렌 포장

폴리에스테르 포장

● **폴리에틸렌 PE**

플라스틱 포장재로 처음 사용되었다. 방수·방습성이 탁월하다.

● **폴리염화비닐 PVC**

캔디류의 트위스트 포장 등에 사용된다. 인쇄 적성이 좋으며 가스
투과성이 적다.

● **폴리프로필렌 PP**

투명도가 뛰어나 식품 포장재로 많이 쓰인다. 가장 가볍다.

● **폴리에스테르 PET**

가장 강한 필름으로 음료수 병에 유리 대신 사용한다. 얇게 중층
으로 만들어 레토르트 식품 포장재로 쓰이기도 한다.

레토르트(Retort) 식품이란?

조리 가공한 여러 가지 식품을 일종의 주머니에 넣어 밀봉한 후 고압 가열 살균 솥(Retort)에 넣어 고온 가열 살균하여, 공기와 광선을 차단한 상태에서 장기간 식품을 보존할 수 있도록 만든 가공 저장식품이다. 상온에서 6개월 내지 1년 간 장기 보존이 가능하다.

미국에서는 '레토르트 파우치' 또는 '플렉시블 캔(Flexible Can)'이라 하고, 유럽에서는 '플렉시 캔' 또는 '플렉스 팩'이라고 한다. 레토르트 용기의 구조를 보면 외부는 폴리에스테르의 얇은 막으로 중층은 알루미늄박(箔)으로, 내부는 다시 폴리에스테르 막으로 되어 있는데 이 3가지를 붙여서 용기를 만든다. 여기에 재료를 다듬고 썰고 조미하여 익힌 것을 자동 연속 충전기로 넣고 가열하여 봉한다. 이것을 105~120℃의 온도에서 가열 살균하여 즉시 냉각시킨다.

레토르트 식품은 보존성이 캔 식품과 비슷하며, 또 다음과 같은 특징이 있다.

1. 캔 식품에 비해 포장재가 부드럽고 가벼워 다루기 편하다.

2. 카레나 스튜 같은 음식은 가열하면서 용기째 데울 수 있고, 간단하게 용기를 열 수 있다.

3. 용기가 두껍지 않고 납작하기 때문에 가열 살균할 때 열의 전달 속도가 빨라, 시간을 단축하는 즉석식품에 적당하다. 색과 향미가 좋은 제품을 만들 수 있다.

미국을 비롯한 유럽 각국에서는 이런 종류의 식품이 오래 전부터 개발되었으며 한국에서도 카레, 햄버거, 죽, 스파게티, 미트볼 등에 레토르트 포장법을 이용하고 있다.

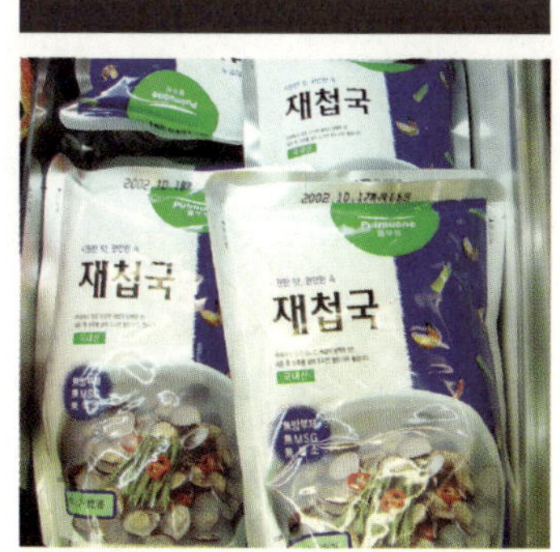

레토르트 식품 포장

● **나일론 PA**

위생적이고 무미·무취·무독성이다. 내열성이 강해 어묵, 우동 포장에 사용한다.

● **폴리스틸렌 PS**

컵라면 용기 등에 발포하여 사용한다.

● **셀로판지**

투명 필름이므로 상품의 가치를 높이기 쉽고, 트위스트 포장이 가능하며 착색도 용이한 장점이 있다. 그 대신 방습 효과가 PE 포장에 뒤지며 열 접착성이 없다. 담배나 캐러멜, 알사탕 등의 포장 소재로 쓰인다. 플라스틱이 나오기 전부터 많이 쓰였다.

폴리스틸렌 소재 패키지

3) 금속

● 양철 洋鐵

복숭아 통조림 등, 강판(鋼板)에 주석(朱錫, Tin)을 도금하여 사용한다.

틴 프리 스틸 Tin Free Steel

병맥주나 병 음료의 뚜껑 등에 쓰인다.

● 알루미늄

가공성은 물론 인쇄 적성이 좋다. 강하지 않지만 양철에 비해 훨씬 가볍고 촉감 등 대중성이 높아, 앞으로 더욱 다양한 포장재로 널리 쓰이리라 예상된다.

알루미늄박에 의한 레토르트 포장은 열효율이 좋고 내용물을 데우기도 용이하여 인스턴트 음식 포장으로 많이 쓰인다. 냄새 차단 효과가 뛰어나 김치포장 등의 용도로도 쓰인다. 윤전 인쇄 등 대량 인쇄가 편리하고 가공도 쉽다는 것도 큰 장점이다.

양철 소재 패키지

틴 프리 스틸 소재 패키지

알루미늄 소재 패키지

4) 유리·도자기

패키지 소재로 오랜 역사를 가진 유리나 도자기는 액상 내용물을 포장하는 데 주로 사용되어 왔다. 그러나 파손이 쉽고 무거우며 체적이 큰 점 등 유통상 결점이 많은 편이다.

재사용하는 맥주병은 그 특성상 유리를 사용한다. 약 30회 정도를 재사용하는데 요즈음 플라스틱 강화 병이 등장하면서 맥주회사들도 그간 금기시해 왔던 플라스틱 맥주병을 출하해 그 효용성을 높이고 있다. 그런데 맥주 용기처럼 착색이 된 플라스틱 용기는 재활용이 불가능하여 환경 공해의 큰 문제점을 가지고 있다.

패키지디자인과 조형성

　　도자기는 화학적 안전성이 좋고 내열성도 높아 품질이
변하지 않는 성질이 있다. 그러나 이 역시 불투명하고 용량에 비
해 중량이 너무 나가는 등의 단점이 있다. 대량 생산이 어렵고 생
산 가격이 높아 고가의 포장물에만 쓰인다.

도자기 소재 패키지

5) 목재

목재 용기도 도자기와 같은 이유로 많이 사용하지 않는다. 더욱이
나무는 균일 재질의 유지와 습기 등으로 원형 보존이 어렵기 때문
에 흔히 합판으로 대신한다. 가격이 높기 때문에 고가의 소포장이
나 선물용으로 쓰인다. 대나무나 특별한 나무의 질감을 이용한 고
급 포장도 가능하다.

나무 소재 패키지

6) 섬유

패키지 소재로서의 섬유도 종류가 다양하다. 고급 제품을 위한 위
스키나 전통주, 보석류 등에 다양하게 사용된다.

● **천연섬유**

면, 마, 양모, 실크

● **재생섬유**

레이온, 아세테이트

● **합성섬유**

나일론, 아크릴, 폴리에스테르, 폴리우레탄

2. 패키지의 구성 요소

패키지는 구성상 겉포장, 속포장, 낱포장으로 나눌 수 있다.

1) 겉포장 Outer Packaging

물품을 수송할 목적으로, 제품 보호와 취급상의 작업성을 배려하여 상자와 포대 등 용기에 수납·결속하고 필요에 따라 용기에 완충, 고정, 방습, 방수 등을 하는 기술과 상태를 말한다. 일반적으로 겉포장은 봉함, 보강, 표시, 표식 등을 한다.

2) 속포장 Inner Packaging

물품 또는 낱포장을 1개 또는 2개 이상 적절하게 모아 싸거나 중간 용기에 담는 기술과 그 상태 및 물품 또는 낱포장을 보호하기 위해 용기의 내부에 또다시 재료를 이용하는 기술과 그 상태를 말한다.

3) 낱포장 Item Packaging

사용자 손에 들어가는 최소 단위의 포장으로, 물품의 전면 또는 일부를 싸거나 기타의 용기에 넣어 봉함하는 기술과 상태를 말한다. 상품으로서 표시, 표식 등 상품 정보 전달의 매체가 된다.

3. 지기 구조

패키지에서 구조(構造)란 다양한 재료를 이용하여 제품을 포장하는 방법을 말한다. 구조란 일단 기능적이고 사용하기 편해야 한다. 매장에서 고객의 눈을 끌 수 있도록 디자인하는 것이 가장 바람직하다.

　　　지기(紙器)는 말 그대로 하면 '종이 그릇' 혹은 '종이 상자' 인데, 영어로는 컨테이너(Container) 혹은 카톤(Carton)이라는 말로 결국 포장이란 어휘적 의미를 가진다. 지기(紙器 Container)라고 명명된 것은 포장재 중에서 상대적으로 종이의 역할이 큰데, 인쇄나 가공 등이 편리하다는 장점이 있다. 많은 구조 중에 하필 '지기 구조' 라고 하는 것은 대부분의 포장재로 종이가 많이 쓰이는 까닭이다. 종이는 다른 재질에 비해 전통적이며 경제성이 높고, 색상 표현이나 가공 등 디자인적 측면에서 다루기가 보다 쉽다. 특히 환경 보호적 차원에서 제일 적합한 재료이기도 하다.

　　　전통적으로 지기와 포장은 밀접한 관계를 가지고 있는데, 왜냐하면 포장이란 '물건을 싸서 보관하는 행위' 인데 지기 또한 그러한 인식으로부터 출발했기 때문이다. 이것은 즉 포장이나 지기의 첫번째 기능이 '내용물을 보호하는 것' 과 같은 이치다.

　　　이처럼 지기는 포장의 첫번째 기능인 '보호성' 과 가장 관계가 깊지만, 제품을 편리하게 사용하는 '편리성' 이나 구매욕을 불러일으키는 훌륭한 디자인을 통해 '상품성' 을 높이는 중요한 역할을 한다. 이동이나 개봉 후 사용할 때의 편리함도 중요하고, 상품이 진열되어 있을 때의 POP 효과 또한 중요하다.

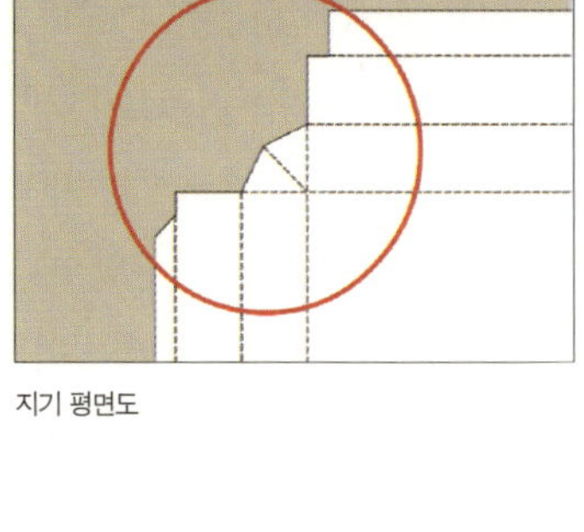

지기 평면도

지기 구조를 활용한 패키지

사용의 편리성을 위한 지기

　　사이버 유통이 정착하고 대형 할인점이나 마트처럼 매장이 대형화하면서, 바야흐로 소비자가 점원의 도움 없이 스스로의 정보에 의해 상품을 판단하고 구매하는 유통 혁신의 셀프서비스 시대가 열렸다. 이즈음 POP광고는 매스미디어로 시작되는 일련의 판매 촉진을 매듭짓는 마지막 수단이다.

POP 효과를 위한 지기

　　지기를 디자인할 때, 아무래도 형태감이 우선이다. 일반적으로 그래픽디자이너는 평면을 주로 다루기 때문에 형태감을 느끼기가 쉽지 않다. 쉽게 접근하는 방법은 기존의 지기 형태를 점검·조사하는 것이다. 그렇지만 아무래도 입체물이기 때문에 손쉬운 형태라 해도 곧바로 평면도를 그리기는 쉽지 않다. 경쟁 상품은 물론 관련이 없는 상품이라도 그 형태감을 느끼도록 연구하는 것이 중요하다.

　　자동 포장을 염두에 둔 지기라면, 지기 구조의 변화에 그리 민감할 필요가 없다. 자동 포장기계의 특성상 그 변화의 폭이 클 수 없기 때문이다. 패키지 디자이너의 감각이 더욱 요구되는 분야는 형태의 변화는 물론 접지나 종이의 연결 등 많은 형태적 변수가 있는 수동 포장 쪽이다.

　　형태가 결정되면 종이의 효용성을 계산해야 한다. 종이의 규정된 치수를 이해하고, 그 규격에 따라 효율적으로 디자인되어야 한다. 실제 제작비에서 종이가 차지하는 비중은 상당히 높다. 규격을 임의로 한다면 쓸데없는 종이의 낭비가 생기고 곧 원가 상승의 원인이 된다.

　　그와 함께 인쇄 종이에 한 장씩 인쇄하도록 넣을 것인지, 혹은 넓은 종이에 몇 개씩 넣어서 인쇄할 것인지를 결정해야 한다. 이것은 인쇄할 양이나 이후의 가공 과정과 연결되는 문제이다.

　　지기 구조를 그려낼 때 가장 중요한 것 중 하나는 정확하게 치수대로 그려내는 일이다. 패킹할 내용물의 무게와 크기를 고려해야 한다. 그래야 지기용 종이를 선택할 수 있고, 종이의 재질이나 두께에 따라 평면도를 조금씩 달리 할 수 있다. 보통 4개의 면이 있는 사각 지기 형태에서 두 변의 치수가 같아야 하는데, 선택된 종이의 두께에 따라 치수가 조금씩 달라져야 한다.

예를 들어, 지기에서 'A'의 길이와 'a'가 같으면 접지에 어려움이 생긴다. 종이가 두꺼우면 두꺼울수록 그 정도가 심해지는 것은 물론이다.

　　지기 구조는 보통 수평 수직의 직각을 많이 이용하지만 비스듬한 사각을 이용하는 경우도 있는데, 이때 각도 수치를 설정하는 데 유의해야 한다. 각도가 조금이라도 어긋나면 접지했을 때 지기가 뒤틀어지거나 뚜껑이 닫히지 않는 등 심각한 문제가 발생할 수 있다.

　　유통에서의 고려 사항에 대해서는 디자이너가 간과하기 쉬운 부분이다.

　　유통 시 적재할 경우를 대비하여 디자인한 지기 구조로서 오른쪽의 참외 박스를 예로 들 수 있다. 골판지의 윗부분을 절개하여 세운 것은 여러 단으로 적재했을 때 무너지거나 흔들리지 않도록 한 배려이다.

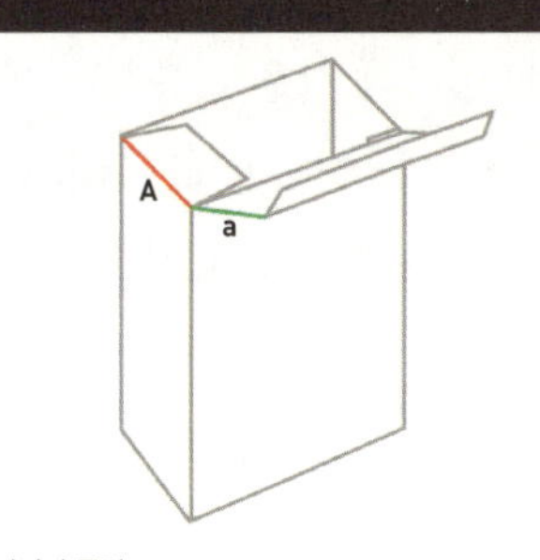

지기의 규격

참외 박스. 적재를 고려한 지기

1) 자동패키지

자동패키지는 대량생산을 위해 아예 포장지기 전체를 접합(接合)하여 가공하는 방식이다. 과자나 식품 등 대량 생산하는 공산품에 대표적으로 사용하는 방법이다. 기본적으로 포장용으로 인쇄된 용지나 포장 필름을 제품 생산업체로 이송한 뒤, 자체 설치된 포장기계를 이용하여 인쇄용지나 포장용 필름을 접합 가공한다.

　　수동패키지와 달리 자동패키지의 경우는 접거나 가공하는 등 개폐(開閉)에 제약이 거의 없다. 패킹(Packing)할 때의 모든 것이 자동이기 때문에 지기의 모든 면을 접합해도 특별한 문제가

자동패키지의 전형적인 예

없다. 종이의 경우 개봉 시에 뜯기 편하게 가공되어 있기 때문에 지기 구조상에서 어떻게 접합하든 제한받지 않는다는 것이다. 비닐이라고 불리는 PVC나 PE 같은 플라스틱 필름을 사용한 포장도 자동 포장 방식으로 패킹한다. 식품이나 스낵 같은 제품에 흔히 쓰이는데, 제품 생산 현장에서 봉투가 연속무늬의 롤 형식으로 감겨지며 직접 패킹된다.

자동패키지 방식은 패킹 설비와 넓은 공간, 그리고 인력 등 많은 투자가 필요하기 때문에 대량생산에 적합하다. 자동포장의 성격상 그 형태나 가공 면에서 특별한 형식을 갖기 어렵고 종이나 표현 등에서 얼마간의 제약을 받게 된다. 따라서 지기의 경우 육면체를 가지는 것이 보통이다.

2) 수동패키지

수동패키지는 그 상품의 성격상 대량유통이 아닌 경우가 많다. 수천 개 혹은 수십만 개의 포장을 일일이 수동방식에 의해 다룬다는 것은 경제성이 없다. 예를 들어 라면의 겉포장 박스를 일일이 수동으로 만든다면 이치에 맞지 않는다.

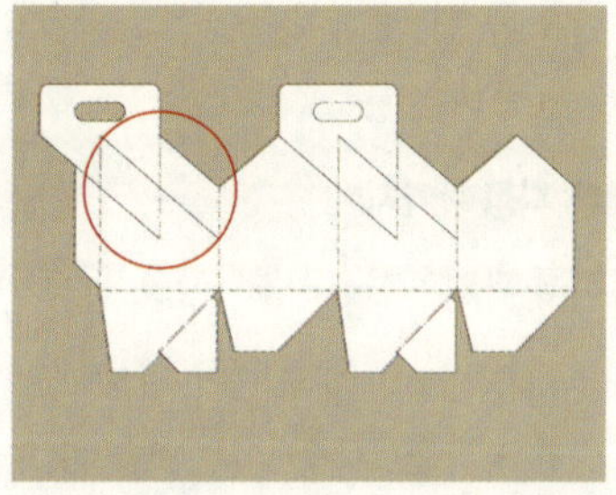

수동패키지의 전개도

수동포장이 어울리는 경우는 제과점의 케이크 상자나 화장품 박스 등이 있다. 제과점에서 케이크를 살 때, 점원이 납작하게 접힌 빈 박스를 접고 세워서 케이크를 패킹하는 것을 많이 봤을 것이다. 케이크 상자를 접혀지지 않도록 가공한다면, 그 좁은 제과점 매장에서 수백 개의 빈 박스를 보관해야 하는 불편이 뒤따를 것이다.

일반적으로 쓰이는 지기 외에 팬시용으로, 혹은 특별한 기능이나 목적이 필요한 상품에 쓰이는 패키지도 많이 있다.

지기 구조는 생각보다 쉽지 않다. 평면에서 입체로 변환되는 것이 그렇고 접지를 고려하여 종이의 재질과 두께까지 염두에 두어야 하는 것도 그렇다. 인쇄할 종이를 가지고 실제 크기로 접지해 보는 것이 치명적 실수를 줄이는 좋은 방법이다. 이렇게 형태감을 느껴 보는 일은 또한 색채 계획을 앞두고 꼭 거쳐야 할 과정이기도 하다.

수동패키지의 예

경우에 따라 수동 형태의 지기 구조를 가지고 있으면서 자동 방식으로 패킹하는 경우도 있다. 일률적으로 판단하기는 어려우나 대체로 패키지의 모양을 보면 그 형식을 유추할 수 있다.

수동포장의 전형적인 예

수동 접합의 예

3) 접합방식

자동포장 방식의 경우는 접합(接合)에 크게 제한받지 않지만 수동 포장 방식은 접합 방식이 매우 중요하다. 가능하면 편리성과 보호성이라는 기능을 충실히 하면서도 패킹하기에 편한 방식을 찾아야 한다. 패키지의 가공 단계도 줄이면서 전시 효과도 기대할 수 있는 형태가 가장 이상적이라고 할 수 있다. 각종 접합·연결 방식은 경제성 및 편리성과도 밀접한 관계가 있다.

그림에서 보는 바와 같이 미리 선을 그어 절개하여, 소비자가 상품을 개봉할 때 용이하도록 편리를 고려해야 한다.

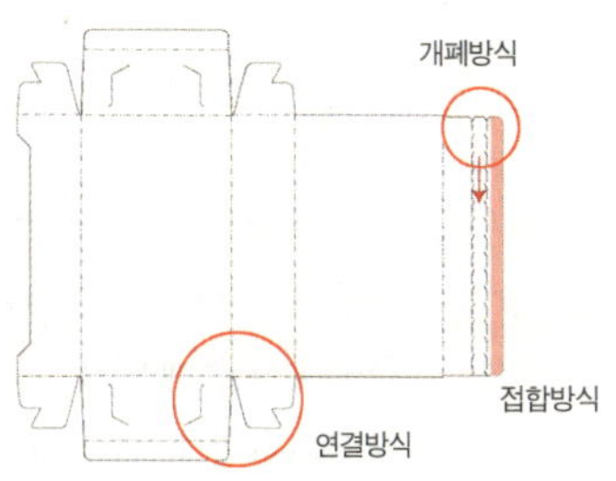

접합 및 개폐의 예

4. 용기의 종류

1) 종이 용기

전통적으로 종이용기는 골판지나 판지 등을 중심으로 중요한 자리를 차지했다. 그런데 최근에는 플라스틱 필름을 코팅하여 이전에는 생각지도 못한 음료 등의 내용물을 담기도 한다. 이처럼 복합 소재가 개발되면서 용기의 재료를 구분하는 것은 점점 의미가 없어지고 있다.

지기 용기는 패키지 용기의 기본인데, 실제 지기를 통한 아이디어를 낼 때 편해서 좋다. 여러 번 시행착오를 하면서 입체물에 대한 이해를 높이고, 내용물의 특성에 맞는 구조와 형태를 파악해야 한다. 지기를 다룰 때, 마지막으로 조심해야 하는 것이 종이의 두께이다. 평소에 얇은 종이만 대해 왔던 그래픽 디자이너들은 두께에 대한 인식이 부족하다. 앞에서 기술했듯이 패키지 용기로서의 종이는 대체로 두꺼우며, 따라서 평면도를 그려낼 때 세심한 주의를 기울여야 한다.

지기 용기는 아래의 몇 가지 형으로 나눌 수 있다.

튜브형 용기(Straight Style)

트레이형 용기(Tray Style)

조립식 용기(Lock Style)

카톤 용기(Carton Box) 판지로 만든 4각 형태의 용기. 자동포장 형태로 흔히 우유팩을 들 수 있다. 이를 테트라 팩이라고도 하는데, 종이에 폴리에틸렌이라는 플라스틱 필름을 붙여서 음료용 팩으로 쓰고 있다.

봉투식 용기(Envelope Style)

캐리어 백(Carrier Bag) 소비자가 상품을 판매점에서 가정으로, 혹은 레저용으로 운반하는 데 편리하게 만들어 상품을 보호하고 운반을 겸하는 휴대용 패키지이다. 대형 매점에서 흔히 볼 수 있는, 4개들이나 6개들이 캔 포장 등에 많이 쓰이는 형태이다. 디스플레이 되어 있는 것 자체로 POP 광고 매체의 역할을 기대할 수 있다.

붙임형 용기 얇은 종이나 헝겊 등 겉재료를 접착제로 붙여서 제작하는 것이 이 용기의 특징이다. 수작업이 많기 때문에 단가가 비싸지만 용기를 다양하게 제한 없이 만들 수 있는 장점이 있다. 귀금속이나 화장품 등 고가 상품에 많이 쓰인다. 싸발라서 용기를 만든다고 해서 일명 '싸발이' 라고도 한다.

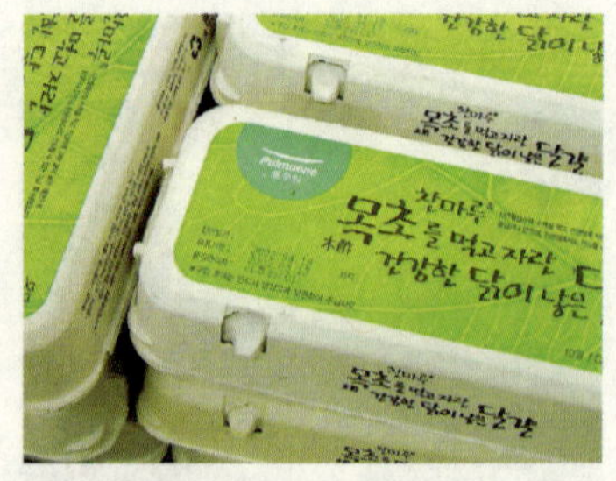

재생용지를 이용한 용기

골판지 용기 주로 수송이나 유통의 외포장재에 쓰이는 경우가 많다. 그러나 인쇄술이 발달한 요즈음은 수송 보관뿐 아니라 판지에 오프셋 인쇄나 그라비어인쇄 등을 하고 합지해 질을 높임으로, 매장에서의 홍보와 판매 촉진에 일조하고 있다.

2) 플라스틱 용기

플라스틱은 가소(可塑)성이 높다. 즉 성형이 자유롭다는 말인데, 그만큼 패키지용기로 쓰일 때 형태를 자유롭게 만들 수 있다.

성형 방식으로는 사출성형(射出成形, Injection Molding), 중공성형(中空成形, Blow molding), 진공성형(眞空成形, Vacuum Forming), 압축성형(壓縮成形, Compression Molding), 압출성형(押出成形, Extrusion Molding) 등이 있다.

플라스틱을 이용한 용기

3) 금속 용기

금속 용기인 캔은 주로 음료나 통조림 같은 진공식품용으로 쓰이는 경우가 많다. 여기에는 투피스(Two Pieces) 캔과 쓰리피스(Three Pieces) 캔이 주종을 이룬다.

투피스라 함은 몸체와 바닥이 한 조각이고 뚜껑이 별도의 한 조각으로 구성된 용기를 말하고, 쓰리 피스라 함은 몸통과 바닥과 뚜껑이 각기 세 조각으로 나누어져 있는 용기를 말한다.

4) 유리 용기

유리 용기는 음료나 주류 등에 전통적으로 사용되어 온, 전통적으로 친숙한 패키지 형태이다. 화학적으로 내구성이 높아서 안정적인 데다 청결감이 뛰어나며 재사용과 진공 포장이 가능하다는 장점이 있다. 무겁고 파손의 위험성이 크다는 것이 단점이다. 자연 보호의 측면에서 재활용 문제가 대두되고 있다. 최근에는 강화 플라스틱이 많은 유리 용기를 대체하고 있기도 하다.

유리 용기는 기본 경비가 많이 소요될 뿐 아니라 제작에 제한이 많으며 열처리 등 가공 공정이 까다롭다. 그래서 디자이너가 시안을 만들어서 제안하는 데 어려움이 크다.

5. 지기와 용기의 시뮬레이션

패키지디자인에서 제품에 대한 색채 계획을 수립하고 나면 클라
이언트에게 제안할 시안을 준비해야 한다. 다른 디자인과 달리 패
키지디자인은 입체물이기 때문에 실물로 제작해서 제안하려면 경
비도 많이 들 뿐만 아니라 특정한 지기나 용기 부분은 시안 제작
이 거의 불가능하다.

따라서 만족할 만한 스케치가 나오면 그것을 가지고 시
뮬레이션(Simulation)하여 시안을 제안하는 것이 효과적이다.

1) 평면도 만들기 Illustrator

이러한 시뮬레이션 제작 과정은 3단계로 나눌 수 있다.

첫번째, 디자인물의 평면도를 제작하는 과정이다. 포장
용 지기를 완전히 펼쳐놓은 것을 연상하면 좋을 것이다.

전개도

이 평면도는 스케치한 시안을 기초로 제작되는데, 실제
로 인쇄용 원고와 동일한 방법으로 만들어지며 제안한 시안이 수
정 없이 통과될 경우 그대로 출력소와 인쇄소에 넘길 수 있다. 따
라서 이 작업에는 앞서 제작한 브랜드 로고(Illustrator 파일)는 물론
회사의 마크나 로고(Illustrator 파일) 그리고 문안(Illustrator 혹은 Quark 파
일)과 사진 이미지(Photoshop 파일)들이 필요하다.

흔히 마크나 로고를 JPG 같은 비트맵 파일로 저장하여
쓰는 경우가 있는데 이것은 틀린 방법이다. ‘한글’이나 ‘워드’ 같
은 편집 프로그램에서 이러한 파일을 받아서 쓰다 보니 모든 벡터
데이터를 그림 파일처럼 비트맵 데이터로 쓰는 경우가 많다. 그러
나 이 프로그램은 일반인이 쓰는 것이고, 편집 전용 프로그램인
Quark에서는 벡터와 비트맵을 엄격히 구분해서 쓸 수 있다.

벡터 방식 벡터(Vector)란 컴퓨터 그래픽스에서 화면이나 플로터에
그려지는 선분을 가리키는 말이다. 특히 점을 사용하지 않고 실제로
점과 점을 연결하는 선분에 의해 그림을 나타내는 방식인데 흔히 Adobe
Illustrator 프로그램에서 구현하는 그림들이 이 경우이다.

비트맵 방식 비트맵(Bitmap)이란 컴퓨터 그래픽스에서 이미지를

        패키지디자인과 조형성

구성하고 있는 작은 점을 가리킨다. 비트맵 이미지란 이렇듯 비트(Bit)로
구성되어 있는 이미지를 말하는데, 그 구성상 벡터(Vector)와 배치되는
말이기도 하다. GIF나 JPG 등의 이미지 파일들은 비트맵 형식으로
표현되는 전형적인 예이다.

벡터와 비트맵 방식의 프로그램들을 모두 호환할 수 있
는 프로그램으로는 Quark Xpress 등이 있다.
　　제작 과정은 다음과 같다.

- 포장물의 형태와 크기를 구상하고 규격을 확인한다.

- 일러스트레이터 프로그램에서 포장 지기의 규격과 비례대로 규격 내에

전개도를 그린다.

선의 종류는 '실선'과 '점선' 등이 있다. '실선'은 절단선을 말한다. 즉
잘라내는 선이다. 일정한 '점선'은 접히는 선을 나타내고 길고 짧은
점선은 흔히 '재봉선'이라고 하여 길게 그어진 부분은 잘리고 짧은 선은
남아 있는 경우이다. 이것은 주로 두꺼운 종이를 접거나 이중으로 접어야
하는 경우에 접히는 종이 부분이 터지는 것을 방지하기 위함이다.

- 포토샵으로 제작된 비트맵 이미지를 일러스트 프로그램으로 불러온다.

대체로 일러스트레이터에서 그리는 이미지는 벡터이고, 포토샵에서
그리는 이미지는 비트맵이라고 보면 편하다. 단지 최근에는 양쪽
프로그램이 버전 업 되면서 호환·공유되는 부분이 많아 약간의 혼동이
있을 수 있다.

- 이미 제작된 시각 요소(브랜드 로고, 회사 로고, 캐릭터, 특정한 모티브 등)**를 이용하여**

일러스트 파일에서 원고를 저장한다(안내선 부여).

- 다음 과정(포토샵의 입체화 과정)**을 위해 포토샵 이미지로 전환하여 둔다.**

적당한 이미지 크기를 정하고 사용방법에 따라 RGB나 CMYK로
저장한다. 실제 출판 인쇄용으로는 300dpi에 CMYK로 제작하고
영상이나 프로젝트용 등으로 사용할 때는 144~72dpi 정도의 RGB로
제작한다.

2) 입체물 만들기 Photoshop

두번째 과정은 평면으로 제작된 디자인물을 입체화시키는 작업이
다. 다른 디자인 분야와 달리 패키지디자인은 입체로 만드는 것이
무척 힘들다. 재질도 일반 인쇄용지와 달리 골판지나 기타 패키지

전용 용지, 혹은 플라스틱이라 실제 시안 제작이 매우 까다로울 수
밖에 없는 것이다. 없는 것을 실제처럼 만드는 과정(Simulation)이기
때문에 매우 섬세한 감각이 요구된다.

아직 출시되지도 않은 상품과 포장물이 현실처럼 나타
나다니 어떻게 이렇게 만들었을까? 하고 클라이언트의 눈이 휘둥
그레질 수 있어야 한다. 그만큼 디자이너의 더욱 뛰어난 감각이
필요하다. 시뮬레이션이란 가상의 것을 실제처럼 시각화시키는
일이다. 어느 정도의 과장을 포함하여 얼마든지 멋진 표현을 선보
일 수 있다.

– 스케치북에 가상의 포장물을 디스플레이한 상태에서 선으로 스케치한다.

시뮬레이션 작업에서 디자이너의 감각이 발휘되는 첫번째 단계이다.
여기에서 스케치 형태가 찌그러지거나 비례가 맞지 않으면 다음 단계의
노력이 무위로 돌아간다. 석고 데생을 해 본 사람이면 알겠지만 석고의
형태(모습)가 틀렸는데 눈의 묘사가 아무리 잘 된다 한들 무슨 소용이며,
코와 귀의 크기와 비례가 맞은들 무슨 의미가 있겠는가? 형태가 틀리면
나머지가 잘 맞아도 원래 석고의 모습은 찾을 수 없게 된다. 따라서
가상의 형태를 스케치하는 연습이 필요하다. 이것은 그리 어려운 과정이
아니다.

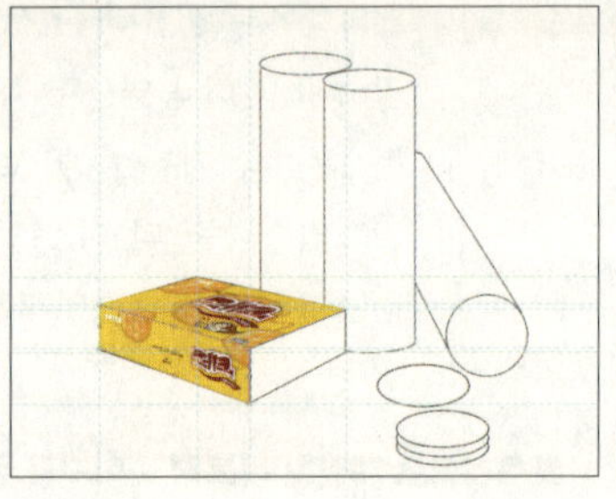

입체화 과정

투시원근법은 3차원의 현실을 2차원의 화면에 재현하
기 위해 쓰인다. 회화뿐 아니라 건축, 조경, 무대장치, 인테리어
설계도에서도 사용하는 방법이다. 소실점을 이용하여 거리감이나
구도를 나타내는데 소실점이 몇 개 있느냐에 따라 그림의 느낌이
좌우된다.

투시법은 내가 서 있는 위치의 눈높이점(視点, Standing
Point)과 소실점(消失点, Vanishing Point)이라 불리는 가상(假想)의 점이
중요하다. 그 위치 설정에 따라 제품의 모양이나 느낌이 달라질
수밖에 없다. 2점 투시에서 주의해야 할 것은 2개의 소실점이 평
행선상에 있어야 한다는 점이다. 또 하나, 눈높이 점이 정 중앙이
아니라 오른쪽으로 쏠려 있는 것이 안정감이 있어서 보기 좋다.

투시법에는 보통 1점, 2점, 3점 투시법이 있다.

1점 소실점 투시법은 3차원적인 부피감을 나타내는 기
초 기법으로, 평행선 원근법이라고도 한다. 소실점이 1개이며, 집

중감이 강하며, 대각선 구도로서 가로수길 등을 그릴 때 많이 사용된다. 2점 소실점 투시법은 사선(斜線) 원근법이라고도 한다. 소실점이 2개로 화면의 양쪽에 있다. 주로 웅장한 건물 등을 표현할 때 쓰인다. 3점 소실점 투시법은 공간 원근법이라고도 한다. 소실점이 3개로 양쪽과 위쪽이나 밑에 있다. 스케치나 드로잉에서는 잘 사용하지 않으나 높은 건물을 그릴 때 사용된다.

기본적으로 투시법을 알면 스케치하기가 훨씬 쉬워진다. 1점은 너무 단순하고 3점은 복잡하므로 여기서는 2점 투시법을 이용하여 제작하고자 한다.

- 스케치를 Simulation할 크기로 스캔(72dpi, RGB)한다.
- 스캔한 것을 Photoshop으로 불러들인다.
- 불러들인 이미지 위의 꼭짓점에 안내선을 교차시켜서 정확하게 위치시킨다.
- 메뉴에 있는 View-Snap to Guides를 체크한다.
- 앞서 작업한 파일을 포토샵 이미지로 만들어서 연다.
- 파일 위에 안내선이 교차하도록 정확하게 위치시킨다.
- 메뉴에 있는 View-Snap to Guides를 설정한다.
- 파일의 안내선에 따라 부분적으로 캡처하여 스케치된 이미지 위에 이동하여 놓는다.
- 올려놓은 부분 조각을 메뉴에서 Transform-distort로 설정하고 부분별로 위치시킨다. 이때 캡처해 온 이미지가 안내선에 자동적으로 Snap된다.
- 보이는 3면이 완성되면 대강의 입체적 모습이 갖추어진다.
- 세 면에 대한 빛의 밝기가 다르므로 명암을 자연스럽게 넣는다.
  (메뉴-Image-adjust-Brightness/Contrast 이용)
- 그 위에 종이의 접히거나 꺾이는 부분이 자연스럽게 보이도록 레이어를 생성한 후 적당한 정도의 흰(혹은 밝은) 라인을 긋고 메뉴 Filter-Blur를 이용하여 만든다.
- 기타 패키지 종이의 두께라든지, 접히거나 안쪽으로 꺾여서 그림자가 필요한 곳을 추가로 만든다.
- 입체물 바로 밑의 그림자를 짧고 강하게 만들고, 넓고 엷은 그림자로 안정감을 준다. 이러한 부분적 터치는 디자이너의 감각에 의존해야 한다.
- 새 레이어를 생성한 후 배경을 만들어 준다.

포토샵을 이용한 입체물 시뮬레이션

3) 입체물 만들기 3D Max

세번째 과정은 포토샵으로 만드는 입체화 과정에 이어 3D 프로그램 외에는 제작이 불가능한 용기나 지기를 입체화하는 과정이다. 유리 같은 플라스틱 용기의 경우, 컴퓨터가 발전하기 전까지는 정교하게 그려내거나 입체물로 모형을 만들어서 목업(Mock-up)으로 그 모양을 견주어 볼 수 있었다. 그러나 이제는 컴퓨터를 이용해서 실제보다도 더 훌륭하게 시뮬레이션 해 볼 수 있을 뿐 아니라 과장까지도 가능하게 되었다.

3D 프로그램은 대체로 3D Max가 많이 쓰이므로 이 프로그램을 이용하여 설명하고자 한다. 다른 프로그램이더라도 그 흐름은 같으므로 이를 참고하여 제작하면 좋을 것이다. 이런 모든 과정은 포토샵이나 3D Max를 오가며 작업하게 되는데 특별한 기준을 설정할 필요는 없다. 예를 들어 앞에서 기술했던 과자 박스처럼 각진 형태의 지기는 포토샵에서 작업해도 되고 3D Max에서 제작해도 무방하다. 다만 여기서는-수직 수평의 단순한 패키지 박스는 포토샵에서 작업하는 것이 더 자연스럽고 쉽기 때문에-포토샵을 이용했을 뿐이다.

3D의 제작 과정은 보통 4가지의 과정을 거친다. 첫째 모델링(Modeling), 둘째 맵핑(Mapping), 셋째 라이팅(Lighting), 넷째 렌더링(Rendering)이다.

❶ Modeling

모델링은 제작할 포장용기의 외관을 만드는 일이다. 정확한 수치에 의해서도 제작할 수 있지만 여기에 예시되고 있는 원통 패키지 모델링은 과거에는 눈짐작으로 실제 치수를 무시하고 형태 크기를 그리기도 했다. 그러나 GI(Global Illumination 난반사)계열의 Render가 발달된 요즘엔 실제 크기와 같게 표현해야만 한다.

여기서 예시되고 있는 모델링들은 요즘 많이 사용되는 Nurms 작업과 각각 2D Mapping 작업을 통해 진행하였다.

❷ Mapping

모델링이 건물의 뼈대라면 Mapping은 뼈대 위에 벽돌을 쌓고 예쁜 타일을 붙이는 채색 과정이다. Modeling한 데이터 위에 이미지를 넣는 과정인 것이다. 예시된 원통형 과자의 경우, 플라스틱 뚜껑은 색상을 지정하면 되지만 몸통의 이미지 부분은 일러스트레이터와 포토샵에서 준비된 평면도 이미지를 불러들인다. 물론 처음부터 포토샵으로 제작된 이미지라면 일러스트레이터 프로그램과는 관계가 없다.

❸ Lighting

빛이 자연스럽게 들어올 수 있도록 전체를 밝힐 수 있는 조명등(Omni)을 하나씩 배치한다. 하나의 빛보다 여러 개의 약한 빛이 더 자연스러운 조명을 만들 수 있다.

Light도 물체와 같이 빛의 밝기와 색 등을 조정할 수 있다. 하나의 Omni를 선택한 후 Modify로 들어가 Multiplier로 빛 밝기를 조절한다.

❹ Rendering

렌더링은 지금까지 작업된 내용을 정밀하게 그려내는 과정이다. 처음 과정인 모델링이나 Mapping은 컴퓨터 내에 가상의 작업을 한 것인데 이것에 위치, 방향, 크기, 해상도 등 실제 사용할 크기를 설정하여 그려낸다는 뜻이다.

시뮬레이션 작업 과정은 다음과 같다.

● 원통형 박스 뚜껑

- 새로운 Layer를 열어 Cylinder라고 기입한다.

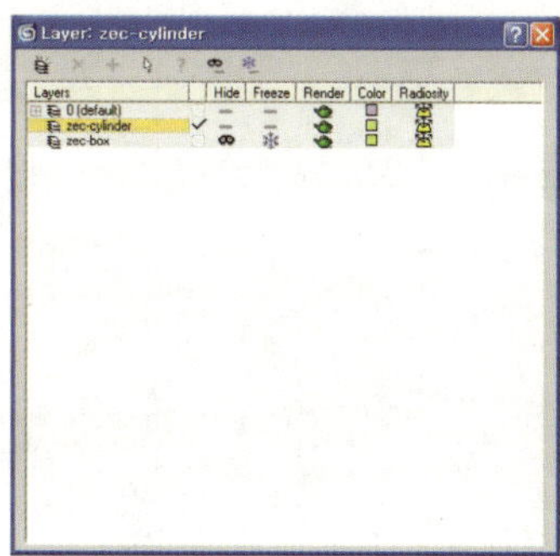

- **Left View**에서 원통형 박스의 위 뚜껑에 해당하는 플라스틱 용기를 **Line**을
  이용하여 제작한다.

- **크기는 지름이 30mm가 되도록**
  한다.

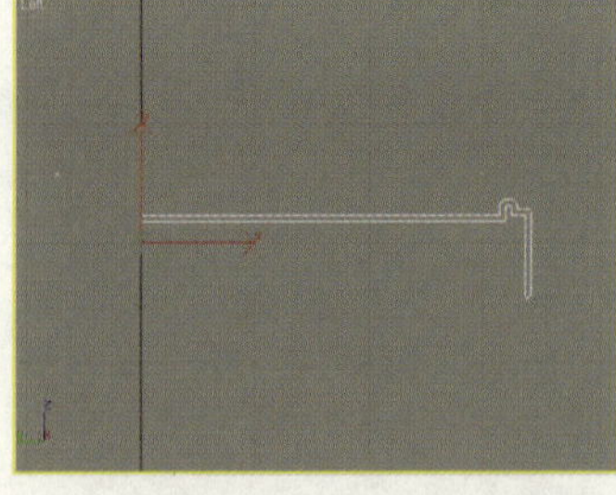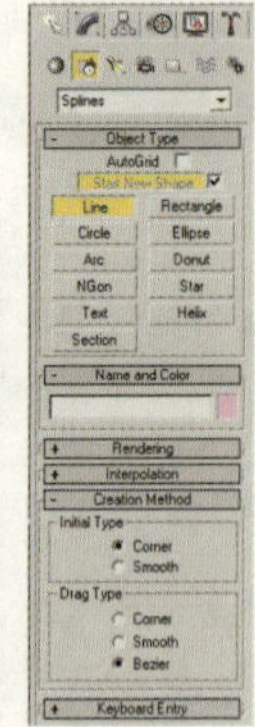

- **각 모서리에는 Vertex의**
  Chamfer를 통해 Highlight를
  표현한다.

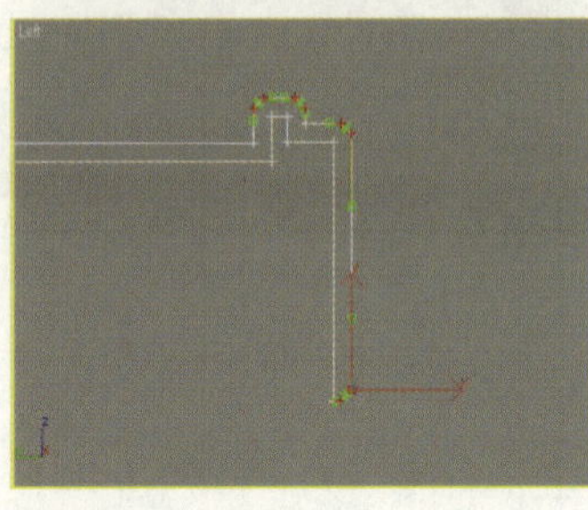

- **Modifier List에서 Lathe를 이용하여 입체로 표현한다.**

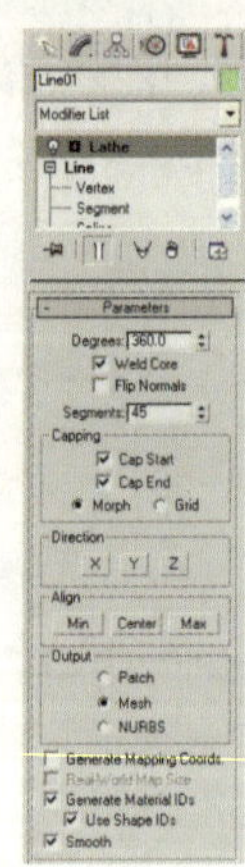

  이때 min, center, max를 선택하여 형태를 잘 맞추어본다. 만약
  Align에서 형태를 맞추어도 원하는 형태가 나오지 않을 경우 오른쪽
  창에서 Degrees값이 얼마로 되었는지를 확인한다. Degrees는
  회전하는 각을 의미하는데 360이면 360도, 180이면 180도로 회전된다.
  이것들을 확인한 후 세그먼트 값을 준다.
  세그먼트 값을 늘려주면 그만큼 면이 추가되어 부드럽고 자연스러운
  형태를 만들 수 있다. 그러나 이 값을 너무 많이 주게 되면 용량이 너무
  커서 작업하는 데 무리가 될 수 있다.
  예를 들어 물체가 많지 않을 경우, 45 정도의 값을 주면 적당하고
  자연스러운 형태를 만들 수 있다.

- **앞으로 진행될 다른 것들도 동일한 값을 준다.**

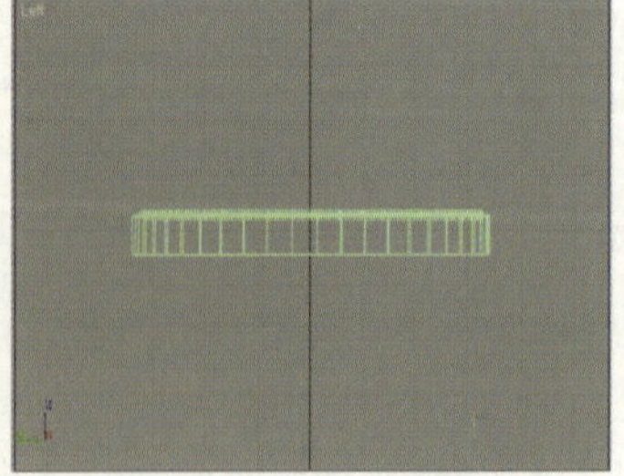

패키지디자인과 조형성

● 원통형 박스

- Left View에서 Line을 이용하여 제작한다.

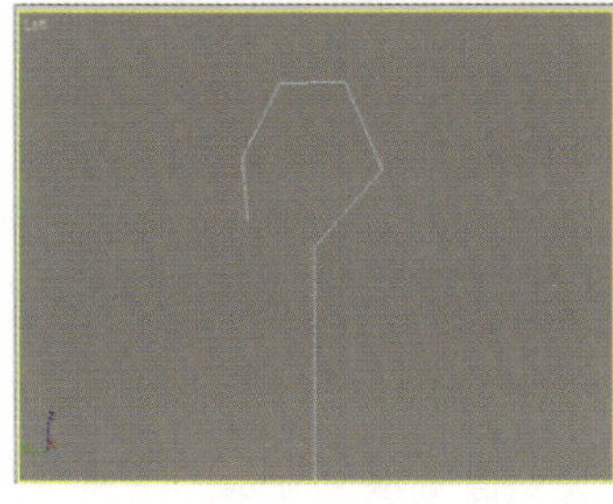 

- Spline의 Outline을 이용하여 두께를 만든다.

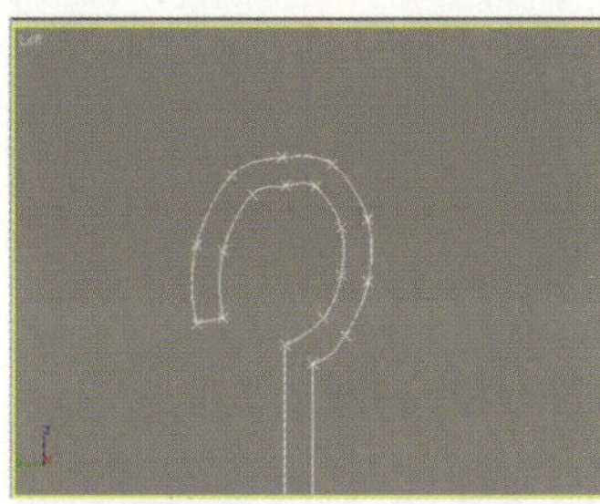 

- Modifier List에서 Lathe를 이용하여 입체로 표현한다.

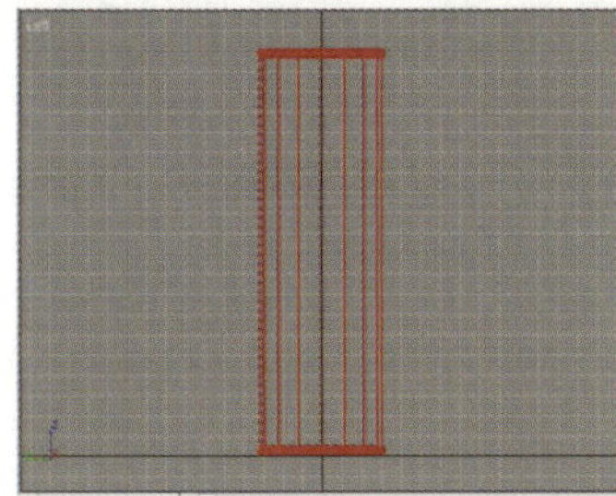 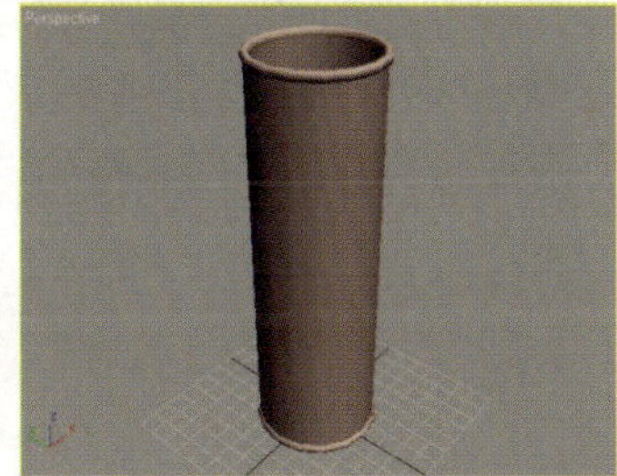 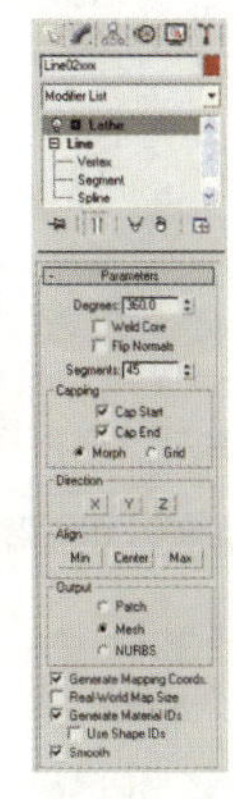

● 은박 밀폐용지

- 먼저 Circle을 30mm로 생성하고 Editable Poly로 Converting해 준다.

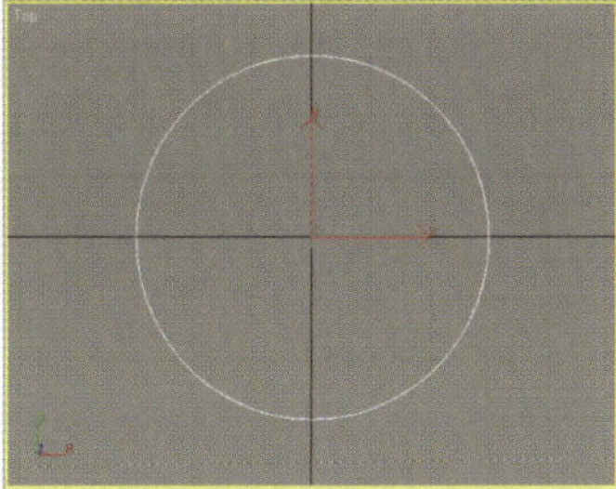

- **Editable Poly**에서 **Polygon**으로 지정한 뒤 **Insert**를 네 번 하여 다수의 면을
  만들어 준다.

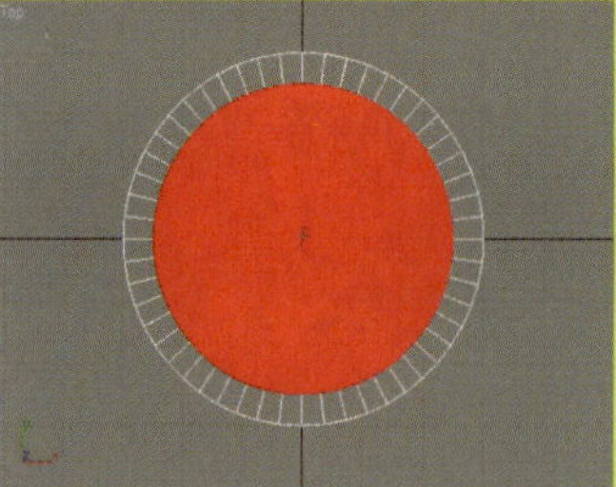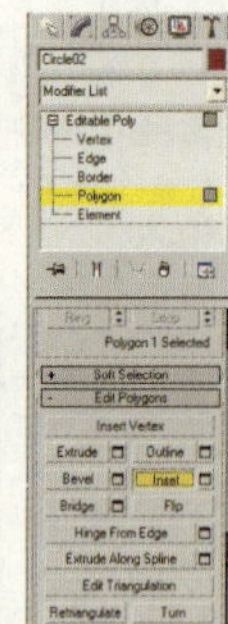

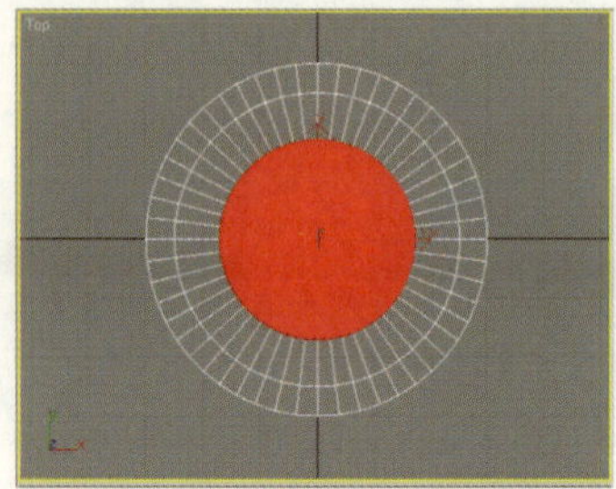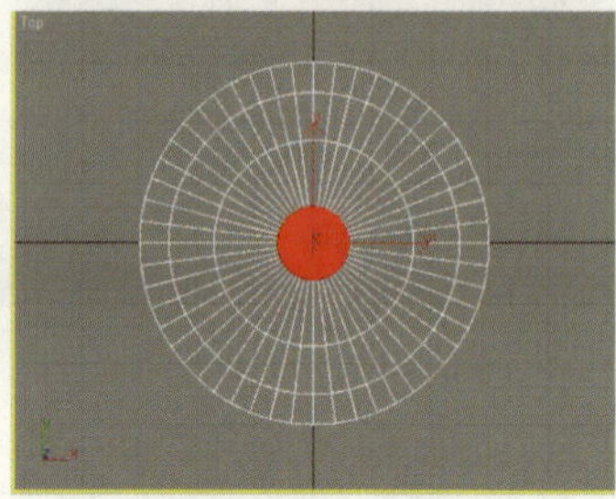

- **Vertex**로 **Front**에서 조절하여 종이가 구겨진 듯한 표현을 해 본다.

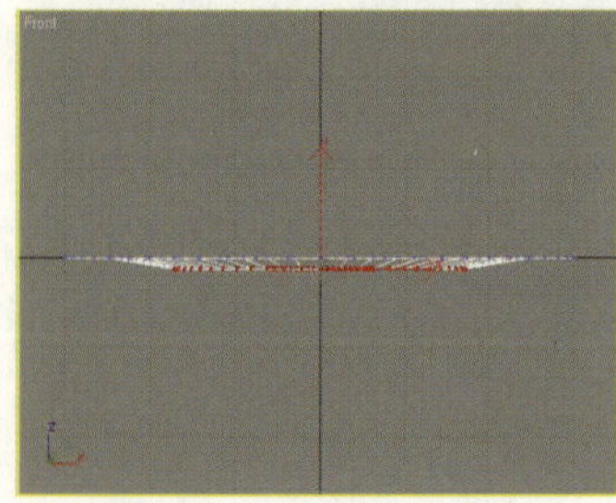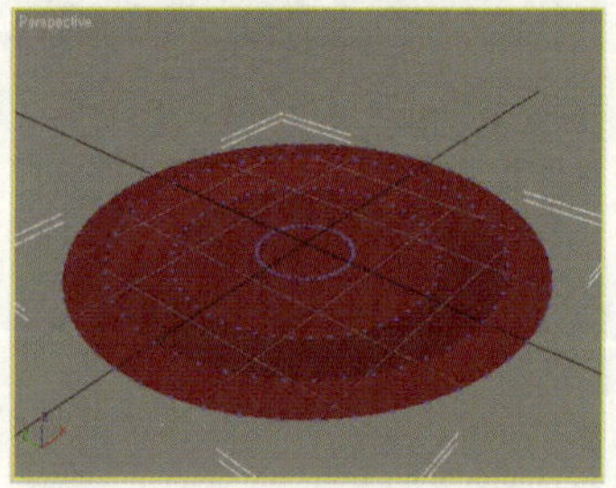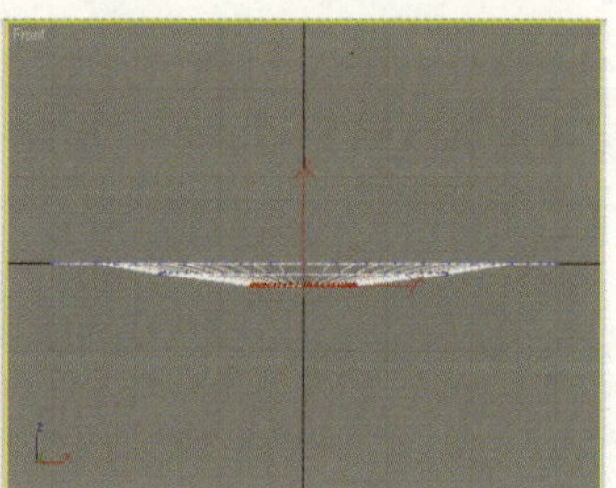

- 가장자리의 **Edge**부분을 **Editable poly**에서 추출하여 **Extrude**하여 준다.
  이때도 4개 정도의 면을 만들어 삼각형 모양으로 표현한다. **Move Tool**을
  이용하여 좀더 세밀하게 묘사한다.

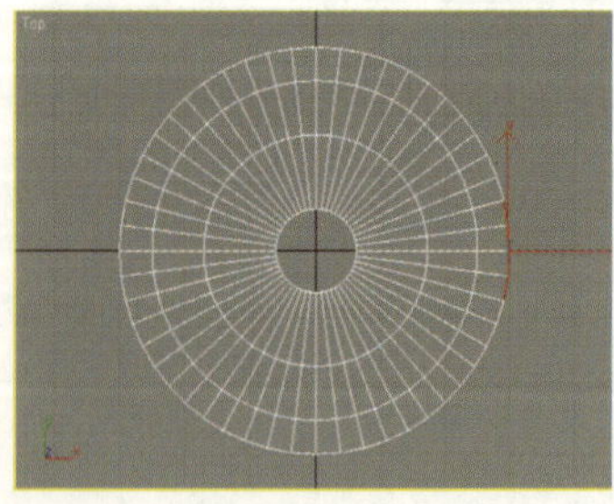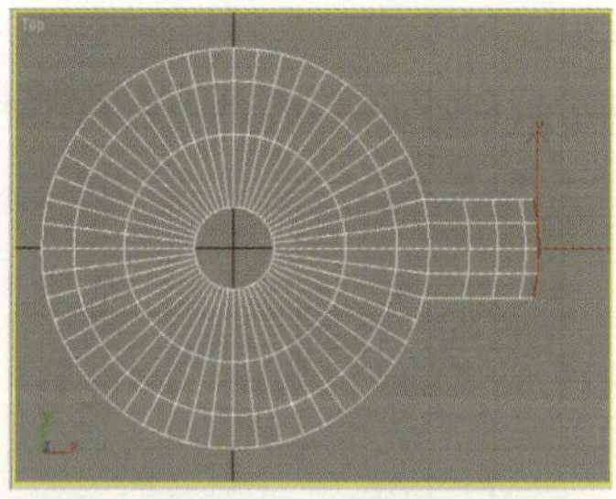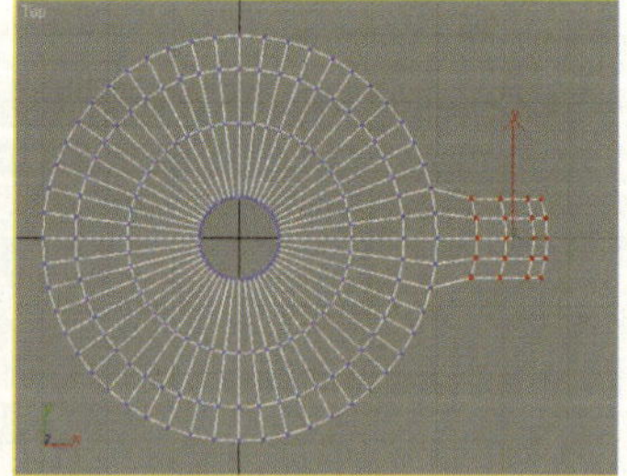

    패키지디자인과 조형성

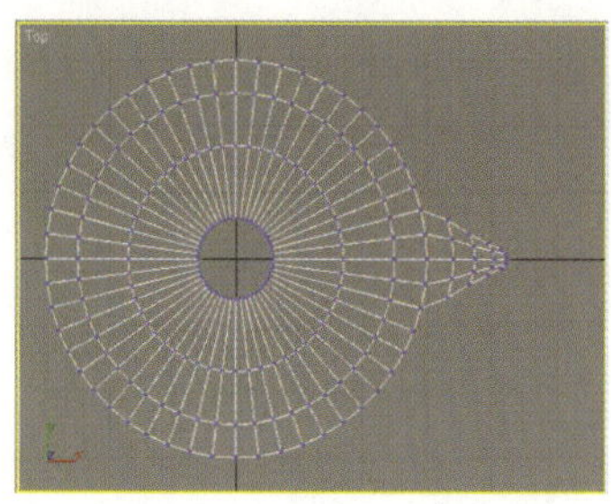 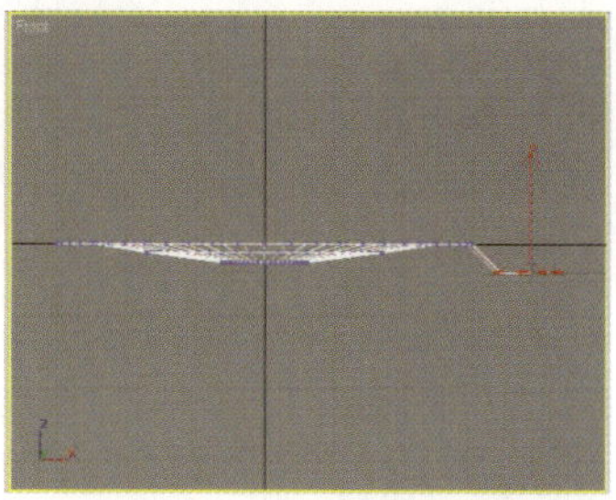 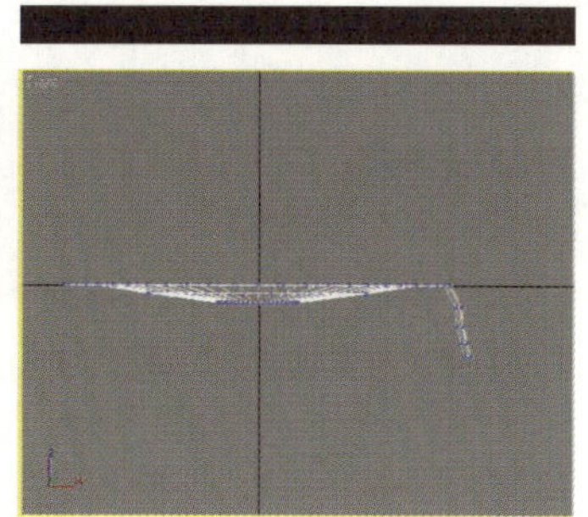

- **Subdivision Surface**에서의 nurms Subdivision을 사용하여 부드럽게 면을
  만든다.

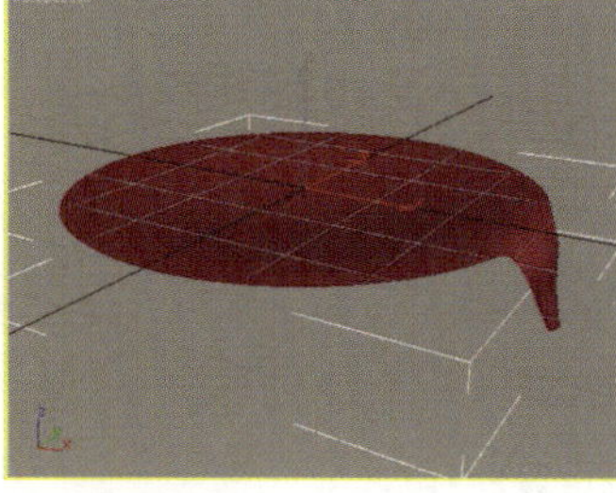 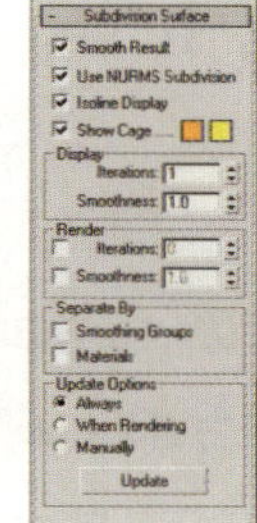

- **Modifier List**에서 Shell을
  이용하여 Out Amount 값을 0.5로
  주어 두께를 표현한다.

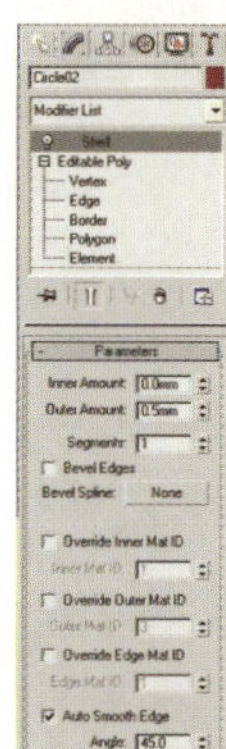

- **Mapping**은 uvwmap을 설정하고
  원형통 박스에서는 Cylinder로
  지정, 은박 밀폐용지는 Plane으로
  지정한다.

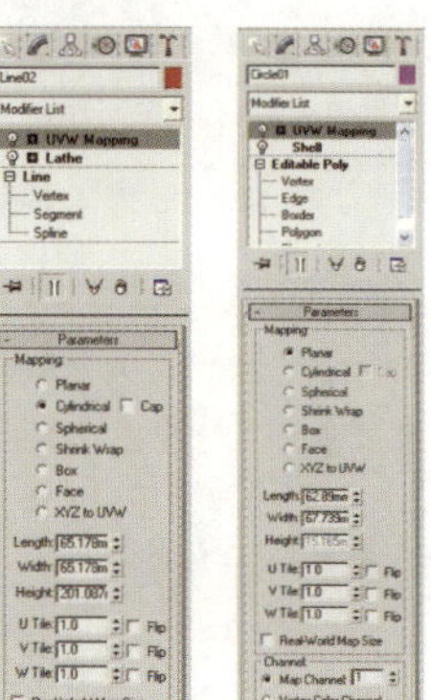

- 재질은 앞에서와 마찬가지로 Standard를 클릭하여 Architectural
  Material로 바꾸어 준다.

– **User Defined**를 선택하여 **Paper**로

바꾸어 준다.

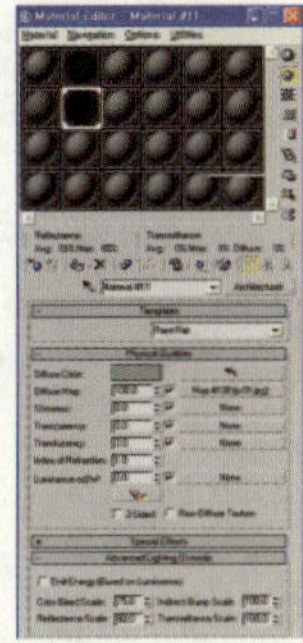

– **Color Bleed Scale**값을 75로, **Reflectance Scale**값을 80으로 해 준다.

● 크래커

– 새로운 **Layer**를 열어서 **Cracker**라고 기입한다.

– 앞서 제작한 원통형 박스는 잠시 **Hide**시킨다.

– **Top View**에서 지름이 25mm가 되는 **Circle**을 만든다.

– **Front View**에서 **Circle**을 마우스 오른쪽을 클릭하여 **Editable Poly**로 만들어

준다.

– **Vertex**를 선택하고, **Top View**에서 **Vertex**를 하나씩 선택한다.

– **Scale**로 크기를 넓혀 준다.

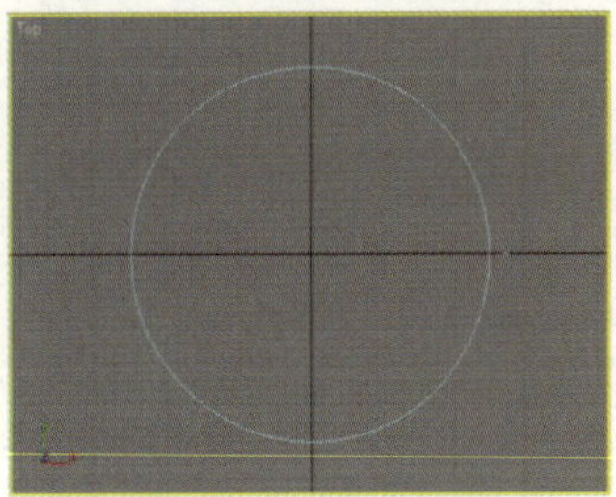 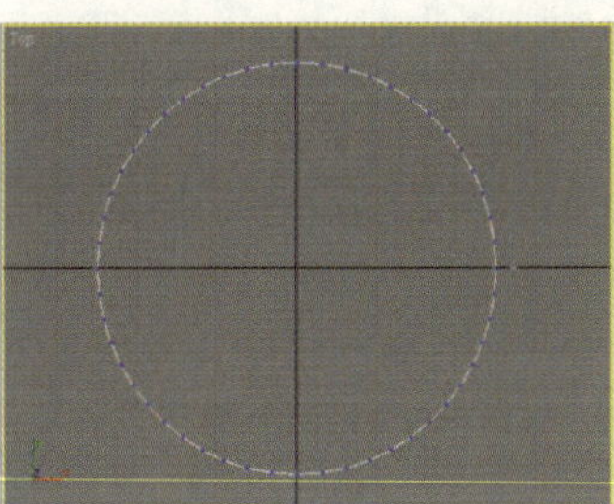 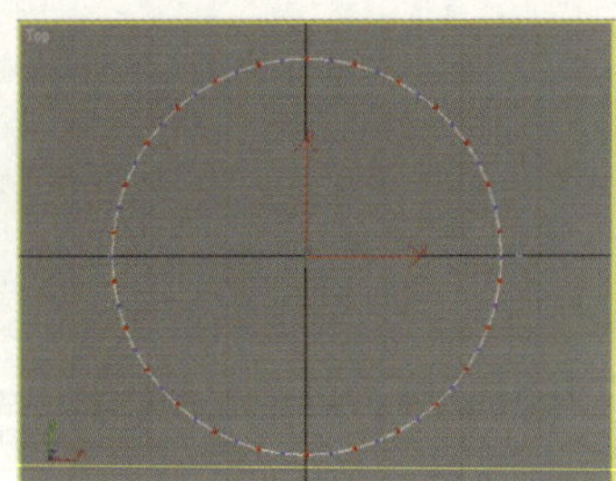

– 그 상태에서 **Chamfer**로 **Vertex**를 늘려 준다.

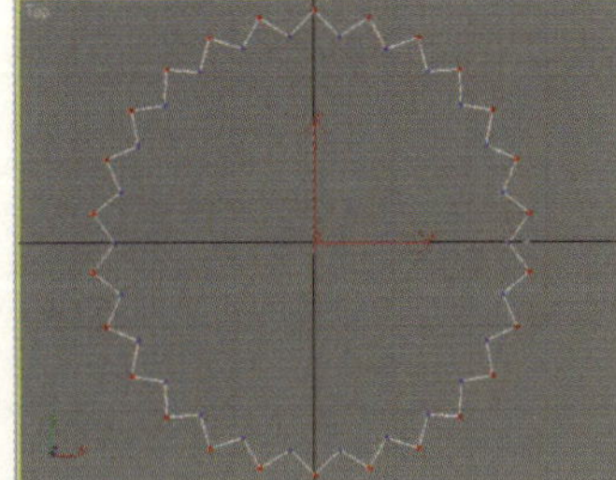 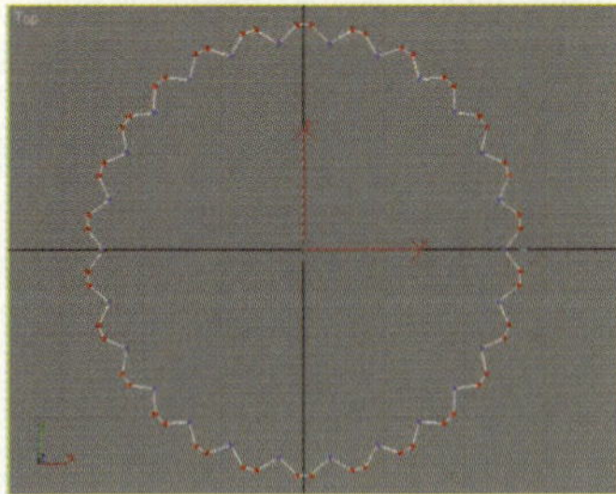 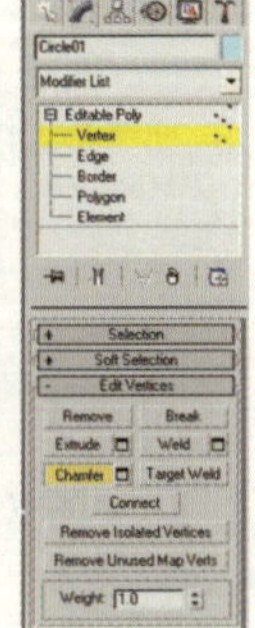

- **Front View에서 Polygon을 선택한 후 Modifier List에서 Extrude를**

  이용하여 두께를 만들어 준다.

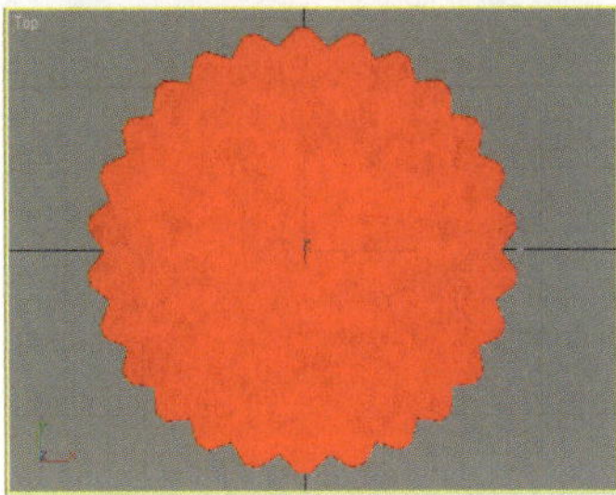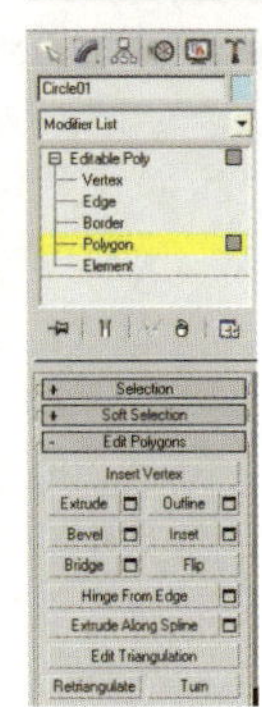

- **Subdivision Surface에서의 nurms Subdivision을 사용하여 부드럽게 면을**

  만든다.

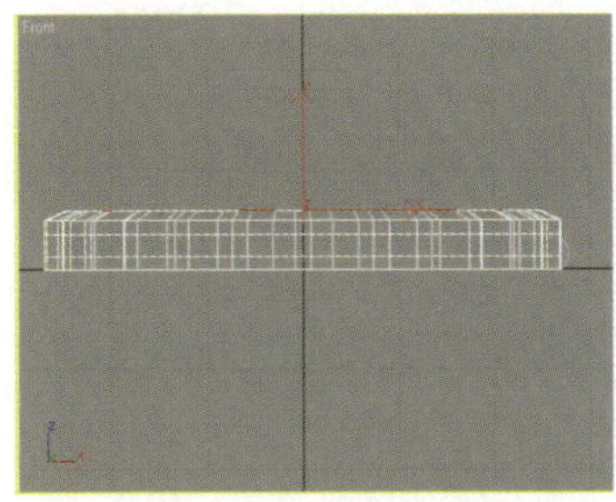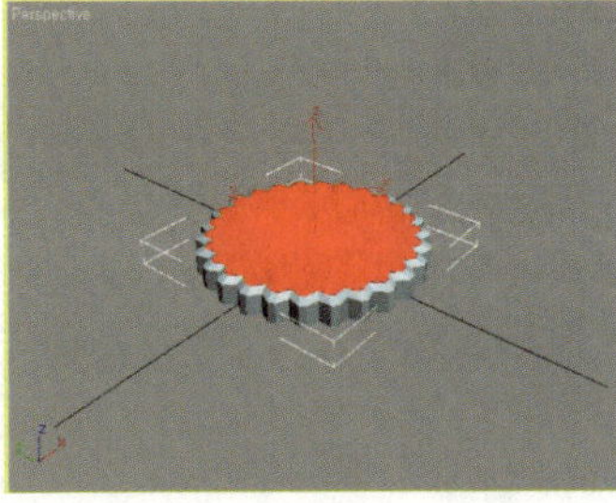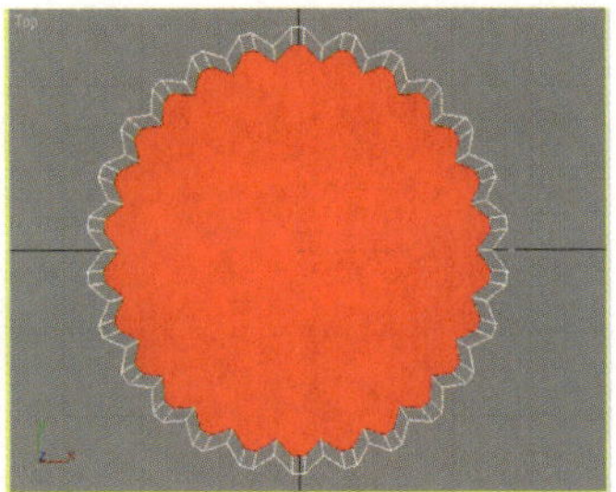

- **Modifier List에서 Symmetry를 선택하여 다른 한쪽의 형태를 만들어 준다.**

- **Scale로 두께를 조절해 준다.**

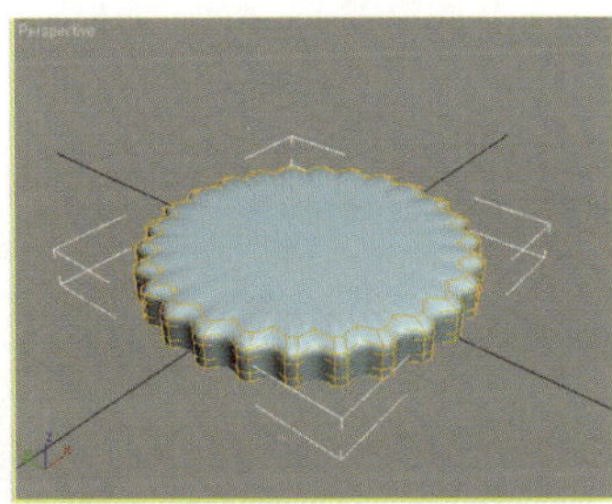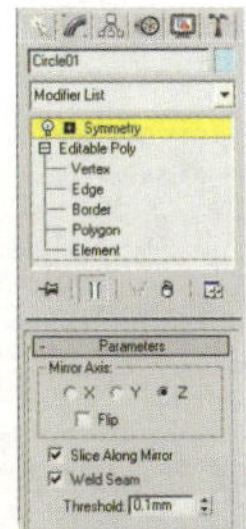

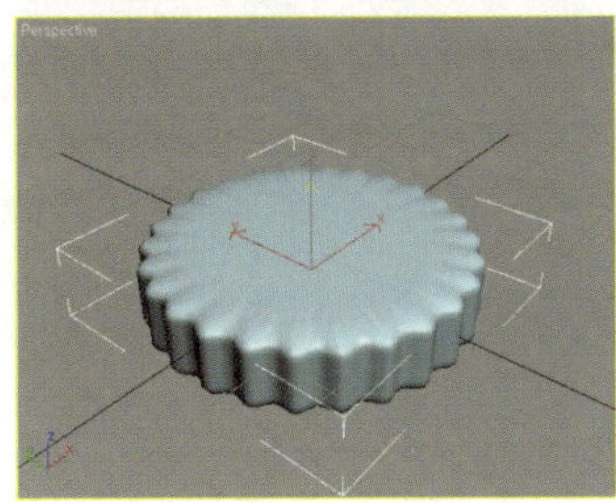

- mapping은 uvwmap을 설정하고 plane으로 지정한다.

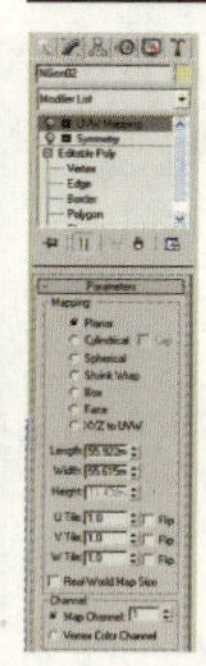

- 재질은 앞과 마찬가지로 Standard를 클릭하여 Architectural Material로
  바꾸어 준다. User Defined를 선택하여 paper로 바꾸어 준다.

- Color Bleed Scale값을 55로,
  Reflectance Scale값을 70으로
  해준다.

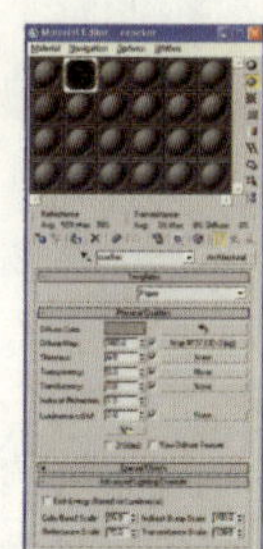

- 숨겼던 Layer를 열어 모든 오브젝트를 보이게 한다.

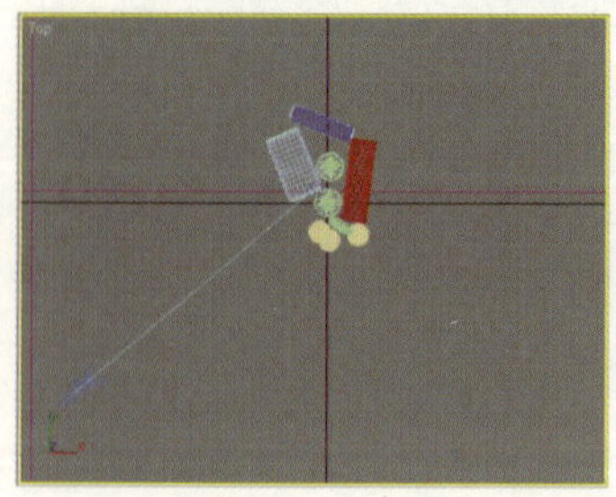
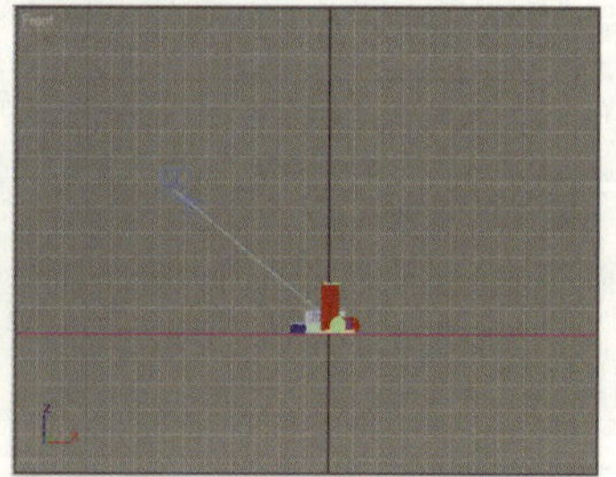

- 카메라를 설치하고 눈높이를 조절한다.

  키보드의 C를 누르면 Perspective의 창이 Camera 창으로 바뀐다.
  카메라를 조정할 때 Camera 창으로 바꿔놓고 조정하면 쉽게 된다.

- 렌더링을 걸기 전에 Render Scene 창을 열어 해상도를 조정한 다음 렌더링을
  건다.

- 해상도를 맞추고 렌더링을 걸어 저장하여 포토샵으로 불러들인다.

  여기에서 해상도란 출력할 크기를 말한다. 웹이나 화면
혹은 빔 프로젝터를 이용할 경우라면 해상도를 그리 높일 필요가

없으나, 출력용이라면 해상도의 크기를 높이는 것이 좋다. 필요한 경우 포토샵에서 작업한 육각형 박스를 가져온다.

이 모든 준비가 끝나면 포토샵으로 제작했던 육면체 박스들과 3D Max로 제작한 원통형 박스, '크래커' 등이 잘 어우러지게 합성하여 재현해 낸다. 마치 잘 디스플레이하여 촬영한 것처럼 자연스럽게 마무리해야 한다. 훌륭한 그림자 처리와 배경 처리는 사실감을 높이고 제품의 분위기를 살려주는 아주 좋은 방법이다.

경험상 어려운 부분은 아래 제품처럼 그림자의 처리 문제이다. 그림자가 자연스럽게 제품을 돋구어 주는 역할을 해야 하는데, 너무 딱딱하고 직선적이면 자칫 컴퓨터로 그려낸 것 같은 어색함이 남아 있을 수 있다.

6. 인쇄 및 후가공

인쇄와 후가공은 종류에 따라 조금씩 다른 방식으로 진행된다.

1) 오프셋인쇄

오프셋(Offset)인쇄는 보통 1시간에 1만 장 이상 고속으로 인쇄하게 된다. 오프셋인쇄는 평판오프셋과 윤전오프셋으로 나눌 수 있는데 포장 지기용으로는 평판오프셋 방식을 이용한다. 시간당 수십만 장까지 찍을 수 있는 윤전 오프셋인쇄는 신문처럼 고속 다량 인쇄를 할 경우에 적합하다.

❶ 스캔Scan 과정

인쇄는 여러 단계를 거쳐야 한다. 패키지디자인에 이미지들이 필요할 경우, 먼저 디자인에 필요한 이미지를 촬영해야 한다. 슬라이드 필름을 쓰는 것이 좋지만 요즈음은 편리성과 시간 절약을 위해 디지털 카메라로 촬영하기도 한다. 촬영한 슬라이드 필름은 스캐닝을 한다. '스캔'이란 사진이나 이미지를 인쇄하기 위해 컴퓨터로 읽어 들이는 과정이다.

스캔을 한다는 것은 이미지를 작은 점으로 쪼개어 읽는다는 의미이다. 스캔은 '드럼스캐너'를 보유하고 있는 스캔 전문점을 이용한다. 흔히 집에서 쓰는 스캐너를 '평판스캐너'라고 하는데 '드럼스캐너'보다는 성능이 크게 떨어진다. 드럼스캐너는 가격만 수천만 원이 넘는다.

❷ 출력·터잡기 과정

스캔 과정을 마치고 나면 패키지디자이너는 스캔 받은 데이터와 각종 그래픽 요소들을 가지고 컴퓨터를 통한 인쇄용 판을 만들어야 한다. 컴퓨터 원고 작업은 주로 포토샵, 일러스트레이터, 쿼크익스프레스 프로그램을 이용한다. 학생들이나 신입 디자이너들이 일러스트레이터로 작업을 끝내는 경우도 있는데, 이는 인쇄공정상 시간적 인적 낭비가 너무 크며, 틀린 방식이다.

이후의 인쇄용 필름 작업을 '출력'이라 하고, 인쇄에

패키지디자인과 조형성

적합하게 필름을 만드는 과정을 '터잡기'라고 한다.

　　　　여기서 말하는 출력을 학교 과제용 출력과 혼동해서는 안 된다. 과제용 출력은 일회용으로 보기 위해 종이에 프린트한 것뿐, 인쇄와는 크게 다르다.

　　　　인쇄용 출력이란 필름으로 출력하는 것을 말한다. 출력된 필름을 인쇄하기 적합하게 '터잡기' 하는데, 인쇄를 얼마의 크기로 할지, 한 장에 몇 개의 필름을 어떻게 놓고 인쇄해야 효과적이고 경제적인지를 가늠하여 판단한다. 출력 전문점이나 인쇄소에서는 아직도 '하리꼬미'라는 일본어를 쓰기도 한다.

● 교정쇄 Proof Sheet

'터잡기'가 끝나면 '교정쇄'를 봐야 한다. 교정쇄란 실제 인쇄를 했을 때의 실수를 줄이기 위한 확인용 가인쇄(假印刷)를 말한다. 가인쇄된 종이를 교정지(校訂紙)라고 한다. 혹 생길지 모르는 색상의 오류나 폰트 문제 등, 출력된 필름 상태로는 확인할 수 없는 부분을 가인쇄하여 육안으로 최종 점검하게 된다.

　　　　간혹 교정지를 보다 보면 Cyan과 Magenta만 2색으로 찍은 것이 있는데 이것은 2색 인쇄기를 이용할 경우를 위한 것이다.

　　　　오프셋인쇄에서는 특별한 경우 별색을 쓰기도 하지만 일반적으로는 인쇄의 원색인 기본 4도를 가지고 색을 배합한다. 여기서 기본 4도라고 하는 것은 CMYK 즉 청, 마젠타, 노랑, 검정의 기본 4색을 말한다.

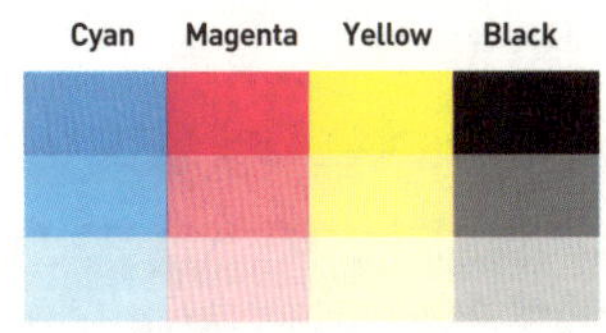

인쇄의 기본 4도 – CMYK

● CMYK

왜 하필이면 CMYK일까? 색의 삼원색은 C(파랑) M(빨강) Y(노랑)라고 우리는 초등학교 때부터 이론적으로 배워 왔다. 그런데 왜 인쇄에서는 CMYK일까? 문제는 K(검정)에 있다.

　　　　가장 큰 이유는 글자 때문이다. 모든 디자인에는 글자가 필요하다. 물론 글자의 대부분은 검정색으로 쓰인다. 그런데 이 검정색이–삼원색을 섞어 써도 이론적으로는 맞지만–인쇄에서 핀을 정확하게 맞추기가 힘들다. 특히 주소와 같이 작은 글자의

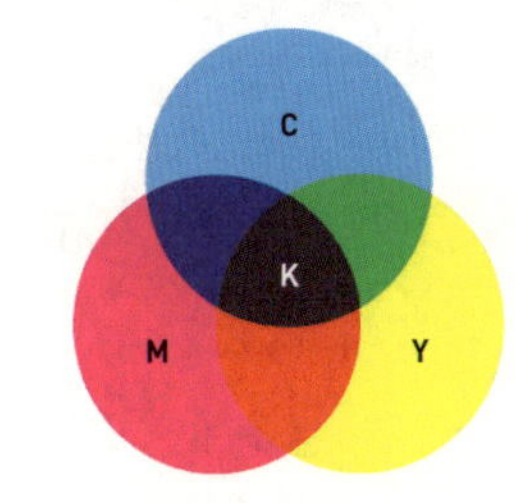

색의 3원색과 K(검정)

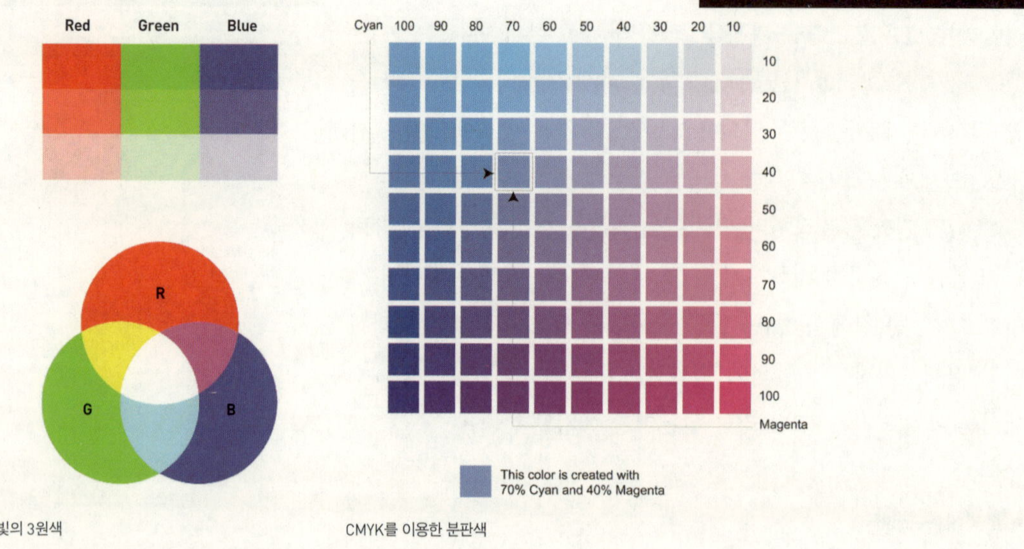

빛의 3원색 CMYK를 이용한 분판색

경우, 글자에 쓰인 3색이 엉기면 읽기가 어려울 것이다. 또한 일반 이미지에서 3색 인쇄가 아니라 검정색을 넣으면 아주 어두운 부분이나 그림자 등에 쓰이며 그림의 깊이감이나 재현 능력이 커진다.

● 별색

인쇄소에서 이미지를 출력할 때에는 CMYK(Cyan, Magenta, Yellow, Black) 4가지를 혼합하여 색을 만들어낸다. 오프셋인쇄에서는 일반적으로 4색(CMYK)을 쓰지만 상황에 따라 한두 가지 별색을 써서 효과를 내기도 한다.

예를 들어 파란 점과 노란 점을 작게 늘어놓아도 녹색으로 보이기는 하지만, 그보다 잉크 자체를 아예 녹색으로 섞어 쓰면 더 깨끗하게 보이게 할 수 있다.

또 금색, 은색 등은 인쇄가 끝난 후에 별색 인쇄를 한다. 금색, 은색과 같은 특수한 잉크를 사용하여 색을 입히는 것이다.

4원색을 이용할 경우 컬러 차트 책자를 이용하면 된다. 컴퓨터 화면의 색상과 실제 인쇄되어 나오는 색상의 차이가 있으므로 '컬러 차트'로 인쇄하기 전에 색상을 확인하는 것이 좋다. 별색을 사용할 경우에는 DIC Color System을 주로 사용하는데, Pantone Color System을 이용하기도 한다.

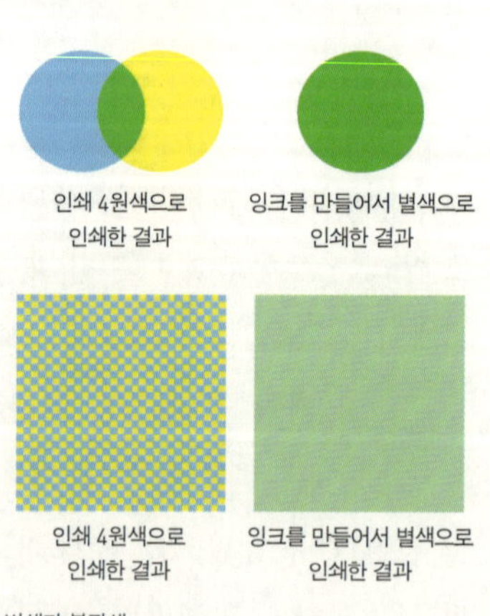

별색과 분판색

❸ 소부 과정

터잡기 과정이 끝나면 소부(燒付) 과정을 거치게 된다. 소부란 말 그대로 강한 빛으로 인쇄판을 구어 내는 것을 말한다. 터잡기가 끝난 필름을 인쇄하기 위해 판을 굽는다는 말이다. 암실에서 필름을 화학 처리된 인쇄판 위에 놓고 노광(露光) 즉 빛을 쪼인다. 이때 화학 반응에 의해 필름의 내용이 인쇄판에 새겨진다. 이를 감광(感光)이라고 한다. 인쇄판은 화학 처리된 아연 도금판이나 PS판을 쓴다.

● 인쇄판

평판인쇄에 있어, 본인쇄(本印刷)를 하기 위해 잉크를 묻혀 피인쇄물(종이)에 옮기는, 문자나 디자인 등을 인쇄하는 것이 인쇄판이다. 인쇄판에는 볼록판, 오목판, 평판, 공판이 있다. 오프셋인쇄에서는 평판을 이용한다.

교정이 끝난 원판(原版)은 아연판 또는 알루미늄판 등 판재(版材)에 빛쬐기한 다음 표면 처리하여 만든다. 컬러인쇄에서는 색 교정용 교정판을 별도로 만들어 교정을 마친 다음 인쇄판을 만들므로 교정판과 인쇄판이 완전 동일시하지 않는 경우가 있다. 이때 교정쇄와 본인쇄와의 차이가 생길 수도 있다.

감광을 끝내고 나면 인쇄판이 인쇄기에 걸 수 있도록 세척되고 열처리되어 나온다. 가공 완성된 인쇄판을 보면 녹색으로 보이는 부분이 있다. 여기가 인쇄 잉크가 묻는 부분이다. 이 부분의 잉크가 고무 롤러에 묻은 후 그것이 다시 종이에 전사된다. 물론 회색으로 된 부분은 잉크가 묻지 않는다. 잉크는 유성이기 때문에 물과 섞이지 않는 원리를 이용하여 인쇄한다.

❹ 인쇄 과정

이렇게 4개의 판을 다 걸고 나면 인쇄에 들어간다. 보통 인쇄 기계는 2색씩 인쇄할 수 있는 2색 인쇄기, 혹은 4색을 한 번에 찍을 수 있는 4색 인쇄기로 나눈다. 2색 인쇄기는 CM을 먼저 찍고, YK를 나중에 찍게 된다.

별색을 추가할 수 있는 5색 인쇄기도 흔치 않게 쓰인다.

루페

루페로 본 인쇄 망점

　　본격적으로 인쇄에 들어가기 전, 인쇄 상태를 점검하여 잉크가 제대로 묻는지 혹은 인쇄의 핀이 맞는지를 점검하게 된다. 4개의 색상들이 서로 정확한 위치에 찍혔는지를 확인하는 것이다. 그러기 위해서는 루페(Loupe)라는 고단위 확대경을 이용한다.

　　루페를 통해 인쇄의 4원색 CMYK가 제자리에 깨끗하게 묻어 있는지를 확인하여 미세한 부분까지 조정한다. 인쇄 잉크는 유성(油性)이면서 투명하기 때문에 망점이 겹쳐도 색상에는 큰 문제가 없다. 그러나 망점이 엉겨 붙어서 모아레 현상이 나타나지 않도록 각 색깔별 망점의 스크린 각도가 서로 다르게 해야 한다.

● 모아레 현상과 망점의 각도

모아레(Moire) 현상은 '반점 현상'이라고도 하는데, 이는 인쇄할 때 각각의 색깔(망점)이 겹쳐서 얼룩얼룩 물결처럼 보이는 현상을 말한다. 모니터에서도 그런 현상을 발견할 수 있다.

　　인쇄용 원색 분해시 분해 필름에는 각 색깔마다 망점의 각도가 있는데 적색(Magenta)은 45도, 검정색(Black)은 15도, 노랑색(Yellow)은 90도, 청색(Cyan)은 75도이다. CMYK의 분해 필름 망점 각도가 다른 것은 각각의 색깔을 인쇄할 때 '모아레 현상'을 방지하기 위해서이다.

모아레 현상

2) 그라비어인쇄

오프셋인쇄 못지 않게 많이 쓰이는 인쇄 방식이 그라비어(Gravure) 인쇄이다. 포장용으로는 오히려 더 중요한 인쇄 방식이다. 종이는 물론이고 특히 식품류 등 PVC나 플라스틱 소재에 많이 쓰인다. 그라비어인쇄는 많은 수량의 인쇄에 적합하다. 제판에 필요한 기본 경비가 오프셋인쇄에 비해 훨씬 많이 들지만, 수량이 많아지면 오히려 오프셋에 비해 단가가 적게 든다.

그라비어인쇄는 인쇄판의 깊이에 따라 계조를 나타내기 때문에 농담(濃淡)이 풍부하고 강한 느낌을 준다. 담배나 껌 포장처럼 많은 양의 종이 인쇄에 쓰인다. 흔히 비닐이나 PVC라고 불리는 각종 플라스틱 포장 소재에는 거의 이 인쇄 방법을 사용한다.

그라비어의 모든 공정, 즉 출력, 제판 등은 오프셋과 조금 다르지만 기본적으로 디자이너가 해야 하는 진행 과정은 똑같다. 인쇄를 위한 제판 과정이 다를 뿐 디자이너는 오프셋과 똑같은 형태의 데이터를 넘겨주면 그만으로, 특별히 따로 작업해야 할 부분은 없다는 뜻이다. 데이터를 받은 제판 기술자들은 그라비어의 특성에 맞도록 제판 작업을 하게 된다.

오프셋은 인쇄판이 평판이지만 그라비어인쇄의 판은 크롬으로 도금된 원통으로 만들어졌다. 크롬 도금된 인쇄판에 음각으로 상(像, 이미지나 글자)이 새겨지고, 그 음각된 부위에 잉크가 묻어 있다가 포장 종이 혹은 플라스틱 포장지에 착색되는 것이다. 그라비어인쇄의 기본색은 오프셋과 달리 5도이다. 투명 PVC에 인쇄하려면 바탕에 꼭 흰색을 써야 하기 때문이다. 그래야 색상이 살아난다.

그라비어인쇄는 그 특성상 별색을 써야 하는 경우가 많기 때문에 보통 8도까지 이용한다. 예를 들어 넓고 푸른 연두색 바탕이 있을 때, 그 면을 각가지 원색 잉크, 즉 청색(Cyan)과 노랑(Yellow)으로 섞어서 인쇄하기보다는 아예 바탕색을 연두색으로 만들어 한 번에 찍는 것이 훨씬 더 깨끗하게 인쇄될 것이다. 워낙 작은 점과 면으로 이루어져 있어서 못 느낄 수 있지만 그 인쇄 차이는 크다.

● 오프셋인쇄와 그라비어인쇄의 차이

오프셋인쇄와 그라비어인쇄의 시각적 차이는 인쇄판의 화상이 망점으로 되어 있느냐 아니냐에 있다.

오프셋인쇄는 그 망점의 크기에 의해 농담의 계조를 나타낸다. 즉 망점이 큰 곳은 어둡고 작은 곳은 밝게 나타난다. 망점의 크기에는 차이가 있으나 망점 자체의 잉크 농도는 원칙적으로 같다.

그에 비해 그라비어인쇄는 잉크 넓이에 관계없이 망점의 깊이가 다름으로써 잉크의 두께에 따라 명암의 차가 생긴다. 따라서 그라비어용 잉크는 잉크 막의 두께로 농담이 잘 표현되도록 하므로 다른 방식의 잉크보다 투명도가 좋다.

그라비어인쇄는 오프셋인쇄에 비해 적성(適性)인 종이의 범위가 좁은 결점이 있다. 온도 습도 등의 환경 조건과 제판 공정에서 어려운 점이 많아 최근에는 포장물 인쇄 등 비교적 정밀성을 요구하지 않는 그라비어판에 망점 그라비어 방식이 많이 이용된다. 또한 전자 기술의 발달로 부식액 등 약품을 사용하지 않고 직접 실린더형의 판에 망점을 절삭(切削) 조각해 내는 전자식 조각 제판 기술이 점차 많이 쓰이는 경향이다.

그라비어인쇄는 대개 두루마리식 윤전인쇄기를 써서 다른 인쇄 방식보다 고속으로 다색양면인쇄(多色兩面印刷)를 할 수 있다. 구미 지역에서는 많이 사용하고 있으나 한국에서는 포장인쇄 등에만 주로 이용되고 있다.

3) 실크인쇄

다른 인쇄에 비해 실크인쇄는 수(手) 작업이 많다. 따라서 많지 않은 수량이나 고급 효과를 위해 쓰인다. 다른 인쇄와 달리 공판(孔版)인쇄, 즉 실크 천의 망(網) 사이에 구멍 난 화상으로 잉크가 침투하여 인쇄면에 착색(着色)하는 방식이다.

형지(型紙)에 구멍을 뚫어 판(版)을 만들고, 판의 구멍을 통해 판 아래 놓인 종이나 플라스틱 등의 표면에 인쇄잉크나 안료로 구멍의 모양대로 찍어내는 인쇄법이다.

잉크의 색상이 화려하고 질감도 다양하다. 그 쓰임새도 많아서 포장용 인쇄 이외에 다른 여러 용도로 쓰인다. 예를 들어 플라스틱이나 유리 용기의 표면 인쇄, 양주와 같은 고급포장재는 물론이고 티셔츠나 시계의 자판에도 실크인쇄를 이용한다.

대체적인 인쇄의 규모로 보았을 때, 그라비어가 수만 수십만 장씩 인쇄한다면 오프셋은 수천 수만 장, 실크인쇄는 수백 수천 장이라고 생각할 수 있을 것이다.

출력필름을 통한 제판 방식은 비슷하다. 인쇄판을 실크 천으로 하는 것만 다를 뿐이다. 실크 천을 팽팽하게 맨 다음에 녹색 빛이 나는 제판에 용제(溶劑)를 바른다. 용제가 마른 후 녹색의 실크 판에 필름을 고정시켜 붙인다. 형광등을 이용하여 노광을 하기 위한 준비 과정이다.

이 작업은 암실에서 진행된다. 판을 노광하고 세척하고 나면 마르면서 하늘색으로 바뀐다. 노광이 안 된 부분, 즉 필름의 검정 부분은 스프레이건을 이용하여 물로 분사시켜 세척하면, 그곳에 작은 구멍이 생기는데 그 사이로 잉크가 묻게 된다. 실크인쇄는 다양한 소재의 인쇄 방식에 쓰인다.

실크인쇄의 예

4) 플렉소인쇄 Flexo Printing

흔히 박스인쇄, 고무판인쇄, 수지인쇄 등으로 불리지만 플렉소인쇄(Flexo Print)가 원어이다. 플렉소인쇄는 인쇄가 거칠고 정교하지 못해서 가전제품의 외포장 박스나 라면 박스 등 1차 유통을 목적으로 하는 대 포장재의 인쇄용으로 많이 쓰인다.

라면이 소비자에게 비춰질 때 박스 채로 진열되는 경우는 거의 없다. 또 냉장고 제품이 포장 박스 째 디스플레이 되는 법도 없다. 그러기에 디스플레이나 상품성보다는 유통에 1차적 목적

플렉소 인쇄의 예

이 있는 외포장에 적합한 인쇄법이다. 인쇄와 가공이 쉽고 가격이
저렴하기 때문에 더욱 그러하다.

플렉소인쇄는 다른 인쇄 특히 그라비어인쇄에 비해 제
판이 간단하여 판의 복제, 교환, 수정이 쉽다는 게 장점이다. 소량
인쇄에도 적합하며 그라비어인쇄처럼 후가공 공정에 바로 연결시
키는 작업의 합리화에도 용이하다. 앞으로 전자상거래의 활성화
에 따라 유통에 필요한 지기용 포장재의 수요가 많아질 것이므로,
플렉소인쇄의 전망은 매우 밝다고 할 수 있다.

인쇄 잉크가 밀리는 등, 화려한 이미지나 정교한 표현
이 필요한 고급 인쇄 효과를 기대할 수 없다는 것이 아직까지의
약점이다.

5) 기타 특수인쇄

❶ 금속판 인쇄

흔히 제관(製罐)인쇄라고도 한다. 양철판, 강판, 알루미늄판, 아연철
판, 스테인리스판 등 금속판에 인쇄하는 특수인쇄이다. 1835년경
미국의 바클리(R. Barclay)가 고안한 전사인쇄(轉寫印刷) 방식을 쓰다가
1880년부터 오프셋인쇄 방식이 실용화되었다. 금속 보호는 물론
컬러인쇄가 가능하여 상품을 화려하게 장식하는 역할을 한다.

❷ 전사 인쇄

전사지(轉寫紙)는 인쇄잉크나 안료(顔料)를 써서 백상지와 같은 대지
(臺紙)에 풀칠을 한 다음, 그 위에 화면을 인쇄하는 것이다. 단지(單
紙)와 얇은 종이를 두 겹으로 한 복지(複紙)의 전사지가 있으며, 평
판인쇄나 실크스크린인쇄로 박는다.

전사 방법으로 그림을 잘라내어 피인쇄물(被印刷物)에 접
착용의 니스 등을 칠한 뒤, 종이를 적셔 벗겨내면 그림만이 남게
되는데 여기에 다시 니스를 칠하여 마무른다. 복지에서는 대지를
미리 떼어낸 다음 전사한다. 곡면 인쇄가 가능한 것이 특징이며,
도자기 등에서는 이것을 다시 소성로(燒成爐)에서 80℃ 정도로 구워

안료를 융착한다.

　　　보통 판박이그림이나 데칼코마니라고 부르기도 한다. 예를 들어 도자기 제품에 인쇄할 경우 특수 전사지에 도자기용 안료를 함유하는 잉크를 사용, 주로 석판을 써서 평판 인쇄한 무늬를 도기 면에 전사하고, 약 1,000℃로 소성가공(燒成加工)하고 색을 내어 무늬를 도기 면에 고정시킨다. 특수 전사지는 녹말, 젤라틴, 난백(卵白), 아라비아고무로 된 특수한 풀을 질 좋은 종이에 발라서 만든다. 소성온도는 유약(釉藥) 위에 전사할 때는 850℃, 유약을 칠하기 전에 전사할 때는 약 1,200℃로 한다.

전사인쇄의 예

❸ 박(箔)인쇄

오프셋인쇄나 실크인쇄 이후 인쇄의 고급스런 효과를 위해서는 필요에 따라 박(箔, Hot Stamping)인쇄나 엠보싱(Embossing)을 할 수 있다. 박인쇄란 인쇄된 종이 위에 은박이나 금박처럼 얇은 금·은 필름을 열처리된 판으로 찍어 눌러 인쇄하는 것을 말한다. 얇은 은박, 혹은 금박 테이프가 입혀지는 방식이다.

　　　엠보싱은 인쇄 표면을 튀어나오거나 들어가게 찍어내는 과정을 말하는데 인쇄잉크를 사용하지 않고 조각판(彫刻版)을 이용한다. 이 과정들은 대부분 수동 작업에 의해 이루어지기 때문에 속도가 늦고 인쇄비가 비싸지는 원인이 된다.

6) 후가공 後加工

후가공이라 함은 인쇄가 끝난 후 패키지의 특성에 따라 가공하는 과정을 말한다. 전문적이고 다양한 과정이라 모든 것을 설명할 수는 없지만, 일반적으로 가공 방식을 위주로 다루어 보면 다음과 같다.

❶ 라미네이팅 Laminating

포장용으로 쓰이도록 종이의 표면을 단단하고 고급스럽게 하여 표면 손상을 줄이려면 라미네이팅을 한다. 오염이나 습기의 방지를 위하여도 많이 쓰인다. 물론 환경 문제 때문에 많은 규제를 하고 있지만 이용 효과가 크기 때문에 아직 많이 사용하고 있다. 라미네이팅은 유광과 무광의 2종류가 있다. 이외에 오버코팅, UV코팅 등이 있다.

❷ 합지

합지(合紙)는 포장물의 특성에 맞도록 얇은 종이를 두꺼운 종이로 만들기 위해 붙이는 과정이다. 포장재의 종이는 주로 두꺼워야 하지만 두꺼운 종이는 보통 오프셋인쇄기에 들어갈 수 없다. 따라서 질 좋은 얇은 종이에 인쇄한 후 판지나 골판지에 붙여 쓰는 것을 말한다. 같은 강도와 두께의 값비싼 종이를 쓰기보다는 탄력 있고 가벼운 골판지나 판을 합지하여 쓰는 것이 경제적이며 효과적이다.

❸ 톰슨 Thomson

흔히 일본식 발음을 본떠 '도무송'이라고 말하는 이 과정은 제함 (製函)이라고 하는데, 지기를 만들 때 접거나 개봉하기 쉽도록 종이를 잘라내고 접는 선을 미리 눌러 놓는 과정을 말한다. 톰슨 판은 합판에 얇은 강철 칼날을 넣어서 만든다. 종이 위에서 칼날이 붙어 있는 판을 내려서 종이를 한 장씩 찍어 잘라내게 된다. 단면으로 본 칼날과 종이를 보면, 칼날이 그림처럼 3가지로 되어 있어서 그 역할이 다르다. 그림에서 보듯 완전히 절단하는 칼날(절단선)이 있고, 날 끝이 뭉툭하여 그냥 접을 수 있도록 눌림 자국만 나는 칼날(눌림선)이 있으며, 두꺼운 종이를 앞이 터지지 않고 접기 편하도록 톱니처럼 부분만 잘리는 칼날(재봉선)이 있다.

이런 톰슨 칼날의 평면도는 디자이너가 그려 주어야 한다. 그만큼 치수에 민감한 부분이다. 특히 포장용지는 종이가 두껍기 때문에 접는 상황에 따라 그 치수가 달라진다.

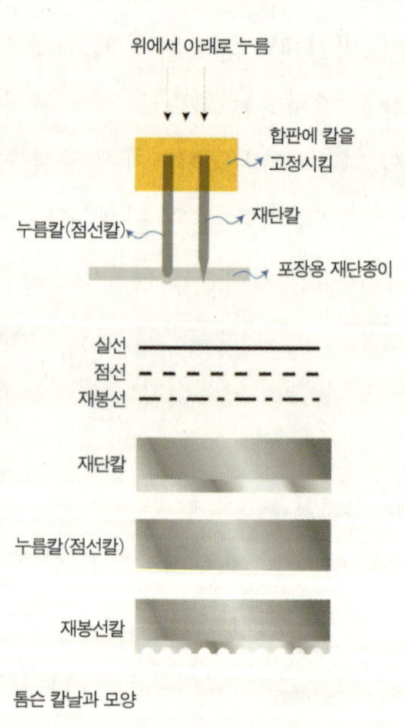

톰슨 칼날과 모양

패키지디자인과 조형성

7. 패키지 기술

인쇄 기술상이 아닌, 방법상의 포장 방식을 다음과 같이 생각해 볼 수 있다.

1) 자동패키지

과자 종류나 일반 대량 공산품 등이 이 방식에 속한다. 완전 자동과 부분적 자동 방식 등 패키지 대상 품목의 상황에 따라 변화가 있다.

2) 수동패키지

제과점이나 제화점 등과 같이 매장에서 점원이 내용물을 직접 넣어서 팔거나 고가의 제품인 경우에 이 방식을 택한다. 경우에 따라 매장에서의 POP 효과도 기대할 수 있기 때문에 디자인적으로 매우 중요한 방식이다.

앞에서 설명한 것처럼 제과점에서 점원이 직접 접어주는 케이크 상자와 같은 경우이다. 꼭 유념해야 할 것 하나는 수동 포장의 지기는 꼭 접힐 수 있어야 한다는 것이다.

3) PTP패키지

알약같이 작고 보관하기에 불편한 제품 등에 많이 쓰인다.

앞면을 손으로 눌러서 내용물을 뺄 수 있도록 뒷면이 알루미늄 호일로 만들어져 있다. 여기서 PTP는 Press Through Package의 약자이다.

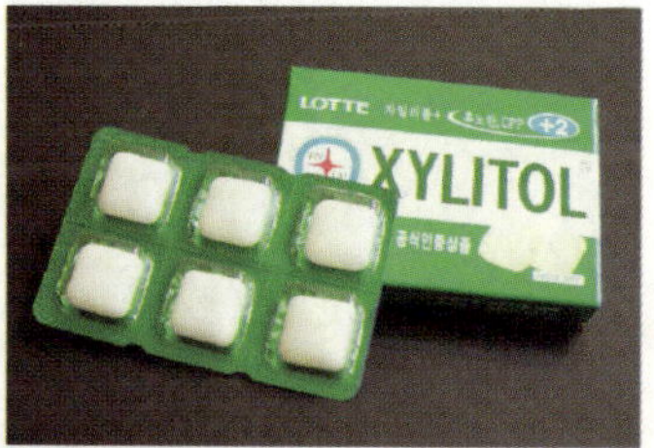

PTP 패키지

4) 진공패키지

부패를 방지하고 유통 보관 기간을 늘릴 수 있어서 부패하기 쉬운 가공 육류나 생선 같은 식료품에 많이 쓰인다.

5) 브리스터 Blister 패키지

건전지나 칫솔 등과 같이 내용물을 볼 수 있도록 만든 포장 방식으로, 디스플레이 효과가 좋다. 피부의 물집처럼 생겼다고 하여 브리스터(Blister)라고 부른다. 뒷면은 주로 판지를 이용한다.

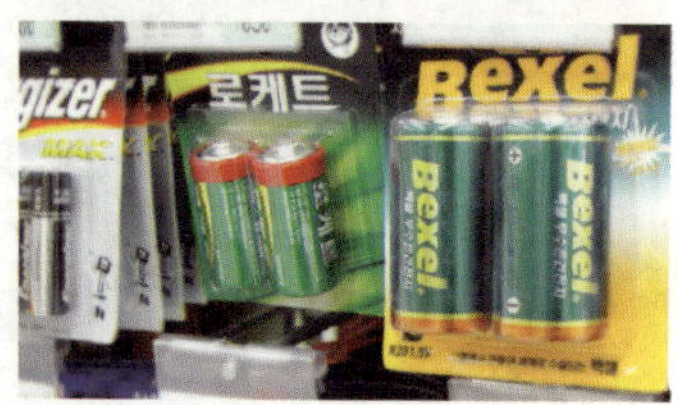

브리스터 패키지

한백진 교수 단국대학교
designhow@hotmail.com

6장 패키지디자인의 적용 사례

본 장에서는 전자, 음료, 제과, 주류, 화장품, 생활용품 등

기업체의 세계 최고 브랜드만들기 전략을 위한 패키지디자인,

제품개발 배경과 리서치 그리고 패키지디자인 개발의

전반적인 내용이 담긴 항목, 장수브랜드의 패키지디자인

변천사 등을 알아본다.

또한 산학협동연구 결과물과 대학생의 패키지디자인

개발사례를 살펴보고 기업체의 니즈와 학생들의 눈높이를

가늠해 볼 수 있는 계기를 마련해 보았다.

아울러 본 장을 위해 구체적인 제품개발 배경이나 조사자료,

패키지디자인 연구사례 등을 공개하는 것이 현실적으로

부담스러운 부분이 있음에도 불구하고 협조에 응해주신 각

기업체 관계자 여러분에게 감사를 드리며 추후 이러한 정보의

지속적인 축적과 공유를 통해 패키지디자인의 발전과 더불어

경기활성화의 계기가 되기를 기대해 본다.

1. 삼성전자의 휴대폰 패키지디자인 전략

디지털시대가 본격화·구체화되고 쌍방향의 정보교환이 가능한 디지털이라는 새로운 패러다임 아래서 세계화가 기업 생존전략의 화두로 대두되면서 기업 활동은 생산자에서 사용자로, 기능에서 감성 중심으로 바뀌고 있다. 글로벌 브랜드로서 소비자의 소비 트렌드와 공통된 니즈를 파악하고, 이러한 가치를 바탕으로 브랜드 아이덴티티를 체계적으로 조직화하며, 인간 감성을 만족시킬 수 있는 창조적 디자인 역량이 글로벌 경쟁의 핵심 요소로 자리 잡게 되었다.

삼성전자도 세계시장 속에서의 감성적인 브랜드전략과 이와 연계된 패키지디자인의 전략 활동을 전개하고 있다. 세계 소비자의 감성을 파악하려면 먼저 글로벌브랜드와 문화와의 관계, 국가별 사회적·문화적 환경의 특성, 동서양의 문화 차이를 먼저 이해해야 한다. 그런 다음 모바일 제품 특성에 따른 전략적 세그멘테이션을 설정하고 패키지디자인 전략에 있어 각 세그별 특성에 따른 조형적 아이덴티티 구축으로 브랜드이미지를 형성해 나가야 할 것이다.

1) 삼성의 제2기 글로벌 브랜드 마케팅 전략

최근 삼성전자는 제2기 글로벌 브랜드 마케팅 전략을 수립했다. 1999년부터 시작한 제1기 글로벌 브랜드 마케팅 전략이 '삼성' 이라는 브랜드와 제품을 알리는 것이었다면 제2기 전략은 '전자제품=삼성' 이라는 이미지를 소비자에게 전달하는 것이 핵심이다. 삼성전자는 '이매진(Imagine)' 을 테마로 설정해 새로운 글로벌 브랜드 캠페인을 펼쳐가고 있다. 사람들의 생활 속에 삼성전자의 각 제품이 투영돼 일어나는 즐거운 이야기들을 소재로, 독창적인 삼성의 디자인과 기술로 더 즐겁고 흥겨운 세상을 살아간다는 상상이 주된 줄거리이다.

1999년부터 제1기 글로벌 브랜드 전략을 세우며, 삼성은 'Samsung Digitall Everyone's Invited' 라는 슬로건을 중심으로 디지털시대의 리더라는 이미지를 소비자들에게 집중 홍보했다.

패키지디자인의 적용 사례

그 결과 2004년 인터브랜드가 발표한 브랜드 가치 순위가 125억 5천만 달러로 세계 21위에 올랐다. 하지만 노키아의 슬로건인 '사람과 사람을 잇는다(Connecting People)' 처럼 삼성을 상징하는 슬로건이 없어, 브랜드 인지도는 크게 높아졌지만 삼성의 정체성을 알리는 힘은 부족했다는 평가를 받아왔다.

제2기 브랜드 전략은 삼성 브랜드의 위상을 한 단계 높이는 것으로, 알리기 수준을 넘어 프리미엄 브랜드 이미지 확립, 브랜드 선호도 재고, 아이코닉 브랜드(Iconic Brand) 위상 확보를 목표로 하고 있다.

2) 세계시장 Global Market 속 삼성전자의 Seg별 패키지디자인

최근 들어 많은 글로벌 브랜드들을 보면, 공통적으로 제품의 가격이나 품질만으로는 새로운 수요를 독자적으로 창출하는 것이 힘든 상황이 되었다. 따라서 고객에게 새로운 가치를 줄 수 있는 혁신적 대안이 필요한 것이 현실이다. 빠르게 변화하는 고객의 니즈를 따라 잡을 수 있는 전략적으로 유용한 수단 중 하나가 바로 '디자인' 이다. 이러한 패러다임의 변화에 따라 삼성 경영진에서는 "글로벌 경쟁에서 살아남기 위해서는 삼성의 혼이 담긴 명품을 만들어야 한다."는 강력한 디자인 경영을 주문했다.

이른바 전 브랜드 제품의 '고가 전략' 으로 저가 제품군의 생산은 줄여 나가고, 고수익성 제품의 생산 및 판매에 역점을 둔다는 것이다. 고가 전략이란 단순히 가격만을 높게 책정하는 것이 아니다. 제품의 품질 향상을 끊임없이 추구하고, 브랜드 이미지를 높이기 위한 광고·홍보활동으로 명품브랜드의 지위를 확보하고자 하는 전략이다. 이것은 탄탄한 베스트 디자인의 제품과 패키지로 소비자의 기능적 욕구, 상징적 욕구, 경험적 욕구에 의한 니즈를 만족시키고 타사와 확실히 구별되는 인상을 남김으로써 구매시점에 선 소비자를 끌어들여 선택에 영향을 주게 하는 중요한 개념이다.

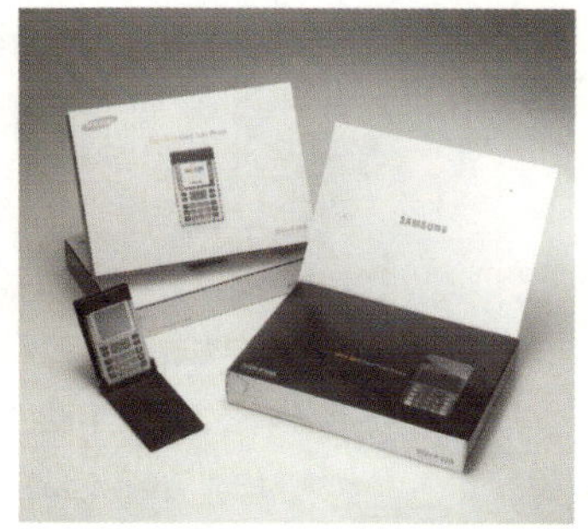

최신형 '고가 전략' 휴대폰과 패키지디자인

다음은 각 Seg별 특징과 패키지디자인의 전략이다.

❶ 프리미엄(Premium) 제품군

- 프리미엄의 고가 브랜드 전략의 제품
- 모바일 시장의 선도(Leading) 브랜드 개념으로 10%의
  상품비율 목표
- 소비자의 상징적 욕구를 만족시키기 위한 제품군으
  로 표현기법, 지기구조, 제작단가 등에 대한 운영범
  위가 넓음
- 명품의 이미지가 느껴지는 디자인 패키지의 개발
- 패키지디자인의 톤과 매너(Tone&Manner)
  - 무채색 톤과 재질의 중후한 이미지 연출
  - 중저채도 컬러 톤의 사용과 재질의 차별화로 명품 분위기 연출
  - white, 엠보싱, 박 등의 처리로 심플하며 고급스러운 느낌 연출

- 조형적 요소의 표현
  - 로고컬러·일러스트레이션·레이아웃·지기구조 등 프리미엄
    제품군의 세분화된 브랜드 아이덴티티 구축
  - 삼성의 기업로고를 패키지의 메인 좌측 상단에 노출하여 소비자와
    커뮤니케이션
  - 지기구조와 소재 면에서의 차별화

프리미엄 제품군의 패키지디자인

❷ 미들(Middle) 제품군

- 고가 브랜드 전략의 제품
- 경쟁사에서 곧 유사제품이 출시됨. 20%의 상품비율
- 패키지디자인의 톤과 매너(Tone&Manner)
  - 산뜻하고 섬세한 이미지의 비주얼 및 컬러 사용, 포인트 컬러의 배합
  - 안정적인 그리드

- 조형적 요소의 표현
  - 컬러·일러스트레이션·레이아웃·지기구조 등 미들 제품군의
    세분화된 브랜드 아이덴티티 요소 구축
  - 제품의 특성을 잘 표현한 이미지 연출 컷과 메인컬러의 적절한 매치
  - 제품의 콘셉트를 최대한 부각하여 표현
  - 산세리프의 안정적인 로고서체의 포인트 컬러 매치

미들 제품군의 패키지디자인

패키지디자인의 적용 사례

- 경쟁이 치열한 제품군으로, 삼성 브랜드이미지의 형성에 기반
- 심플하며 모던한 이미지 부여, 리사이클링 고려
- 패키지디자인의 톤과 매너(Tone&Manner)
  - 빠른 템포의 이미지와 시원한 느낌의 컬러 적용
  - 복잡한 컬러의 활용을 제한하고 재질의 질감을 살려 강하고 힘 있는 테크니컬 분위기 연출

- 조형적 요소의 표현
  - 로고·컬러·일러스트레이션·레이아웃·지기구조 등 보급형(Mass) 제품군의 세분화된 브랜드 아이덴티티 요소 구축
  - 음악, DMB 등 제품의 특장점을 부각하는 이미지 뷰(Image View)와 그래픽 엘리멘트 요소의 활용으로 비주얼 커뮤니케이션 연출

시대 흐름에 따른 마케팅 전략의 변화와 이에 발맞춘 디자인 전략의 변화는 소비자와 함께 호흡하는 브랜드의 생명력 강화를 위해 필수적인 움직임이다.

삼성의 브랜드 마케팅 전략은 단순히 알리기 수준을 넘어서서 프리미엄 브랜드의 이미지를 확립하고 '삼성다움'을 각인시키는 아이코닉 브랜드로의 위상을 확보하는 데 초점이 맞춰져 있다.

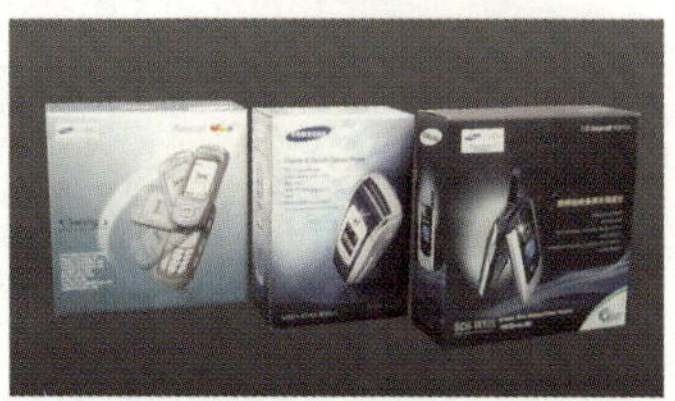

보급형 제품군의 패키지디자인

2. 롯데칠성음료의 '칠성사이다'

음료라면 식혜, 수정과 정도가 고작이던 우리 민족에게 톡 쏘는 그 신선한 맛을 처음 선사했던 칠성사이다. 6·25 즈음부터 시판되어 4~50대 장년층들이 가난했던 학생 시절, 소풍날 아니면 운동회 때나 맛볼 수 있던 최고의 기호식품이었다.

1) 칠성사이다의 역사

1950년, 회사 주주로 7명이 참여한 동방청량음료가 설립되었다. 이 회사가 롯데칠성음료 주식회사의 전신이다.

성씨가 모두 다른 점에서 착안, 친목과 단합과 회사의 영원한 번영을 다짐하는 뜻에서 북두칠성과 관련된 브랜드 '칠성(七星)사이다' 가 탄생하였다.

광복 이후 우리나라에는 근대적인 청량음료 제조업계로 서울에는 '서울사이다', 경인지역은 '스타사이다', 대구 지역은 '삼성사이다' 등이 있었다. 그 상황에 후발주자였던 칠성사이다는 깨끗한 맛을 내세우며 수도권을 중심으로 영역을 넓혀 나갔다.

칠성사이다 브랜드로고

1960년대 정부가 '특정 외래품 판매 금지법' 을 내리며 코카콜라 수입이 금지되었는데 이는 칠성사이다의 판매량을 올려주는 계기가 되었다. 또한 1965년 월남 파병 이후 4년 동안 호황기가 지속되었으며, 월남은 우리나라 유망 수출지역으로 부상했다. 이를 계기로 칠성사이다는 국내 청량음료 업계 최초로 3만달러 수출고를 올렸다.

1970년대 후반, 경기 부흥과 여름철 무더위 덕분에 청량음료 업계가 호황기를 맞았다. 중동지역에는 '원엎사이다' 로 이름을 바꾸어 진출하여 호응을 얻었다. 이를 발판으로 미국, 말레이시아, 싱가포르 등지로도 수출하게 되었다.

IMF 경제난 때, 음료업계도 큰 불황을 맞았다. 그런데 오히려 사이다 시장은 1997년 2200억원, 1998년 2300억원으로 5% 증가한 실적을 보였다. 이러한 전체 사이다 시장의 신장세에 가장 큰 역할을 한 것은 칠성사이다의 수요 증가이다.

패키지디자인의 적용 사례

2) 칠성사이다 성공 요인

칠성사이다의 경쟁사인 해태음료는 '해태사이다', '매실맛 사이다', '쿨사이다' 와 '축배사이다' 등을 내놓았다. 코카콜라는 '킨사이다', '스프라이트' 로 도전장을 내밀었고, 그 밖에도 2001년에 동원F&B의 '초록사이다', 웅진식품의 '웅진 초록사이다' 가 출시되었다. 수많은 브랜드의 출현에도 불구하고 칠성사이다는 동일 시장 내 70%로 독과점형태의 점유율을 보유할 수 있었다. 56년을 이어온 비결에는 아래와 같은 요인이 작용했다.

- 타사와 비교되는 칠성사이다만의 맛
  (순수하게 정제된 물과 레몬라임 천연향의 적절한 배합)
- 50여 년 동안 길들여진 맛에 대한 소비자 인식
- 차별화된 제품 콘셉트와 일관된 광고 캠페인 전략
- 경쟁 환경, 시대변화에 대한 적절한 대응

3) 디자인 방향

❶ 콘셉트

- 일관된 이미지 자산을 가진 대표적 브랜드
- 맑고 깨끗한 자연, 맑고 깨끗한 이미지, 맑고 깨끗한 맛
- 탄생 50돌을 맞아 브랜드에 살아 숨쉬는 역동성을 더함, 시대에 맞는 활동성 부여
- 무카페인, 무인공향, 무색소 – 일명 3無 제품으로 소비자의 관심 유도

소설가 김주영 씨를 기용, 백두산으로 가는 길 외에 TV CF 5편을 시리즈로 제작해 방영하며 큰 주목을 끈 바 있다. 그때 등장한 카피 문구는 이렇다.

'어느 것이 하늘빛이고 어느 것이 물빛인가. 맑고 깨끗한 이 하늘 이 천지'

출시 당시 국내의 병 제조 기술이 낙후하여 병의 품질이 좋지 않 았고, 탄산가스 압력에 의해 병이 터져나가는 일이 빈번했다.

자체 생산 후 모자라는 용기는 공병을 수집해 대체함에 따라 완제품의 크기나 모양이 각기 달랐다. 라벨 디자인은 자체의 BI 변천에 따라 리뉴얼되었다. 출시 초부터 1960년대까지 라벨을 부착하여 사용했다.

로고를 병에 직접 인쇄하여 사용한 것은 1969년부터이 다. 펩시콜라가 판매되기 시작된 때였다. 펩시콜라 병의 산뜻한 디자인은 다른 제품의 용기까지 영향을 주었고, 칠성사이다도 자 체 인쇄를 시작하게 되었다. 초록색 병에 흰색을 이용하여 로고와 마크를 새겨 넣었다. 이 당시 칠성의 마크는 가장 큰 별을 6개의 작은 별이 감싸는 느낌으로 떠받치고 있다.

| 1950년대 | 1960년대 | 1970년대 | 1980년대 | 1990년대 |

1980년대에 국내 최초로 제작한 주석 캔 칠성사이다가 시판되기 시작했다. 병과 동일한 초록 색상으로 디자인되었으며 흰색 바탕에 파란색으로 브랜드명을 표기, 여기에 붉은색의 마크 를 포인트로 표현했다.

1986년에 새로 제정한 BI를 패키지디자인에 적용했다. 새 디자인은 7개의 별이 여러 줄로 나열되어 기포처럼 솟아오르는 이미지를 그려내었다. 이것은 제품의 시원하고 톡 쏘는 맛을 강조 한다. 이 브랜드마크는 롯데칠성음료의 존재를 시각적으로 대내 외에 전달하는 최고의 상징으로서 기업이미지를 시각화하는 중요 한 역할을 하게 되었다.

2000년에 들어와서는 리뉴얼된 3D별과 로고타입이 서 로 조화를 이루는 그래픽 요소로 디자인되었다. 3D형태의 브랜드

마크와 현대적 스타일의 타입페이스를 통해 역동성과 신선감, 운
동성과 활동성을 나타낸다. 단순한 결합 형태이면서도 칠성사이
다의 베이직 아이덴티티인 그린컬러, 별, 브랜드 네임을 효과적으
로 이용했다.

2000년대를 이끌고 있는 칠성사이다의 디자인

3. 해태제과의 '부라보콘'

스포츠계뿐 아니라 산업계에도 30, 30클럽이란 말을 쓴다. 출시된 지 30년 이상, 매출 30억 이상인 제품인 경우 이 클럽에 가입되는 것이다. 국내 식품 중에 30, 30클럽에 가입한 것이 4가지 있다. 농심 새우깡, 크라운 산도, 한국 야쿠르트, 그리고 해태 부라보콘이다.

1970년에 출시된 부라보콘의 성공 요인은 다음과 같다.

첫째, 한국 최초로 아이스크림 시장을 선점한 것.

둘째, '부라보'라는 브랜드네임. 개발 초기에 브랜드네임을 바이킹이라 하였는데 소비자 조사 결과 대중적이지 못하고 남성적 이미지라는 의견으로 '부라보'로 바꾸었다.

셋째, "12시에 만나요 부라보콘, 둘이서 만나요 부라보콘, 살짝꿍 데이트 해태 부라보콘~" 같은 CM송.

넷째, 마지막으로 변화하는 시장에 지속적으로 대응하는 상품 전략으로서의 패키지의 리디자인 전략.

1) 아이스크림의 시장 현황

가장 오랫동안 기억되는 아이스크림 제품을 살펴보면, 콘 타입은 해태제과의 부라보콘, 롯데의 월드콘, 롯데삼강의 구구콘이 있다. 스틱 바 타입은 롯데제과의 스크류바의 뒤를 이어 해태제과의 누가바, 바밤바, 롯데제과의 죠스바, 롯데삼강의 돼지바가 그 뒤를 잇고 있다. 펜슬 타입은 빙그레의 더위사냥이 가장 높은 인지도를 가지는 것으로 나타났다. 짧게는 20년에서 길게는 40년 넘게 판매되고 있는 장수 제품들로 소비자들의 기호나 인지를 각인시킨 제품들이다.

새로운 브랜드로는 웰빙이라는 트렌드에 맞추어 고급 아이스크림을 지향한 해태제과의 호두마루와 토마토마루, 건강과 미용에 대한 관심을 이용하여 날씬함을 강조한 빙그레의 요맘때가 있다. 겨울 아이스크림으로 불리는 붕어싸만코는 대표적인 샌드 타입으로 역시 소비자의 선호도가 높은 제품이다.

2) 부라보콘의 상품 특징

2006년 패키지디자인을 개선한 '부라보콘'은 기존의 4가지 맛을 3
가지(화이트 바닐라, 초코청크, 피스타치오 레볼루션)맛으로 재편했다. 콘 아
이스크림 제품들이 원가 문제로 잘 사용하지 않던 고급 원료와
100% 천연 색소만을 사용한 것도 특징이다. 이러한 변화를 통해
저렴한 가격에 아이스크림 전문점에서만 맛볼 수 있던 풍미를 구
현, 신세대 구매층을 사로잡는 전략을 세우고 있다. 주요 유통채널
은 할인점과 슈퍼마켓 등이며, 2006년 매출목표는 5백 억원이다.

3) 부라보콘의 디자인 변천 과정

부라보콘 패키지디자인은 1970년 발매 이후 12회 정도 바뀌었다.
시대에 따라 약간의 이미지 변화를 추구한 것인데 초기의 패키지
는 140g의 모조지에 바닐라, 모카, 체리 3가지 맛에 따라 각각 다
른 컬러의 하트를 적용하였다. 브랜드로고는 부라보콘이란 브랜
드 네임보다는 맛을 강조하여 변형된 고딕체를 제품 하단에 표기
하였다. 시간의 흐름에 따라 이런 디자인이 조금씩 변화했다.

　　　1970년대 후반에 들어서는 사용한, 120g 모조지에 하
얀 바탕의 빨강, 파랑 하트가 디자인된 패키지이다. 이때부터 브
랜드도 체계적으로 자리를 잡아, 부라보콘 로고가 타원으로 중앙
에 자리 잡고 맛의 종류도 그 아래에 표기하게 된다.

1975년의 부라보콘 패키지디자인

　　　1980년대 들어 많은 아이스크림들이 패션화 되는 추세
에 맞추어 하트의 빨강과 파랑은 분홍색으로, 하늘색은 파스텔 톤
으로 바뀐다. 로고의 테두리에는 금색을 두르고 알루미늄의 투명
성을 살렸다.

1990년대부터는 라벨 형태를 바꾸고 자연스러운 붓 터치 느낌의 로고타입으로 변화한다.

1986년에 도입된 디자인(왼쪽)과 1998년에 도입된
둥근 원바탕에 붓 터치 느낌의 로고타입이 적용된
패키지디자인(오른쪽)

4) 2006년 부라보콘 리디자인 전략

아이스크림에 고급화, 다양화, 감성화가 이어지고 브랜드와 디자인이 날로 새로워지고 있다.

또한 2000년대 들어 이탈리아풍 고급 아이스크림 젤라또가 부상하며 20대 전후 젊은 층의 트렌드가 형성되었다.

이러한 환경 아래에서, 해태제과는 디자인 타깃을 10대 후반부터 대학생까지의 연령대로 선정하였다. 이 세대의 특징은 세련되고 고급스러운 소비취향으로 멋과 소비 체험을 중시하여 프랜차이즈 아이스크림을 선호하고 외국풍의 식문화에 익숙하다는 특징이 있다. 인터넷 개인 블로그 등을 통해 제품에 대한 평가와 경험을 공유하며 가치소비, 웰빙과 브랜드에 민감하다는 것도 이 세대의 특징이다.

❶ 디자인 미션

변화하는 소비자의 원츠(wants)와 니즈(needs)를 충족시키고 신세대에게 적합한 브랜드이미지를 구축하여, 리딩 브랜드로서의 위상을 강화한다.

❷ 기존 브랜드이미지와 경쟁 제품의 분석

기존의 부라보콘은 정리된 레이아웃으로 경쟁제품과 비교하여 세

패키지디자인의 적용 사례

련된 느낌이지만, 오랫동안 하트와 핑크색을 고집해 왔기 때문에 진부한 이미지로 브랜드 노후화 조짐이 보였다. 경쟁제품인 월드콘, 구구콘, 메타콘은 전체적으로 강한 톤의 색상과 로고타입으로 주목성이 있는 반면, 부라보콘은 신세대의 소비 감성에는 부응하지 못하는 부분이 있다. 또 서체와 레이아웃은 복잡하며 여유가 없는 느낌이며, 원색의 제품 사진은 다소 과장스럽고 인위적인 느낌을 주며, 일부 콘은 토핑이 부족하며 다소 허전하다는 의견이 나왔다.

❸ 디자인 이미지 포지셔닝

- 복잡하고 원색적인 표현 탈피 → 경쟁사와 차별화
- 이국적이고 트랜디한 고급 아이스크림 이미지
  → 감각, 스타일을 추구하는 신세대 욕구 충족
- 자연스럽고 풍부한 원색사진으로 시즐감 증대

❹ 디자인 콘셉트

한국 최초의 아이스크림 '부라보', 젤라또 느낌으로 다시 태어나다!

- 우아한 유럽풍, 섬세한 아름다움
- 자유롭고 멋스러운 분위기
- 현대와 클래식의 조화, 절제
- 원료, 몰드의 새로운 연구
- 경쟁사와 차별화되는 레이아웃
- 이국풍, 세련, 여유, 낭만, 신뢰

부라보콘의 패키지디자인을 개선하기 위해 약 35가지 1차 시안이 제시되었다. 방향을 결정한 후의 2차 시안에서는 5가지 디자인에 대해 각 시안마다 2~4가지 맛에 따른 패키지디자인이 심도 있게 논의되었다. 최종적으로 각기 다른 콘셉트와 로고타입의 8가지 패키지디자인 안이 나왔다. 이를 가지고 고등학생을 포함한 20대를 대상으로 선호도 조사를 실시하였다.

평가 항목 및 조사 결과는 다음과 같다.

A   B   C   D   E   F   G

부라보콘 리디자인 시안 평가 및 선호도 조사 결과

	A	B	C	D	E	F	G
가장 눈에 잘 띄는 디자인	21.4	6.1	11.9	27.9	7.6	5.5	8.2
가장 고급스러운 디자인	6.4	0	30.6	25.7	13.	3.6	16.5
가장 세련된 디자인	8.8	3	32.2	24.5	6.1	7	14.1
가장 맛있어 보이는 디자인	5.8	3.3	14.4	36.8	14.4	5.5	11.6
가장 마음에 들거나 사고 싶은 디자인	5.2	2.7	17.7	37.7	10.7	6.4	11.6

조사 대상 : 고등학생~20대 / 총 326명(남:154, 여172)
조사 일시 : 2005. 12. 9
조사 장소 : 코엑스, 홍대, 신촌, 이대 부근

이를 통해 결정된 디자인 후보안을 수정 보완, 새로운 부라보콘이 출시되었다.

선호도 조사 결과와 같이 D안에 대한 소비자의 반응은 전체적인 항목에 대해서 매우 고르게 높은 선호도를 보이고 있다.

크기와 용량을 키워(기존 140ml → 150ml) 소비자 만족도를 증가시켰으며, 부라보콘의 상징과 같았던 하트무늬 디자인을 탈피하고 제품을 전면에 드러낸 패키지디자인으로 바꾸었다.

특히, 기존의 콘 아이스크림 포장이 한 번에 뜯어지지 않는 불편함을 개선하기 위해 하프커팅(Half-Cutting) 방식을 적용하였다.

이 같은 변화는 광고에도 예외가 아니었다. 대중에게 인지도가 높은 젊고 세련된 느낌의 다니엘 헤니가 모델로 등장한 것이다. 이를 통해 부라보콘의 고급스러운 이미지를 자연스럽게 부각시켜, 젊은 세대에게 좋은 반응을 얻고 있다.

패키지디자인의 적용 사례

매년 신제품이 쏟아지고 제품 순환(Cycle)이 매우 짧은,
경쟁이 치열한 아이스크림 시장에서 부라보콘이 거둔 이러한 반
응은 지속적인 브랜드관리의 결과라 할 수 있다.

최종 결정된 시안

참고 문헌

● 해태제과 홈페이지 www.ht.co.kr
● 〈옛포장의 기억 속으로〉 최충식 엮음,
　포장산업, 2003년
● 〈최장수 아이스크림 부라보콘〉 최준연 지음,
　리드앤리더, 2004년
● 세계일보&세계닷컴 www.segye.com
　인터넷 뉴스팀 bodo@segye.com
● yoroo85 http://cafe.naver.com/vovovovovo/11
● http://blog.naver.com/check3142/100023984741

4. 웅진식품의 '자연은'

기존의 음료 브랜드를 경쟁력 있고 차별화된 것으로 구축하기 위해, 웅진은 별도의 브랜드 개발이 필요하다는 결론을 내렸다. '웅진'으로는 브랜드 관리가 어려우며 시대적 흐름에 대한 대처능력이 떨어지고, 미투(Me-Too)에 무방비하다는 이유 때문이었다. 또한 마케팅 커뮤니케이션을 위한 비용이 과다하여 효율적이지 않다는 지적도 있었다.

이러한 배경에서 음료 브랜드 '자연은'이 탄생했다.

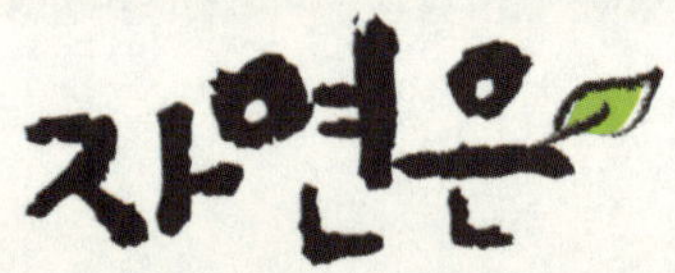

최종 결정된 '자연은' 브랜드 로고타입

1) 시장 환경

과채주스 시장은 과일주스로 대체되어 감소하는 추세지만 건강 소재 주스인 토마토주스는 오히려 매출이 증대하고 있다. 오렌지 주스는 성숙기에 접어들면서 기능성 오렌지 등으로 차별화하는 중이다. 또 망고와 감귤 등 소재의 차별화, 유통의 차별화도 심화 되는 실정이다.

경쟁사의 시장 점유율을 살펴보면 롯데칠성이 델몬트를 중심으로 약 40%, 해태음료가 썬키스트를 중심으로 약 30%, 그 다음으로 개별 브랜드의 웅진식품, 건영식품 등이 나머지 시장을 점유하고 있다.

경쟁사 분석. 왼쪽 상단부터 '자연은'으로 바뀌게 될 웅진식품의 오렌지100, 델몬트, 썬키스트, 가야의 제품

2) 접근 전략

1위 업체는 주로 후발주자의 추격을 뿌리치기 위한 시장의 확대를, 2위 업체는 앞서가는 회사의 점유율을 떨어뜨리기 위한 전략을 주로 사용한다. 3위의 시장을 점유하고 있는 웅진식품은 그와는 다른 차별적 시장의 구축 전략이 필요하다.

이전부터 가을대추, 아침이슬, 초록매실, 하늘보리 등 제품에 대한 좋은 이미지로 꾸준한 매출 증가를 보인 웅진식품은 완전히 다른 콘셉트의 브랜드와 패키지디자인으로 리딩 전략을 세우게 된 것이다.

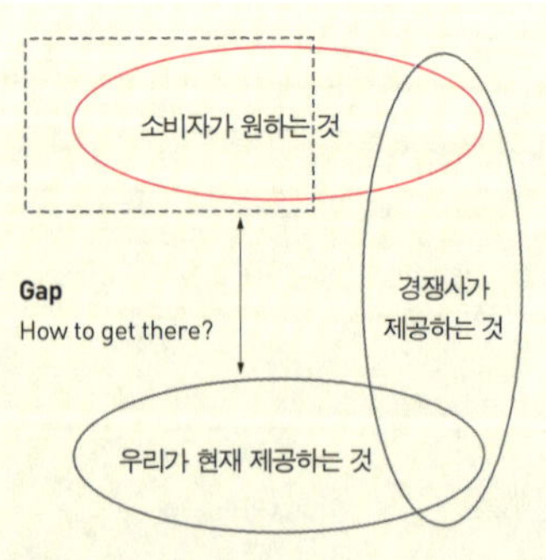

자사의 제품과 소비자가 원하는 제품과의 차이를 줄이는 것이 중요하다.

패키지디자인의 적용 사례

3) 경쟁사 분석

본격적인 작업에 앞서 타사와 자사와의 장·단점을 분석해야 한다. 브랜드 이미지에 대한 소비자 마케팅 결과 경쟁 브랜드인 델몬트는 오렌지 중심 과일주스로서 이국적인 느낌, 친근감, 고급스러움, 정통성의 순으로 높은 점수를 받았다. 썬키스트는 이국적, 신선함, 상큼함, 정통성의 순으로 조사되었다. 가야농장은 과채주스 중심으로 한국적, 자연적, 신선함, 진한 맛, 고급스러움이 고르게 높은 점수를 받았다. 웅진식품은 전체적으로 평이한 점수를 받았지만 비전문적이라는 지적이 많이 나왔다.

한편 소비자의 니즈로는 건강하고 독특하며 고품질의 이미지를 갖고 있는 제품을 선호하는 경향이 엿보였다.

4) 디자인 방향

❶ **자연의 은혜 '자연은'**

❷ **Vision** 자연 속에 건강한 행복이 있습니다.

❸ **Concept** 자연 소재의 건강을 위한 음료(보조식품)

❹ **Brand Value** Natural, Healthy, Caring, Trustworthy

❺ **적용 제품** 자연소재 과즙, 과채주스, 차류, 건강보조식품

'자연은' 브랜드 로고타입 스터디

'자연은' 라벨디자인 스터디

'자연은' 브랜드 로고타입에 대한 컬러 작업

'자연은' 시안 작업물

❻ 정반대의 법칙 The Law of the Opposite (Al Ries & Jack Trout)

특히 본 항목은 선도자의 핵심을 파악한 다음 잠재 고객에게 그것
과는 정반대의 것을 제시하는 것으로 즉, 더 좋은 것이 되려고 하
기보다는 다른 것이 되려고 노력하는 차별화를 의미한다.

델몬트와 썬키스트의 핵심은 외국브랜드로서 이국적이
며 고급스러운 정통 주스이지만 외국브랜드라는 한계를 가지고 있
다. 때문에 웅진은 자연적이며 건강을 주는 고급스럽고 맛있는 주
스로서 한국적 이미지를 담아내며, '단순하고 기억하기 쉽고 눈에
띄는' 방향을 설정하였다.

웅진식품 '자연은'의 최종 디자인

5. 오리온의 '초코파이'

오리온 초코파이는 국내뿐 아니라 글로벌 시장에서도 여러 가지 대기록을 가지고 있는 과자 브랜드이다. 2003년 제과업계에서 최초로 단일 제품으로 1조원 매출을 달성하기도 했다. 지금까지 소비된 121억 개의 초코파이를 한 줄로 늘어놓으면 지구를 21바퀴 휘감을 수 있는 양이 된다고 한다. 현재도 세계 60여 개국으로 수출되며 시장점유율 73.3%의 글로벌 브랜드로 성장하기까지 중요한 역할을 맡아 온 요소 중 하나가 바로 패키지디자인이다.

1) 디자인의 차별화

오리온 초코파이는 1974년 3월에 출시된, 우리나라의 몇 안 되는 장수상품이다. 1970년대 초, 해외연수 중이던 오리온의 사원이 호텔 식당에서 초콜릿이 코팅된 과자를 보고 영감을 얻어 약 2년여의 개발 끝에 현재와 같은 초코파이를 완성하게 된다. 당시 초코파이는 상류층을 주 타깃으로 삼은 고단백 고칼로리의 영양식으로 디자인의 고급스러움에 중점을 두었다. 패키지디자인 전략으로 초콜릿과 어울릴 것 같지 않은 블루컬러를 과감하게 적용함으로써 매장 내에서 차별화된 효과를 주었다. 그리하여 초코파이라고 하면 모두 블루를 연상하게 되었다.

최초의 초코파이 패키지

2) 후발주자 출현

오리온 초코파이의 매출이 급격하게 성장하자 경쟁업체에서도 비슷한 제품을 개발·판매하기 시작했다. 많은 유사제품이 등장했고, 그래서 1979년에는 타 제품과의 차별화를 위해 다음 같은 디자인을 개발했다. 초콜릿의 컬러를 부각시켜 상단부에 배치하고 로고타입을 넣은 것인데, 바로 현 디자인의 모체이다. 또한 유통시 인쇄 상태와 품질 보존을 위해 오버코팅(Over Coating)을 시작했다.

　　　　1990년 새로운 CI가 도입되었고, 1992년부터는 '내 친구 오리온'이라는 문구가 들어감으로써 현재 '정(情)' 콘셉트의 계기를 만든다.

초콜릿 컬러를 강조한 1979년의 초코파이 패키지

1990년의 '내 친구 초코파이'가 도입된 패키지

일지매를 강조한 1992년의 초코파이 패키지

3) '情' 캠페인

1994년 탄생 20주년을 맞은 오리온 초코파이는 '정 20년'이라는 슬로건으로 캠페인을 전개했다. 경쟁사들의 추격과 상품 이미지의 식상함으로 인한 매출 하락세를 탈출하기 위해서였다. 한국인이면 누구나 보편적으로 공감할 수 있는 휴머니즘을 바탕으로 '情'이라는 콘셉트를 도입하며 브랜드 이미지의 차별화를 시도했고, 일련의 작업은 경쟁사와 차별화를 이끌어내는 한편 오리온이 한 단계 도약하는 계기가 되었다.

'情' 콘셉트를 기반으로 성장을 이룬 오리온은 리딩 브랜드(Leading brand)로서 시대성에 부합되는 디자인을 시도한다. '情'을 기존의 클래식한 서체에서 현대적인 이미지로 전환하고 상단의 직선도 부드러움을 가미한 역동적인 곡선을 사용하여 미래 지향적 기업 이미지를 표현했다.

4) 레드컬러로 전환

오리온의 주력시장은 중국, 러시아, 베트남이다. 1995년 중국 북경에 오리온식품유한공사와 연이어 오리온상해유한공사를 설립한 데 이어 2003년에는 러시아에도 법인을 설립했다.

그리하여 2003년부터는 국내의 '情' 콘셉트 성공과 더불어 해외시장 다각화를 통한 글로벌 스탠더드가 요구되어, 러시아와 중국에서 사용하던 레드컬러를 내수 시장에도 적용했다. 또한 광활한 중국의 다양한 기후에 적용할 수 있는 포장기술을 도입했다. 이제는 중국 시장에서도 안정기에 접어들었다.

2003년의 초코파이 패키지

패키지디자인의 적용 사례

5) 새로운 시장환경에 대응하는 2006년도의 뉴디자인

1974년 출시한 이래 가장 파격적인 패키지디자인을 도입했다. 부
분적 매출 하락과 과도한 출혈 경쟁을 만회해 오던 최근의 전략을
2000년대의 트렌드에 맞는 손멋글씨의 파격적인 '情' 자를 통한
젊고 역동적인 브랜드 이미지로 경쟁사와의 완전 차별화 전략의
일환으로 디자인되었다. 이제 '情' 파이로서 제2의 출발을 시작하
는 셈이다.

2006년의 새로운 초코파이 패키지디자인

6. 국순당의 '별'

국순당 '별'의 제품개발배경과 리서치 그리고 패키지디자인 개발의 전반적인 내용이다. '별'은 '다르다'는 의미의 한자 '別'을 통해 '새롭고 참신한 술'의 이미지와 '남과 다른 특별한 나'라는 신세대적 욕구를 중의적으로 표현한 브랜드네이밍이다. 또한 디자인 역시 기존 주류 제품들과는 차별화된 소재와 스타일을 채택하여 주요 타깃인 젊은 층에 어필했다.

1) 개발배경과 목표

국순당의 '별'이라는 제품은 이전에 출시했던 성공적인 브랜드인 '백세주' 그리고 '삼겹살에 메밀 한 잔'의 시장내 포지셔닝 불명확화 및 제품 만족도 확보 등의 실패를 거울삼아 철저한 시장조사와 제품개발을 시도했다.

'별'의 개발목표는 다음 3가지이다.

첫째, 백세주 매출 의존도 축소 및 효율적 브랜드 구성

둘째, 소비자 니즈에 부합하는 신제품 개발로 신규 시장 창출

셋째, Mass 제품 출시로 자사의 지속 성장 견인

2) 2535세대 특성 및 마케팅 시사점

2535세대란 386세대와 20대 초반의 미드필더 세대인 25~35세의 연령대를 말한다. 현재 생산과 소비의 주체로 사회 변화의 신주류이고, 향후 우리 사회의 주축 세대이다. 현재 전체 인구 구성 17%이며, 경제활동 인구 24%이다. 이 세대의 특징은 크게 '5I'로 나누어 볼 수 있다.

❶ 2535세대의 특성 및 마케팅 시사점

Innovative 진보적 세대	● 기존과 다른 독특한 라이프스타일 - 메트로 섹슈얼 - 새로운 가족 개념 - 여가 / 취미 중시 - 싱글족 증가

패키지디자인의 적용 사례

Into the reality 현실주의적 · 경제적 세대	● 가격에 민감하고, 실속 중시 소비 성향 – 이성적 소비 성향 – 경제적 가치 및 개인의 차별적 가치 추구
Inclined to fashion 유행에 민감한 세대	● 브랜드 감성, 합리적 가격 추구 – Value Customer – 소비 양극화 주체 – 주관적 가치 만족 추구 – Masstage Brand의 주역
Individualized 자기 중심적 세대	● 개성추구, 자기개발의 강한 욕구 – 나를 위한 투자 – 나의 개성, 나는 다르다
Intercultural 다양한 문화 개방적 세대	● 이국적인 것을 즐기는 다양해진 취향 – 국내에서도 글로벌 No.1 추구 – 새로운 것, 다른 것을 쉽게 수용

❷ 소비자 니즈에 의한 주류시장의 타입

다음 자료는 2005년 5월 HRC 조사에 의한 것으로 소비자의 주류 시장에 대한 타입의 분포율이다. 맛, 건강추구형은 14%, 세련된 고급지향형 17%, 대중적 어울림 중시형 18%, 여성적 감각 중시형 22%이며, 마지막으로 '젊은 감각의 개성 중시형'이 29%로 제일 높게 나왔다.

'젊은 감각의 개성 중시형' 타입의 음용시 고려사항으로는 첫째, 젊은 분위기 선호 둘째, 은은한 향미와 깔끔한 맛 선호 셋째, 폭음을 하지 않는 음주 패턴 넷째, 알코올 도수가 높지 않은 술을 선호하는데 여성보다는 남성이, 20대보다는 30대의 비율이 오히려 높게 나왔다.(성별: 남자 – 57%, 여자 – 43% / 연령: 20대 – 28%, 30대 – 32%)

최종적으로 신제품 타깃 시장을 '젊은 감각의 개성 중시형'으로 설정하게 되었다.

❸ 2535세대가 현재 마시고 있는 술에 대한 평가와 제품 개발 콘셉트

소주에 대한 불만점	저도주에 대한 불만점	기대하는 새로운 술
– 목 넘김이 독하다	– 술 맛이 밍밍하다	– 부드럽고 깔끔한 술
– 알코올 냄새가 역하다	– 텁텁한 술 맛	– 쓰거나 독하지 않은 술
– 화학적인 맛	– 누룩 향이 난다	– 은은한 향미가 있는 술
– 다음날 고생스럽다	– 느끼한 맛과 숙취가 많다	– 다음날 숙취가 적은 술

불만요소에 대한 해결점 추출 – 소주의 역한 알코올 취와 저도주의 밍밍한 맛을 해소

3) '별(別)' 전략 방향

❶ 세그멘테이션 Segmentation

소비자의 니즈에 맞는 새로운 시장, 젊은 감각의 개성 중시형 소비 시장

❷ 타깃 Targeting

젊은 감각, 분위기 선호, 깔끔한 술맛과 적당한 가격에 취하고 싶은 2535세대를 주력 대상으로 한 젊은 소비층

❸ 포지셔닝 Positioning

젊은 감각의 깔끔한 술, 산소 발효로 만들어 깔끔함이 별다른 술

4) '별(別)' 마케팅 전략

5) 별의 특징

❶ 별다른 의미의 '별'

'다르다' 라는 뜻의 別, '별다른, 독특한, 특별한' 의 의미

❷ 산소 발효로 만든 순발효주

국내 최초 산소 발효로 만든 깔끔한 맛과 산뜻한 향이 있는 젊은 감각의 새로운 술

❸ 적정 알코올 도수 16.5%

적당히 취하며 즐길 수 있는 도수의 별다른 술

❹ 독특한 디자인

별처럼 별난 2535세대 감각에 어울리도록 독특하고 세련된 디자인 개발

6) 브랜드네이밍 후보안에 따른 패키지디자인 시안

'별(別)' 패키지 시안   '별(別)' 패키지디자인 최종안

7) '별' 출시 전 소비자 반응 조사

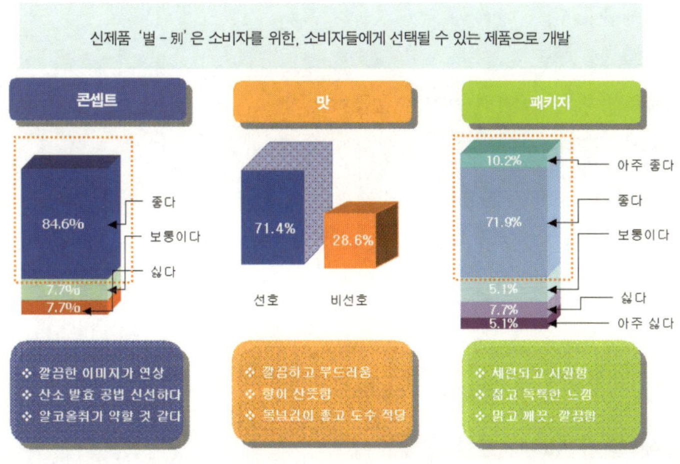

국순당 '별'은 과감하며 모험적인 시도로 대한민국 국민의 소주에 대한 생각을 바꾸기 위한 제품을 출시했다. 또한 386의 다음 세대를 겨냥함으로써 장기적인 포석과 제안을 제시한 주류라 해도 손색이 없을 것이다.

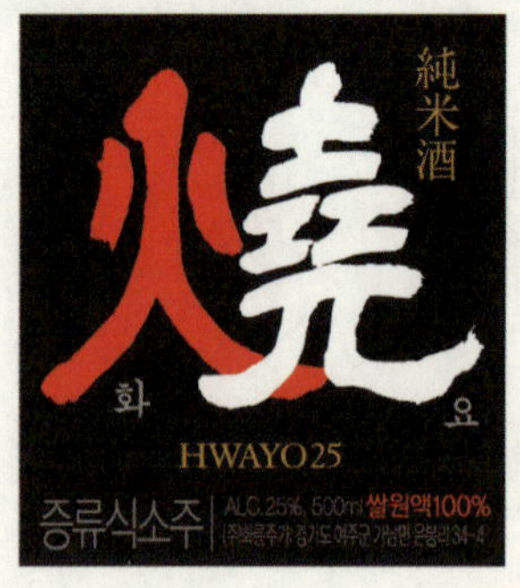

최종 결정된 '화요' 라벨디자인

7. 화요의 '화요'

43년 광주요의 전통을 반영한 증류식 소주 화요는 감압증류(減壓蒸溜) 방식을 채택하여 기존 여타 전통주의 단점인 탄맛, 쓴맛을 제거, 깨끗하게 취하고 깨끗하게 깨는 고품격 증류식 소주이다. 100% 이천 쌀로 만드는 건강 웰빙(Well-Being) 술 화요의 맛과 향은 제조 과정에서 자연적으로 생성된 것이다. 인위적인 어떠한 것도 첨가하지 않고 지하 150m 암반층에서 채취한 깨끗한 물로 만들어졌다.

그동안은 저가의 소주가 대중시장을 장악하여 고급 소주가 나오기 힘든 상황이었지만, 화요는 '소주'라는 이름 대신 '백미주' 혹은 '순미주'라고 불리는 고품격 증류식 소주를 마케팅 전략으로 삼아 새로운 시장을 타깃으로 하고 있다.

1) 국내 주류 시장 환경

국내 주류 시장을 보면 희석식 소주는 경쟁이 치열한 반면, 고급 증류식 소주 시장은 아직 미개척 분야라 할 수 있다. 이런 상황에서 건강·웰빙·전통에 대한 관심이 늘어나며 전통주에 대한 수요도 꾸준히 증가하는 상황이다. 그 예로 전통주 제조업체인 국순당이 건강주 콘셉트로 출시하여 성공한 '백세주'를 들 수 있다.

해외 시장을 보면 일본의 경우, 이미 2조 원 규모의 일본 증류식 소주 시장이 존재하고 있다. 이를 보면 한국에서의 증류식 소주에 대한 수요 급증도 예상해 볼 수 있다. 한국식 증류식 소주가 일본 증류식 소주보다 맛과 품질이 우수하기 때문이다.

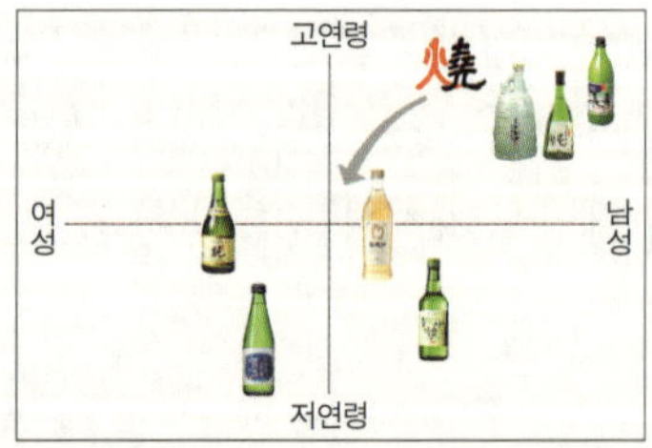

맛과 이미지별 포지셔닝   연령, 성별 포지셔닝

패키지디자인의 적용 사례

2) 6대 마케팅 전략

품격과 건강을 중시하는 4~50대 비즈니스 계층을 타깃으로 삼은
화륜주가의 화요 마케팅은 다음과 같은 6대 전략을 전면에 내세
웠다.

❶ 결합/연계

광주요 계열사와 공동 마케팅을 실시하고, '가온'과 같은 화륜의
고급 음식점사업과 연계성을 가지면서 제품을 알려 나가는 전략

❷ 집중화

증류식 소주 시장, 특히 일본 시장을 우선 공략하는 전략

❸ 차별화

100% 이천 쌀로만 만드는 재료의 차별화, 43년 도자기의 맥을 이
어온 광주요의 노하우로 만드는 공정의 차별화, 그리고 소주의 하
이클래스 마케팅을 가미한 판매의 차별화 전략

❹ 고급화

화륜주가의 제조 기술 및 마케팅으로 13세기 전래 이래 고급주로
서의 역사를 지닌 증류식 소주를 생산한다는 전략

❺ 우회

전통 문화 인식 개선을 통해 화요 인지도를 재고하고 해외시장 실
적을 통해 국내 시장을 확대하는 전략

❻ 순차/확산

저위험 시장에서 고위험 시장으로, 중핵 시장에서 외곽 시장으로,
성장 시장에서 잠재 시장으로 가며 위험도를 낮추는 전략

3) 전통 지향 디자인

화요(火堯)라는 두 글자는 소주(燒酒)의 '소(燒)' 자를 파자(破字)한 것
이다. 화(火)는 불이며, 요(堯)는 중국의 요임금을 지칭하는 말로 높
고 귀하다는 뜻이다. 증류식 소주의 제조 과정에서 핵심이 되는
것은 증류공정인데 불을 다스리는 기술에 의해 맛과 향이 좌우된
다. 이처럼 화요는 증류공정의 특성을 그대로 브랜드화 했다. '요
(堯)' 자를 더 파자(破字)하면 흙(土)인데 이는 물, 불과 더불어 가장
근원적인 것이다. 브랜드 화요는 이처럼 없어서는 안 될 가장 근

원적인 것이라는 네이밍 전략의 산물이다.

❶ 용기 스케치

화요의 용기 디자인은 품격 높은 도자기를 구워 온 광주요의 40여
년 역사와 전통성을 반영하여, 도자기에서 느껴지는 물레의 형상
을 유리병에서도 느낄 수 있게 했다.

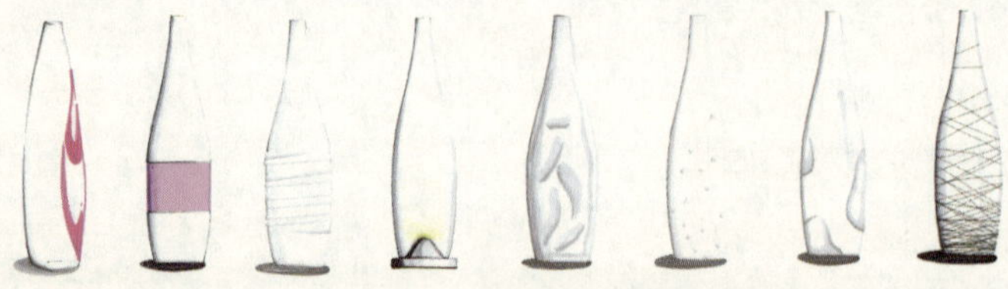

용기의 아이디어 스케치

❷ 용기 렌더링

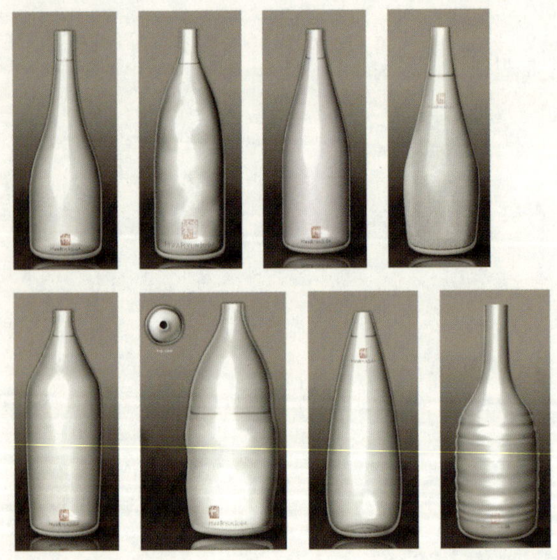

좁혀진 용기 스터디의 렌더링

❸ 라벨 디자인

소주의 '소(燒)' 자를 파자(破字)한 브랜드네임 화요(火堯)를 색상으로
이원화하여 브랜드의 임팩트를 강화했다. 또한 브랜드 로고를 캘
리그라피로 디자인하여 동양적인 정서와 증류주의 전통성을 반영
했다.

패키지디자인의 적용 사례

라벨디자인 스터디

❹ 최종 디자인

최종 완성된 '화요'의 디자인

8. 아모레퍼시픽의 아모레퍼시픽

1) 상징으로서의 패키지디자인

국내 화장품업계 1위 기업인 태평양이 글로벌 기업으로 거듭나기 위해 61년 동안 사용해 오던 사명을 '아모레퍼시픽'으로 변경하고 세계적인 명품 브랜드(Global Prestige Brand)로서 아모레퍼시픽을 출시하였다.

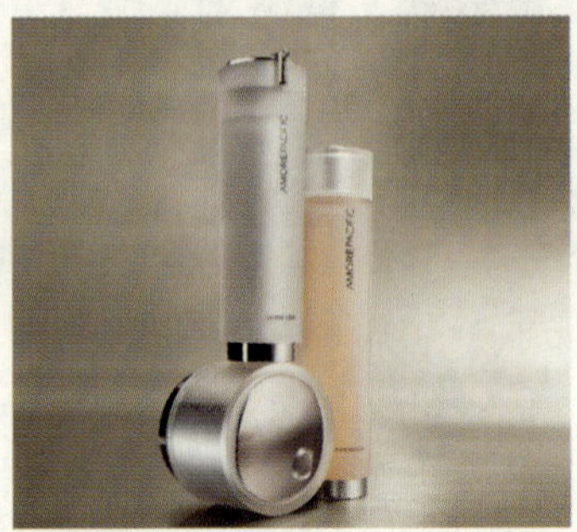

아모레퍼시픽 기초 3종 세트

아모레퍼시픽은 글로벌 브랜드 전략의 일환으로 라네즈(Laneige), 에뛰드(Etude) 브랜드를 동남아 시장에 진출시켰고, 2003년 뉴욕 소호거리에 아모레퍼시픽 뷰티 갤러리와 스파(Amore pacific Beauty Gallery & Spa)를 오픈하여 신비한 아시아의 에너지를 담은 화장품으로서 각인되었다.

대나무 수액, 6년근 홍삼, 첫물녹차를 사용한 식물성 화장품 등 자연과 과학, 동양과 서양의 정신과 기술이 어우러진 제품 개발과 그 이미지가 구축된 것이다.

브랜드 입점이 까다롭기로 소문난 명품 백화점인 '버그도프 굿맨'에 입점하여 현지의 긍정적인 평가를 받았다.

아모레퍼시픽은 Asian botanical energy를 담은 순한 화장품과 스파로 뉴요커들에게 아시아의 명품 브랜드라는 인식을 굳히고 있으며, 이를 타 브랜드 진출의 교두보로 삼고자 한다. 아모레퍼시픽은 토탈 뷰티 케어를 지향하며 피부에 바르는 화장품뿐만 아니라 스파를 통한 정신적인 안정과 피로 회복으로 아름다움에 대한 시너지 효과 창출을 목표하고 있다.

2) 아모레퍼시픽의 패키지디자인 전략

아모레퍼시픽은 기획 단계에서부터 세계적인 경제학자인 번트 슈미트의 마케팅 컨설팅 자문을 받았고, 랜도 어소시에이츠에서 CI와 BI작업을 진행하였다.

제품의 전체 콘셉트는 "동서양의 조화"로서 동양적인 자연의 아름다움과 수공예 정신, 서양의 테크놀로지의 조화를 의미한다. 제품의 철학인 "Harmony of Contrast"는 전혀 상반된 두 가지 콘셉트의 조화를 의미하는 것으로 전 세계의 '美'를 포용한다는 의지를 담고 있다.

CI와 BI의 콘셉트는 AMORE와 PACIFIC의 조합을 통해 여성적이고 아름다운 이미지와, 강하지만 중성적인 이미지와의 만남을 추구하였다. 컬러는 임팩트 있고 신선하며 글로벌 마켓에서 경쟁력이 있는 Amore blue와 Pacific blue, Amore red로 그밖에 Gold, Silver, White, Black을 사용하였다.

패키지디자인 작업은 프랑스의 Estete사이다. Bulgari, Anna sui 등 세계적인 화장품 메이커의 패키지디자인과 명품디자인으로 유명한 디자인 전문회사이다. 아모레퍼시픽의 디자인 콘셉트는 태평양과의 긴밀한 협의 하에 이루어졌으며, 최신 유행 경향을 예측한 자료에 의해서 디자인이 전개되었다.

패키지디자인의 콘셉트는 고요함과 움직임, 동양과 서양, 내추럴리즘과 테크닉한 면의 조화를 담고 있다.

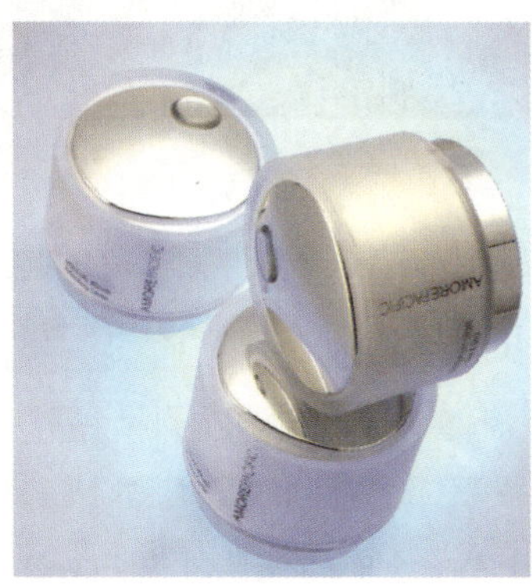
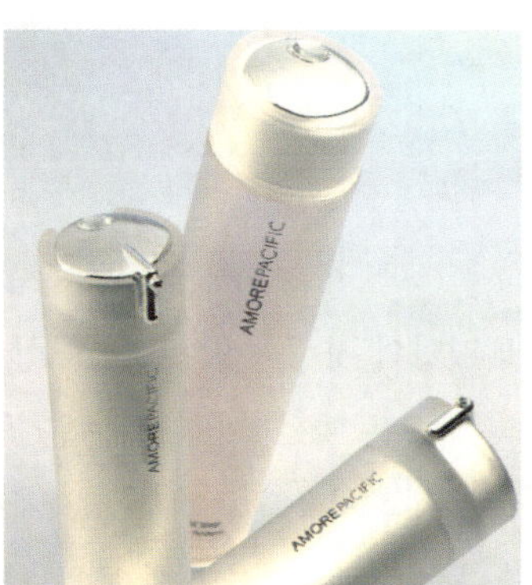

아모레 퍼시픽 제품

용기의 디자인은 고객에게 감동을 줄 수 있는 사용의 편리함과 만족감을 함께 추구하여, 서양의 과학적 이미지와 동양의 숨겨진 관능미를 동시에 연출하고자 하였다. 또한 대칭과 비대칭의 조화, 동양적 이미지, 샤이니한 메탈의 차가운 감촉과 소프트한 터치감을 융합시켜 새로운 조화를 창조하였다.

용기와 지기에서 공통적으로 볼 수 있는 수직 상승하는 광택은 땅의 기운이 하늘로 승천하는 이미지를 표현한 것이다. 서양적인 직선과 동양적인 원형의 조화이다. 용기의 표면은 한국의 창호지를 연상시키는 반투명 재질을 사용하였으며 내부 플래티넘 재질의 이중구조로서 신비롭고 보호받는 느낌을 표현하였다. 용기 뚜껑의 부정형 원은 동양의 무한한 정신세계를 표현한다. 이처럼 이질적인 두 가지 요소를 아우름으로써 새로운 조화를 추구하자는 것이 패키지디자인의 콘셉트이다.

청담동 '디 아모레 스파' 전경

뚜껑 부분의 Water Drop은 제품을 만들기 위해 쏟은 태평양의 정성과 땀, 눈물을 상징하는 것으로 아모레퍼시픽을 만나는 모든 여성들이 흘리는 감동의 눈물을 표현한 것이기도 하다. 실리콘을 사용하여 피부를 터치하는 듯 유연한 감촉을 살렸다.

제품 패키지의 기능적인 특성으로서 펌프의 정교함을 들 수 있다. 힘의 강도에 따라 화장품의 양을 미세하게 조절할 수 있는 것이다. 또 Airless Pump 장착으로 입구를 오염으로부터 차

단, 보다 위생적으로 화장품을 사용할 수 있다. 용기의 크기 역시
도 인체공학적인 측면을 고려하여, 손에 쥐었을 때의 그립감을 최
대한 살렸다.

3) 스파에서도 화려하게 꽃핀 디자인

뉴욕 매장의 인테리어 디자인은 뉴욕에서 활약 중인 디자이너 야
부의 작품으로, 동양적인 편안함과 서구적인 모던함이 조화를 이
룬 디자인이다.

아모레퍼시픽 패키지와 매장의 디자인이 매상에 미치
는 영향을 피드백하기 어렵다고는 하나 뉴욕 현지에서 동·서양인
을 막론하고 호감을 느낄 수 있는 디자인으로 평가받고 있다. 국
내에도 현재 10여 개의 점포가 운영 중이며, True luxury brand로
서의 도약을 기대하고 있다.

'야부'가 디자인한 뉴욕의 아모레퍼시픽 매장

9. LG생활건강의 '리엔'

'리엔(ReEn)'은 세계가 부러워하는 동양인의 아름다운 머릿결을 위해 탄생한 대중시장(Mass Market) 최초의 오리엔탈 헤어 케어 브랜드이며, 우리나라 프리미엄 샴푸 시장을 개척하고 선도하기 위해 개발된 브랜드이다.

1) 한·중·일 공동 연구

1990년대 후반 이후로 세계는 동양적 미모에 관심을 갖게 되었는데, 그 핵심은 검은 생머리로 대표되는 한·중·일 북방형 동양 미인이다.

최종 결정된 'ReEn' 브랜드 심벌타입

하지만 지금까지도 대중 시장에는 동양인의 모발에 최적화된 헤어 케어 브랜드가 없었다. 이러한 기능성 시장의 요구에 따라, 동양에서 예로부터 전해 내려오는 모발 미용 성분들을 소재로 헤어 케어 브랜드를 만들자는 목표가 세워졌다. 그리하여 한·중·일 3국의 연구소가 동양 미인의 대표인 한국인의 모발 메커니즘을 분석 연구한 끝에 '한국의 고려인삼, 흑미, 하수오, 중국의 항주 용정차, 일본의 효고현 검은콩'을 소재로 균형 잃은 머릿결의 생기를 되살리는 브랜드 '리엔'을 탄생시켰다.

2) 신뢰감과 무게감

효과적인 BI개발을 위해 브랜드 네임 자체의 긍정적인 이미지와 부정적인 이미지를 파악하는 데 주안점을 두었다. 즉 '리엔'의 여성적이고 부드러운 이미지와 비교적 약한 오리엔탈 이미지를 어떻게 조화롭게 디자인하느냐가 관건이었다. 이에 따라 서체 및 컬러에서 지나치게 부드럽고 여성적인 이미지는 자제하고, 신뢰감과 무게감을 주면서 리엔의 이미지를 극대화했다.

3) 디자인 방향과 연구

Brand ReEn Oriental Secret

Re(다시) + En(~되게 하다)

Oriental(a. 동양의, 품질이 좋은, 고급의 n.동양인)의 변형. 지친 헤어를 본연의 자연 상태로

패키지디자인의 적용 사례

되돌려, 건강하고 자연스러운 동양적 아름다움을 발현하게 한다는 의미

Vision 동양미인(Oriental Beauty)

Concept 동양의 3대 성분으로 머릿결 근원의 아름다움을 회복

〈Oriental Hair Beauty Recovery〉

❶ 로고타입 Logotype

패밀리 브랜드로서의 신뢰감과 무게감을 느낄 수 있도록 매우 가는 서체와 세리프가 너무 강조된 서체는 제외되었다. 동양적인 이미지를 위해 사체나 장식적 요소가 강한 서체보다는 단정하고 깔끔한 느낌의 서체로 압축했다.

'리엔'의 영문 표기 방식과 BI 모티브 'O'와의 조화를 꾀했다.

'리엔'의 영문 표기는 상표 등록 가능성과 발음 용이성을 고려하여 'R'과 'E'를 대문자로 처리했으며, 대문자와 소문자의 폰트 크기가 너무 차이 나지 않도록 조절하여 가독성을 높였다.

모티브 'O'와의 조화를 위해 은은하고 잔잔한 디자인을 적용했으며, 또한 지나치게 굵거나 진하게 표기하여 'ReEn'과의 부조화를 초래하지 않도록 주의했다.

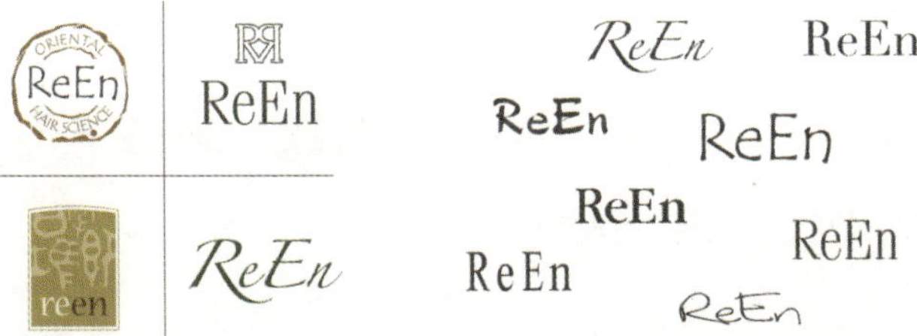

'ReEn'에 대한 브랜드 심벌타입 스터디.
전체적으로 모던, 동양적, 고전적인 느낌의
심벌타입으로 전개했다. 상단 왼쪽의 안은 낙관과
기와 무늬를 모티브로 개발했으며, 오른쪽은 단정한
로고와 심벌로 고급제품의 이미지를 표현했다. 하단
왼쪽의 안은 고대 갑골문을 그래픽모티브로 기와
형태의 SHAPE과 매치하여 디자인을 전개했고
오른쪽은 손멋글씨의 시원스럽고 과감한 로고와 큰
면분할로 그래픽적인 면에 주안점을 두어 디자인했다.

'ReEn'에 대한 브랜드 로고타입 스터디. 동양적이고
내추럴한 느낌의 로고 중심으로 전개

'ReEn' 로고타입 및 심벌 시안 패키지 적용 사례

❷ 색상 Color

동양적 이미지를 표현하는 색상으로는 원색부터 무채색까지 그 색상의 톤과 느낌의 스펙트럼이 넓다. 콘셉트와 브랜드로서의 신뢰감을 살리기 위해 현대적이며 세련된(Modern& Sophisticated) 색상을 적용했다. 최종적으로 중채도와 중명도의 색상을 채택했다. 이러한 선택은 '리엔' 이라는 네이밍이 너무 부드러운 때문이기도 하다.

❸ 용기 디자인

원형의 심플함을 기본으로, 절제되고 간결한 라인의 실루엣을 살려 동양적인 은근한 아름다움을 표현했다.

'ReEn' 용기디자인 목업

4) 디자인 결과

최초의 오리엔탈 헤어 케어 브랜드 '리엔(ReEn)' 의 최종안이다.

　　　캡의 앞코 느낌과 어깨 라인의 연결선에서 동양적인 느낌을 살려주었다. 표면의 소재 및 색상은 강하지 않으나 은은하고 동양적인 신비감을 강조한 이중 필감의 무광택 고급 소재로, 세련된 현대 여성의 취향에 맞도록 마무리했다.

패키지디자인의 적용 사례

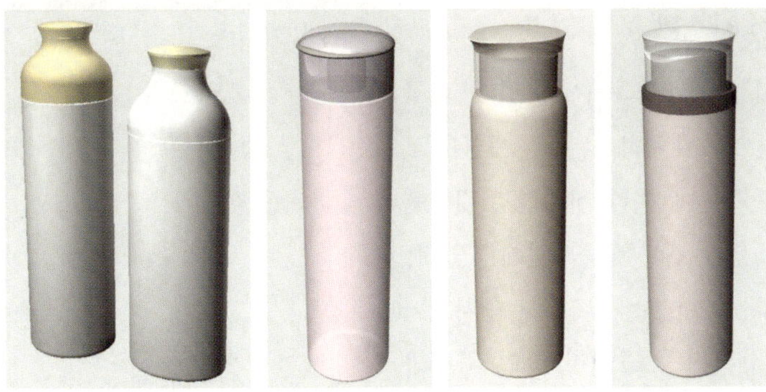

'ReEn' 용기디자인 렌더링

'ReEn' 용기디자인 목업

'ReEn' 최종 패키지디자인

10. 애경의 '케라시스 헤어클리닉 시스템'

2000년부터 프리미엄 헤어 상품 시장이 급속하게 성장했다. 다국적 기업의 샴푸 시장 잠식에 적극적으로 대처하기 위해, 애경은 모발의 단순한 세정이 아니라 손상의 원인에 따라 건강한 머릿결을 지켜준다는 개념의 헤어클리닉 시스템 브랜드를 출시하게 되었다.

이렇게 탄생한 케라시스는 2002년 런칭 후 단기간에 성공적인 성장을 거두었으며, 지속적인 스타일링 라인 확장과 2005년 제품의 리뉴얼, 2006년 케라시스 스칼프 클리닉 출시로 인기를 모으고 있다.

런칭 4개월 뒤 광고 효과 조사에서 디자인 경쟁력 부문이 타사 대비 4배 이상의 만족도를 얻었으며, 제품의 품질이 고급스러울 것 같다는 의견 역시 타사 대비 2배 이상의 결과치를 확보했다. 이런 케라시스의 강력한 브랜드 이미지에 크게 일조한 것은 경쟁력 있는 패키지디자인이다.

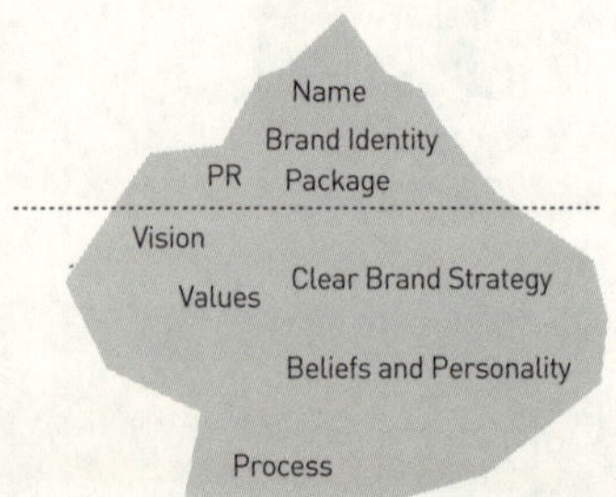

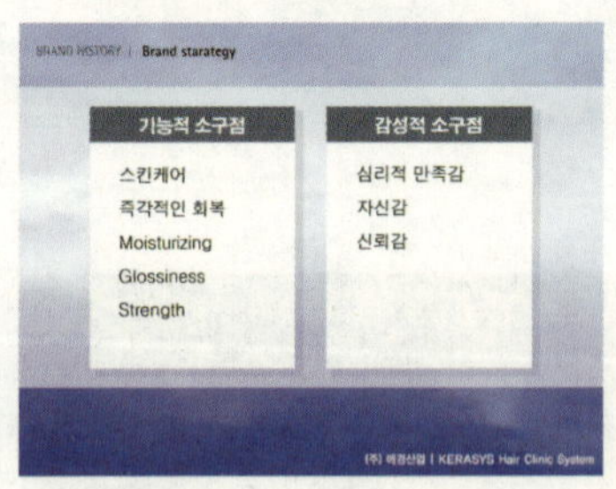

1) 마켓과 디자인 트렌드

대중화된 상품을 선호하기보다는 자신이 스스로 만족할 수 있는 명품과 독특한 상품에 대한 고객의 수요가 증가하고, 합리적인 가격으로 개성을 살릴 수 있는 새로운 소비 트렌드가 확산되고 있다. 한편 경기 침체로 모발 관리를 받는 대신 모발 영양제를 구입하여 집에서 스스로 사용하는 소비자들이 증가하는 추세를 보면 해당 분야 시장도 급성장할 것으로 전망된다.

모발의 노폐물을 제거하는 샴푸의 기본 기능 외에도 탈모 예방과 염색, 비듬 제거, 모발 손상 치유 등 다양한 제품들이 출시되고 있다. 머릿결에도 피부만큼이나 신경 쓰는 여성들이 늘

면서 두피와 모발 관리 제품의 선호도가 크게 높아졌으며, 이와
함께 샴푸의 다기능이 강조되는 경향이다.

● **디자인 트렌드**
전문성과 기능성 강조 + 고급화와 차별성 유지

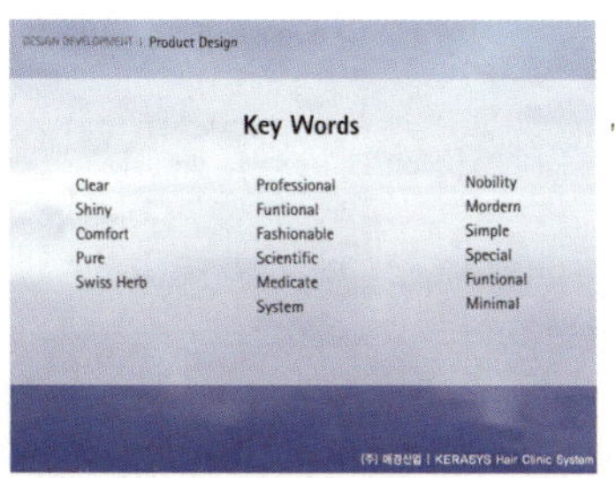

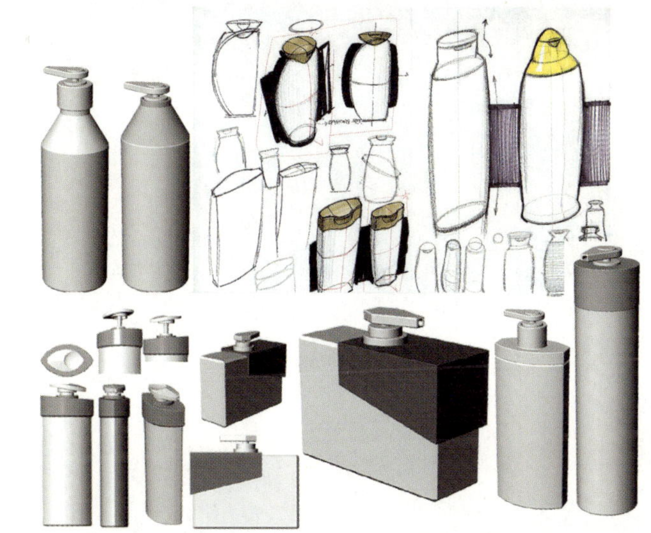
마켓과 디자인 트렌드에 입각한 다양한 용기디자인 스터디

2) 모니터링

내부 협의를 통해 선정된 2~3가지 시안을 가지고 고객의 만족도
를 조사하는 한편 주부 모니터링, 사이버 모니터링 조사도 한다.
선호율이 가장 높은 안을 채택하며, 선호도 조사 때 나온 의견을
수렴하여 완성도를 높인다. 또한 후가공 사양 등 제품의 디테일한
마감을 결정하고, 미적 완성도뿐 아니라 소비자 사용성까지도 고
려하여 마무리한다.

3) 그래픽 디자인

디자인 콘셉트를 고급스러움, 과학적, 깨끗함, 새로움으로 설정하
였다.

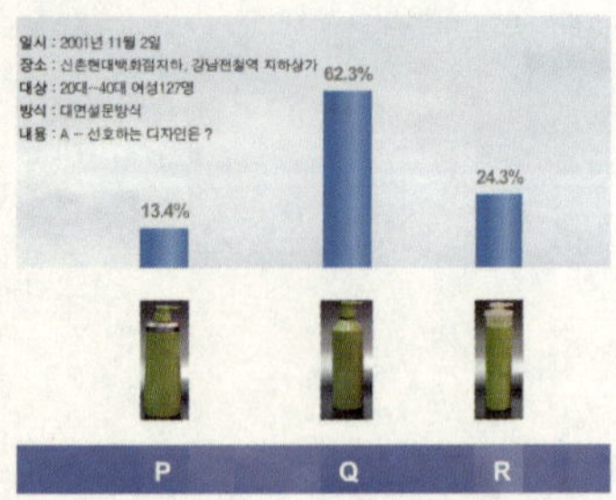

고급스러운 프리미엄 이미지를 위해 감성적이고 부드
러운 세리프체의 세로형 로고타입을 적용, 차별성과 주목성을 높
였다.

케라시스 패키지디자인 스터디

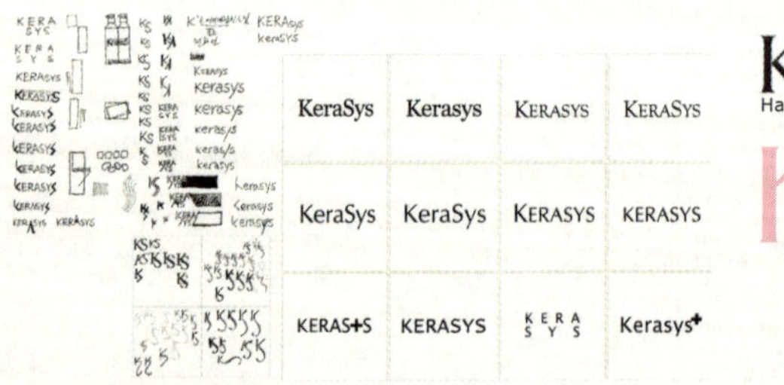

브랜드 로고타입 스터디

결정된 브랜드 로고

KeraSys의 KS를 타이포그래픽으로 이니셜화하여 여성
적이고 기능적인 이미지와 찰랑거리는 머릿결을 표현했다.

현재 시판중인 최종 패키지디자인

　　디자인은 시대의 흐름과 소비자의 니즈를 파악하고 브랜드의 경쟁력을 높여주는 강력한 전략이며 브랜드 성공의 핵심이다.

　　변화하는 시장에 발맞추어 2000년 출시 직후부터 클리닉하고 전문적인 디자인 제안을 통해 좋은 평가를 받아온 애경은 2003년 리뉴얼을 통한 케라시스 브랜드의 지속적인 업그레이드로 디자인의 신선도를 유지하고 있다.

　　또한 헤어 제품에 잘 사용하지 않는 펄 블랙을 뉴 베이리언트인 두피용 케라시스에 과감하게 적용하여 새로운 라인을 확장했다.

11. CJ 비트의 패키지디자인

1991년 12월 출시된 CJ라이온의 콤팩트 세제 '비트'는 2년 만에 시장점유율 17.9%를 기록하며 세제 시장 판도를 바꾸어 놓은 상품이다.

당시에는 대용량의 세탁용 세제가 일반적이어서 비닐 포대에 담긴 일명 '가루비누'를 사용했다. 세탁기가 있는 욕실 벽에 걸어놓고 사용하던 커다란 세탁세제는 큰 용량으로 자리를 많이 차지했으며, 무겁고, 세탁시 많은 양을 사용해야 하는 단점이 있었다.

1) 치열한 세제 경쟁

콤팩트 세제라는 개념을 국내 최초로 도입한 '비트'는 적은 용량으로도 이전의 세제보다 세탁 효과가 월등할 뿐더러 콤팩트한 용기가 자리도 적게 차지하고 사용하기가 편리하다는 점에서 집들이 선물용으로도 소비자에게 큰 호감을 주었다. 또 '빌라드'라는 포장 형태로 습기에 약한 기존 분말형 합성세제의 단점을 보완하여 소비자의 욕구에 적극적으로 부응했다.

푸른 빛 비트의 그래픽은 당시 첨단적인 이미지라는 평가를 받았으며, 흰색의 비트 로고는 주목성이 강하고 강력한 세정력을 표현했다.

현재 세제 시장은 LG의 '테크', 애경의 '퍼펙트'와 함께 치열한 경쟁을 벌이고 있다.

1991년 첫 출시된 비트 세제 패키지디자인

1996년 5차 리디자인 – '때가 쏙' 콘셉트 강조

패키지디자인의 적용 사례

선발 브랜드로서 가장 큰 시장점유율을 차지하고 있는 믿을 만한 브랜드 위치를 고수하기 위해 '비트'는 15년간 11회에 걸친 리뉴얼 작업으로 분위기를 바꾸면서도 첨단 콤팩트 세제라는 브랜드의 이미지를 유지하고 있다.

2002년
21세기 신효소인 광촉매 시스템(Photo bleaching)과 Space image를 전체 패키지에 도입. 상단에 Lemon yellow line에서 blue와 보색인 Chrome yellow를 두 줄로 사용하여 임팩트를 강화했다.

2) 리뉴얼의 주요 콘셉트

'비트'의 리뉴얼 콘셉트는 기존 아이덴티티를 재무장하여 타사 제품과의 경쟁에서 시각적 우위를 확보하는 것이다. 연계된 브랜드와의 아이덴티티 정립도 중요한 문제이다.

❶ Marketing strategy communication의 변화

세척력 No.1 이미지 강화, 표백력 강화

고온 세탁에서의 표백력 향상

경쟁제품 LG '테크'의 추격 받음

❷ Concept

찌든 때, 얼룩처럼 제거하기 어려운 오염까지 손빨래한 것처럼 잘 빼주는 세척력 No.1 세제

2004년 리디자인된 비트 패키지디자인

❸ Target

현 농축세제 사용자 전체

Core user 35~44의 세제 고관여층

❹ 디자인 리뉴얼 목적

세척력 No.1 콘셉트 강화, 농축 시장에서 1위 견지

● Color의 리뉴얼

기존의 Blue color는 비트의 첨단적 세련미를 표현하는 강력한 아이덴티티 컬러이다. 그러나 기존의 것보다 더 세련되고 고급스러운 Blue color로 대체하여 제품 이미지를 업그레이드했다.

● Frame

경쟁제품들과 가로 세로 비율이 달라 느껴질 수 있는 진부함을 없

2005년 리디자인된 비트 패키지디자인

애기 위해 후레임의 사용을 고려했다.

● **Red oval**

비트의 강력한 아이덴티티 요소인 붉은 색 타원은 출시 초기부터 비트로고와의 컬러대비를 통해 브랜드의 주목성을 높였다.

● **Logo type**

기존의 로고타입은 탑 브랜드로서의 인지도가 매우 높았다. 따라서 기존의 형태와 흰색을 유지하면서 평면에서 벗어난 입체감을 주었고, 가늘고 각도가 가팔라진 로고타입을 디자인해 진부한 느낌에서 탈피했다.

● **Pattern**

동심원상으로 퍼져나가는 물결 무늬는 '손빨래, 빨래판, 진동, 두드림'의 이미지를 연상시키며 보다 강력한 세척력을 상징한다.

드럼세탁기용 패키지디자인

소비자 주거환경의 변화(주상복합, 원룸 등)에 따라
겨울철 실내에서 빨래를 건조할 때 세균 때문에
세탁물에서 나는 냄새를 제거하는 실내 건조 전용
세제의 패키지디자인

패키지디자인의 적용 사례

12. 산학협동연구 – 아모레퍼시픽의 '순숯'

가격대 15,000원~20,000원 사이의 숯이 첨가된 고급 미용비누 브랜드인 '순숯'. 화장품 개념의 고급 선물용 비누 제품으로 브랜드명, 로고디자인. 비누타형 디자인, 낱개포장, 3개들이 패키지디자인을 아모레퍼시픽과 홍익대학교 시각디자인 전공(4학년)이 함께 개발했다.

1) 타깃 및 디자인 전략 Target/Desgin strategy

27~32세의 구매력 있는 여성을 메인 타깃으로 설정했다. 이들은 사회에 진출하거나 결혼한 후 어느 정도 안정된 생활을 유지하며, 자신의 건강과 피부미용에 관심이 많고, 자신에 대한 투자를 아끼지 않는 계층이다. 이들을 중심으로 친구나 가족에게 줄 선물을 고르는 구매자를 서브 타깃으로 설정했다.

트렌드 분석 Trend Analysis

❶ 자연 친화

❷ 건강 중시

❸ 나는 소중하다

2) 시장 분석 Market Analysis

현재 국내시장에서 판매되는 숯비누는 지방특산물이나 소규모 비누업체의 생산품, 일본 수입제품이 대부분으로 아직까지 국내에서 전략적으로 생산되는 제품은 찾아볼 수 없는 상황이다. 즉 브랜드로서의 가치를 가진 숯비누는 존재하지 않는 것으로 보인다.

가격대는 개당 2천원 미만~20만원까지 매우 다양하게 분포되어 있다. 이는 숯이 첨가된 비율이나 생산업체에 따라 책정된 가격이다. 국내에서 생산된 숯비누는 개당 2,000원에서 1만원 사이가 일반적이었고, 일본에서 수입된 제품은 1만원대부터 5만원 사이가 가장 많았다.

공통적으로 여드름, 아토피성 피부예방, 미백, 보습, 영양공급 등의 기능을 지니고 있다. 숯이 가지고 있는 기본적인 효능들을 그대로 비누의 특성으로 적용한 것이다.

3) 디자인 분석 Design Analysis

기존의 국내 숯비누 패키지디자인을 분석해 보면, 그래픽은 흰색을 기본 색상으로 숯의 색인 검은 색을 첨가한 단순 디자인이 대부분이다. 이는 숯의 특성을 나타내기 위한 것으로, 다른 색상은 배제해 기능적인 면을 강조한 것이다.

패키지의 지기구조를 살펴보면 대부분 흰색 개별 겉포장 안에 검은색 원형의 비누타형이 들어 있다.

숯은 '신선한 힘'이라는 뜻을 가진 순 우리말로 예로부터 방부, 습도 조절, 냄새 제거에 탁월한 효과를 보이며 최근에는 유해전자파 차단 효과까지 지닌 것으로 알려져 있다.

숯은 전통적인 연료뿐만 아니라 일상생활 속에서 친근하게 사용하던 소재이다. 한방 소재 화장품이 각광을 받고 있는 요즘, 숯의 전통적인 면과 자연친화적인 면을 강조해 감성적으로 소비자에게 어필할 수 있는 디자인을 추구했다.

특별하게 느껴질 수 있는 숯을 사용한 고급 미용비누임을 강조하여 별도의 포장없이 받는 이로 하여금 그 자체가 선물로 느껴지도록 디자인했다.

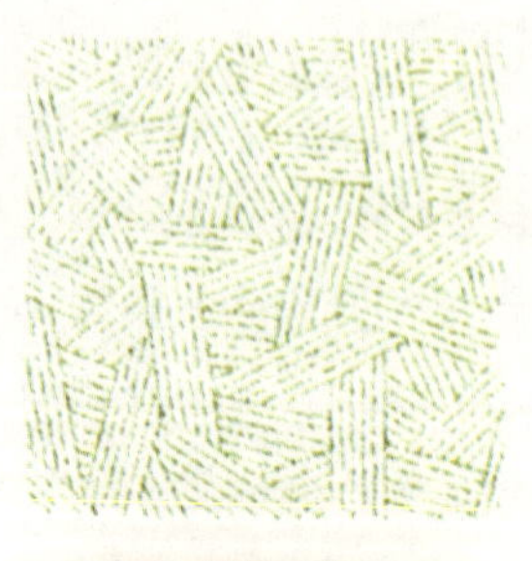

❶ Keyword – 전통과 자연 친화

로고와 그래픽 디자인에서 전통적인 느낌을 살리고 자연친화적인 느낌을 가진 재질을 이용하여 전통과 자연의 조화를 이끌어 낸다.

❷ 그래픽 Graphic

로고와 패키지에 빗살무늬의 모티브를 응용해 만든 문양을 적용하였다. 한국적이면서도 친근하고 단순한 패턴화로 직접적으로 다가오는 이미지가 아니라 제품 전체에서 은은하게 한국적인 정서가 묻어나도록 했다.

❸ 소재 Material

한국적이면서 자연친화적인 성격을 가지고 주변에서 친근하게 찾
아볼 수 있는 느낌을 담을 수 있는 종이나 노끈과 같은 소재들을
선택하여 패키지에 적용했다.

❹ 네이밍 Naming

아직 숯비누가 대중화되지 않았고 숯이라는 소재가 생소하게 느
껴질 수 있기 때문에 제품의 이름만으로도 숯비누임을 알 수 있도
록 숯을 이용해 단어를 조합했다.

　　　참숯, 고운숯, 숯연, 숯의 마음, 숯내음, 하늘숯, 순수,
숯향, 순숯, 아름다운숯, 아름숯…….

고운숯, 순수
순숯

순(純)〔관형사〕 순전한, 틀림없는

순수한 숯으로 만든 순한 숯비누라는 의미로 '순' 과
'숯' 의 합성어인 '순숯' 이라는 네이밍을 선택했다.

● 로고타입 디자인 Logotype Design

먹물을 짓이겨 쓴 느낌의 타이포와 순이라는 한자를 낙관으로 표
현, 한국적인 느낌을 살리고 빗살무늬의 문양을 은은하게 적용해
원형과 사각형 두 가지의 형태로 진행했다.

브랜드 로고타입의 스터디

빗살무늬를 적용한 원형과 사각형의 브랜드 로고타입
스터디

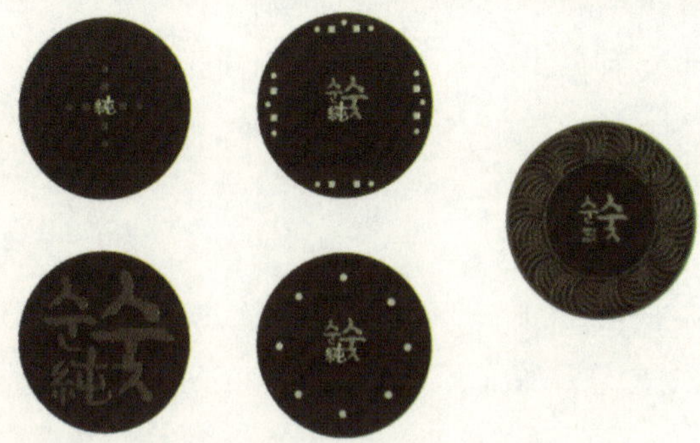

비누 형태의 스터디

비누 타형 디자인에서도 빗살무늬 문양을 적용시켜 로고타입과
전체 패키지와의 통일감을 도모했다.

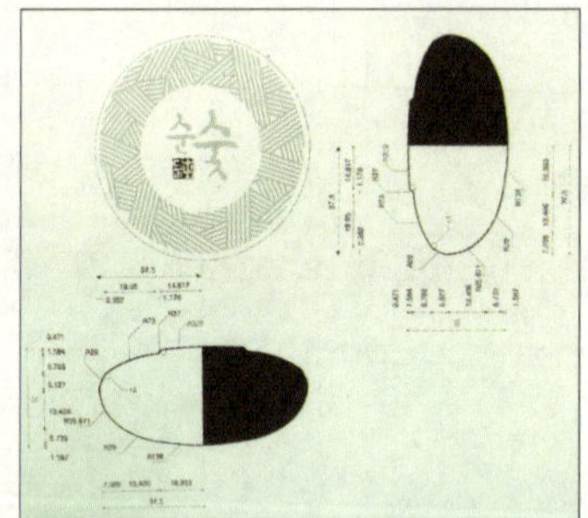

최종 비누의 디자인 안

● 패키지디자인 Package Design

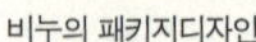
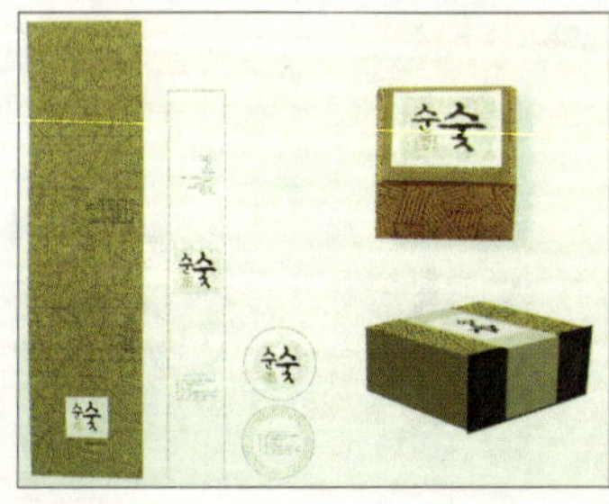

비누의 패키지디자인   최종 안

단상자 안에 들어가는 비누를 싸는 개별 포장이다. 지기구조에서
서 감성적이며 자연적인 느낌을 위해 노끈을 일정한 길이로 잘라
편 종이를 겹쳐 비누를 사방에서 둘러싸도록 디자인했다. 상단에

부착되어 있는 스티커를 떼어내면 종이들이 사방으로 펼쳐져, 마
치 꽃봉오리 안에 비누가 들어 있는 느낌을 주었다.

● 세트 패키지디자인

3개들이 상자는 한옥의 대문에서 모티브를 가져와 양쪽으로 여는
구조로 제작했다. 마치 비누를 받는 사람이 초대 받아 간 집의 대
문을 열듯 보물 상자를 여는 느낌을 주었다. 로고타입과 비누 타
형에서와 마찬가지로 빗살무늬 문양을 새겨 전체적으로 은은한
통일감을 주었다.

'순숯'의 세트 패키지디자인

13. 학생작품

1) 전통 상품 패키지디자인

고려인삼은 세계적으로 인정받는 우리나라의 최고 전통 상품이다. 인삼은 국가의 전매사업이기도 하고 외국인에게 한국을 대표하는 상품으로서 선물로 사용할 만한 가치가 있음에도 불구하고 인삼의 패키지는 빨간 바탕에 황금색 로고타입이 주류를 이뤄 중국의 색채감각과 차별되지 않는다는 점이 문제점으로 제기되어 왔다.

학생과제로서 새로운 인삼 제품의 패키지디자인은 기존의 인삼패키지디자인의 이미지를 크게 벗어나지 않으면서도 한국적인 색채감각과 모던한 느낌을 수용함으로써 젊은 층에게도 어필할 수 있는 디자인으로 기획하고자 의도했다. 청실, 홍실을 의미하는 블루와 레드를 주조로 하여 서브 컬러로 고급 감각을 살려 블랙을 사용했고, 황금색 로고타입을 이용하여 기존의 이미지를 고수하면서도 변화를 시도했다. 제작이 용이한 삼각뿔, 사각뿔 형태의 지기 구조를 쌍으로 연결하면 하나의 인삼 '蔘' 자가 나타나도록 디자인했는데, 기존의 디자인에 비해 보다 젊은 층이 접근하기 쉽도록 했다.

젊은 층에도 어필할 수 있는 인삼패키지

2) 즉석식품 패키지디자인

도시생활을 하는 독신자들과 바쁜 직장인의 생활패턴에 맞춘 간편한 즉석식품이 다양하게 개발되고 있다. 이 제품은 즉석식품의 편리성을 강조하면서도 웰빙(Well-being)주의 추세에 발맞추어 건강에 좋은 한식을 간편하게 즉석으로 즐길 수 있도록 기획되었다.

식품은 내용물의 단맛, 신맛, 매운맛, 짠맛, 쓴맛 등의 미감을 전달하기 위해 컬러의 효과를 극대화했으며 제품의 내용물을 알 수 있도록 실사 이미지를 사용했다. 그래픽디자인은 제품의 가격, 내용물, 조리방법에 대해 일목요연하게 알 수 있도록 심플하게 디자인했다.

기존의 레토르트 식품이 물에 끓이거나 혹은 개봉하여 전자레인지에 데우는 방식인 방면, 이 제품은 군용식량에서 아이디어를 착안하여 용기의 내부에 물을 넣으면 저절로 끓어서 덥혀 먹을 수 있도록 고안되었다.

패키지는 소비자의 편리성을 도모하기 위해 일관된 포맷을 적용하면서도 각각의 요리별로 쉽게 구별되도록 했다. 또한 요리의 맛이 느껴지도록 컬러의 선택에 세심한 주의를 기울였다. 다양한 시안을 제작함으로써 주목성 있는 로고타입을 선택했으며, 고채도의 선명한 색을 선택하여 인쇄적성이 뛰어나고 매장에서 경쟁상품보다 쉽게 눈에 띌 수 있도록 디자인했다.

식품의 재료와 맛을 강조한 즉석식품의 패키지디자인

3) 화장품 패키지디자인

화장품의 패키지디자인은 각종 인쇄기법과 후가공의 결정체라고
볼 수 있어서 화려하고 복잡한 기법에 대한 지식을 가져야 한다.

우선 타깃에 맞는 디자인을 분석하고 자료를 조사한 후
아이디어 스케치를 하고 3-Dimentional rendering을 통해 용기의
실제적인 질감과 양감을 검증한다. 종이상자의 디자인도 용기의
디자인과 콘셉트를 맞추어 동시에 이루어져야 한다.

화장품의 패키지디자인은 제품의 타깃과 가격에 맞추
어 디자인이 다양하게 진행된다. 그러므로 초기 단계의 기획과 타
깃을 정확히 설정하여 진행해야 한다. 형태와 컬러에 있어서도 유
행에 매우 민감한데, 화장품 디자인 중에서도 향수의 디자인은 전
체 소비자 가격에서 포장이 차지하는 비중이 매우 높아서 고급 재
질과 가공방법을 구사한다.

최근에는 세계적인 환경보호의 추세에 맞추어 화장품
용기도 재활용이나 폐기처리에 용이하도록 디자인 단계에서 고려
하는 경우가 많다. 사진의 화장품 용기 디자인은 캡 부분과 용기
의 바디 부분이 동일한 PET소재를 사용하여 소비자가 사용한 후
뚜껑과 본체를 따로 분리하지 않아도 용이하게 분리수거할 수 있
도록 디자인되고 있다.

그럼 아이디어과정을 살펴보자.

먼저 다양한 아이디어 스케치를 한다. 스케치 중에서
콘셉트에 맞는 것을 선택한 후 3-Dimention rendering을 통해 질
감과 양감을 시험해 본다.

적절한 질감이 선택되면 폼보드나 나무를 깎아서 형태
의 균형을 잡는 작업이 필요하다. 평면적인 아이디어 스케치나 도
면작업 단계와는 달리 3차원 목업에서는 예기치 않은 불균형을 감
지할 수 있으므로 반드시 목업으로 검증하는 작업이 필요하다.

목업 작업의 소재로는 아크릴과 나무, 폼보드 등이 있
는데 장단점과 비용 등을 고려하여 소재를 선택하도록 한다. 아크
릴은 투명감을 표현하는 데는 좋으나 성형하는 데는 아크릴 자체
의 가격이 비싸고 가공에도 비용이 비교적 많이 들어가는 것이 단

목업(Mock-up)
프로그램을 설계한 후 그 설계를 바탕으로
실제 모형을 만들어 보는 작업 과정을 말한다.

점이다. 나무는 값싸고 깎기 용이하나 퍼티(Putty)를 발라 나뭇결을 없애는 작업이 번거롭다. 폼보드는 가볍고 저렴하며 깎기가 매우 용이하여 쉽게 목업 재료로 이용된다. 이것도 도색작업을 하기 위해서는 퍼티를 바르고 마른 후 사포질하는 작업을 몇 번 반복해야 하는 번거로움이 따른다.

퍼티 작업이 끝난 후 스프레이 락커를 이용하여 도색한다. 시중에 다양한 컬러가 나와 있으며 광택도 무광, 유광, 반광 등을 선택할 수 있다. 로고타입은 컬러이즈를 이용하여 원하는 위치에 전사한다.

종이상자의 디자인도 향수 용기의 콘셉트에 맞춰 디자인한다. 적당한 느낌의 종이선택이 필요하며 향수가 깨지지 않도록 튼튼한 내부구조의 설계도 중요하다.

사진의 작품 'lean on'은 남녀 두 연인의 서로 기대고 있는 형상을 모티브로 하여 커플 향수로 기획했다. 따라서 두 향수병은 서로 기대고 있는 형상으로 디스플레이 될 수도 있고 따로 놓아 두었을 때도 심미성 있는 디자인을 채택했다. 전체적으로 브라운과 은색 톤으로 향수의 고품격을 표현했으며 심플하면서도 자연물을 연상케하는 형태로 제작하여 광택과 반광택을 띤 소재로 마감했다. 종이상자 구조는 적재가 용이한 심플한 형태이며 종이 자체의 질감을 살렸고 향수를 넣었을 때 깨지지 않도록 고정시켜주는 내부구조를 삽입했다.

커플용 향수디자인

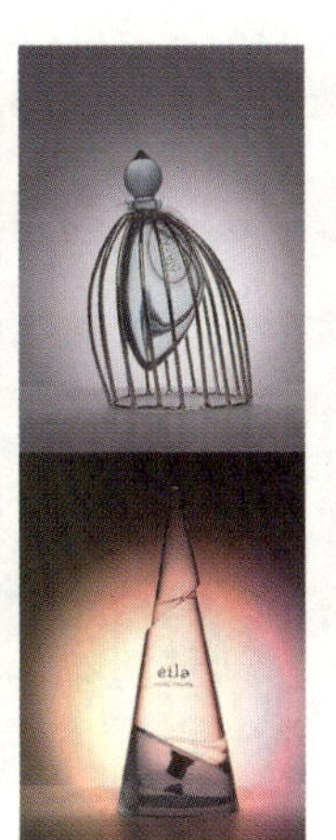
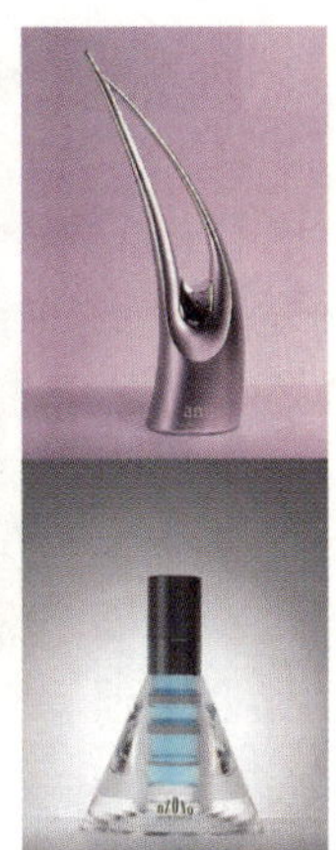

다양한 향수의 디자인 사례

'빠데'라고도 하지만 이것은 일본 발음에서 비롯된 것이다. 퍼티(Putty)란 처음엔 밀가루 반죽처럼 질퍽하다가 공기 중에 노출되어 시간이 지나면 플라스틱처럼 단단하게 굳는 일종의 경화제이다. 판금·도색을 할 때 표면이 고르지 못한 곳에 퍼티 작업을 해 발라 메운다. 그리고 잘 마른 후에 사포로 매끄럽게 한 후 도색하는 작업을 말한다.

4) 생활용품 패키지디자인

우리가 일상적으로 사용하는 세제, 샴푸, 린스, 바디용품 등은 생활용품으로 분류된다. 자주 사용하는 만큼 용기의 기능성과 사용자의 편의성을 고려한 디자인이 요구되는데, 샴푸와 린스, 비누, 바디용품 등은 단순히 몸의 더러움을 씻어내는 용도뿐만 아니라 미용과 피로 회복의 측면을 고려해야 하기 때문에 화장품 디자인과 같은 심미성이 추가되어야 한다.

세제류나 바디용품 등 액상 제품은 타원형이나 원통형의 플라스틱 용기에 들어 있는 경우가 대부분인데, 이는 매장에 진열했을 때 용량이 많아 보이도록 하는 의도가 있다. 같은 용량이라도 타원형이 원통형보다 양이 많아 보인다. 용량이 많아 보이는 것을 선호하는 알뜰한 소비자를 위한 디자인 트릭인데 고려해볼 만하지만 용량에 비해 지나치게 패키지가 크거나 과대 패키지를 하면 오히려 기업이미지에 손실을 줄 수 있으므로 주의해야 한다. 사진의 작품은 어린이용 치약의 패키지디자인으로, 일단 구입하면 버려지고 마는 마닐라지 종이상자를 다시 한 번 다른 용도로 이용하여 버려지지 않도록 디자인했다. 즉 여러 가지 동물의 형상을 디자인함으로써 구매할 때 어린이에게 흥미를 유발하고 완구로도 이용할 수 있도록 하여 쓰레기의 절감을 유도한 것이다.

　　　　이를 깨끗하게 해주는 치약의 패키지답게 청결감 있는 화이트를 메인 톤으로 사용했으며 동물 일러스트를 더 사실적으로 보이게 하기 위해 점선 타공을 이용하여 동물의 팔다리를 뜯어낼 수 있도록 고안했다.

놀이기구로도 활용할 수 있는 어린이용 치약의 상자 디자인

5) 음반 패키지디자인

본 작품은 한정발매용의 CD 패키지디자인으로 매니아를 위한 소장용으로서 가치가 있도록 디자인된 것이 특징이다. 음반의 타이틀인 '공명' 이라는 단어의 의미에서 느낄 수 있는 여러 가지 타악기의 울림이 전해지도록 그래픽 처리를 했고 3가지 종류의 CD 케이스는 CD의 보관 용도 뿐만 아니라 타악기, 현악기로서 연주할 수 있도록 가공되어 있다. 재질은 상단에 투명한 아크릴 재료를 사용하여 내부의 타악기가 보이도록 했고 한국적인 음률이 느껴지는 문양으로 처리했다. CD가 들어가는 하단부분은 단면 골판지로 골격을 만든 후 색지로 싸바르기를 하여 마무리했다. 싸바르기란 내용물이 고가품, 선물용품일 경우에 많이 사용하는 고급 포장방식으로 사람의 손으로 일일이 풀을 발라 붙여줘야 하기 때문에 손이 많이 가는 고가의 포장방식이다. 단가가 많이 들지만 골판지 상자처럼 내구성이 있으며 각이 또렷하게 표현되기 때문에 고급스럽고 미려하다. 경첩을 달아 문을 열듯 케이스를 개폐할 수 있으며 버튼을 이용한 잠금장치를 만들었다.

모든 공정이 수작업으로 이루어져야 하는 소량, 고가포장 패키지이며 진귀한 음반의 이미지와 잘 부합된다.

매니아를 위한 소장용 음반의 패키지디자인

6) 운반용 골판지 상자 패키지

운반용 상자는 내용물의 완충과 보호의 기능이 최우선되는 것으로, 가벼우면서도 완충성이 뛰어난 골판지가 널리 이용된다. 인쇄비 절감을 위해 최소한의 그래픽 처리가 되는 것이 보통이지만 기업이미지의 향상을 위해 다양한 디자인을 시도해 보는 것이 좋다. 사진의 학생작품은 국내 대기업이 운영하는 인터넷 쇼핑몰의 운송용 포장 디자인으로서 웃는 얼굴의 그래픽을 이용하여 밝은 기업이미지의 전달은 물론, 보는 이로 하여금 미소를 자아내게 하는 효과를 의도했다. 이것은 저명한 마케팅 학자인 필립 코틀러가 예견한 '앞으로의 사람들은 무엇을 하든지 보다 즐겁기를 원한다' 는 말과 같이 밝고 따뜻하며 즐거운 것을 소구하는 최근의 경향을 반영한 디자인이라고 할 수 있다. 운반하고 나면 버려지고 마는 골판지 상자라는 개념에서 운송의 순간에도 보는 이들을 즐겁게 하여 기업이미지의 상승효과를 누릴 수 있는 패키지 사례이다.

운반 중에도 즐거움을 느낄 수 있는 골판지 상자의 패키지디자인

7) 주류 패키지디자인

서민적인 막걸리, 소주의 패키지는 저가의 재료를 사용하면서도 그 제품다움을 표현해야 한다. 고급스러운 것만이 좋은 디자인이라는 것은 상품디자인에 있어서 비상식적인 사고방식이다. 저렴한 제품은 저렴한 느낌을, 고가의 제품에서는 고급스러움을 나타내야 제대로 된 디자인이며 원하는 소비자에게 구매로 이어질 수 있다.

　　　최근 한국에서도 와인이 건강과 미용에 좋다는 인식이 높아지면서 와인의 소비량이 급증하고 있다. 외국에서 수입해 오는 엄청난 액수의 와인을 대신하여 국내산 와인을 고급스럽게 기획함으로써 소비시장을 확대하고 국산품을 애용하는 의식을 확산시키는 것이 본 제품의 기획 의도이다.

　　　사진의 상품은 한국산 와인의 패키지디자인으로서 네이밍도 한국을 나타내는 프랑스어인 '꼬레(Coree)' 로 선정했다. 고급스러움을 표현하기 위해 리본을 병에 손으로 감는 포장 방식을 취했으며 제품 한 병 한 병마다 밀랍으로 봉인을 찍어 정성스러움과 제품의 신뢰감이 느껴지도록 표현했다.

한국산 와인의 패키지디자인

8) 투명 패키지디자인

세기말의 불확실한 미래에 대한 인류의 심리가 디자인에 반영되어 무엇이든 투명하게 바라보고자 하는 심리가 투영된 것이 최근 유행하는 투명 패키지이다. 투명 패키지가 편리한 것은 내용물이 무엇인지 한눈에 알 수 있어서 일러스트나 실사를 이용하여 설명해 줄 필요가 있는 점이고 조형적으로는 바깥 소재와 안쪽의 내용물이 겹쳐 나타나는 형태와 색감이 재미있다. 투명 패키지의 유행으로 튼튼하고 경제적인 P.V.C나 폴리프로필렌 같은 소재가 광범위하게 이용되고 있다.

사진은 스노보드용 고글의 패키지 디자인으로서 안쪽의 케이스는 폼보드를 이용하여 목업작업을 했으며 바깥쪽은 역시 유행 소재인 P.V.C를 이용하여 한눈에 디자인을 알아볼 수 있도록 했다.

투명 소재를 이용한 고글의 패키지디자인

저 자 약 력

최동신

서울대학교 응용미술학과 및 홍익대학교 대학원 졸업

한국패키지디자인학회장 역임

'86아시안게임 문화포스터 제작, 88서울올림픽대회 사인·환경디자인 참여

저서 : 고등학교 디자인 실제, 디자인실습, 그래픽디자인, 시각디자인 일반, 시각디자인실습

홍익대학교 미술대학 전 교수

박규원

홍익대학교 및 동 대학원 졸업

한국브랜드디자인학회 회장

대한민국산업디자인전람회 초대디자이너

샌프란시스코주립대학 교환교수

현대포장디자인, 브랜드 앤 패키지디자인 저술

한양대학교 디자인대학장 및 대학원장 역임

한양대학교 교수/현재

한백진

홍익대학교 동 산업미술대학원 졸업

한국브랜드디자인학회, 한국기초시각디자인학회, VIDAK 회원

대한민국산업디자인전람회 초대디자이너

브랜드패키지디자인/단국대학교 출판부/2004

워싱턴주립대학교(UW) 교환교수/2005

단국대학교 예술대학 시각디자인학과 교수/현재

김재홍

홍익대학교 시각디자인과 졸업

영국 Central St. Martins College of Art & Design 대학원 졸업

VIDAK, 기초조형학회, 한국패키지디자인학회

공저 : 디자인 교육, 슬로우 푸드

충북대학교 인문대학 미술과 시각디자인전공 교수/현재

고봉석

홍익대학교 동 산업미술대학원 졸업

한국브랜드디자인학회 회원

편역서: 브랜드네이밍 개발법칙

번역서: 중국어 브랜드네이밍

(주)어거스트브랜드 대표/현재

김응화

서울대학교 응용미술과 졸업

일본 다마미술대학 그래픽디자인과 졸업

한국패키지디자인학회, 패키지디자인협회 회원

개인전 3회, 단체전 다수 참여

역서 : 패키지 소프트–마케팅수단으로서의 포장

한양대학교 교수/현재

박영주

홍익대학교 시각디자인과 졸업

쯔쿠바 대학원 예술연구과 시각전달디자인과 석사 졸업

지바대학원 자연과학연구과 인간환경디자인과 박사과정 중

한국 패키지디자인학회, VIDAK, 기초조형학회 회원

논문 : 조형적 관점에서 본 한일 상품포장문화 비교연구

국민대학교 시각디자인과 강사 및 디자인 마인드/현재

도 와 주 신 분 들 (가나다순/직함 생략)

강동청   오리온 / dck@orionworld.com

김곡미   LG 생활건강 / kmkime@lgcare.co.kr

김석준   CJ / megazzoon@cj.net

김정일   롯데칠성음료 / jilkim@lottechilsung.co.kr

김종달   CJ / jong@cj.net

김종일   LG 생활건강 / jikimc@lgcare.co.kr

서창희   애경 / cindy6970@aekyung.co.kr

서현선   아모레 퍼시픽 / babysun@amorepacific.com

손혜원   크로스포인트 / shon@crosspoint.co.kr

신동민   CD's / shin@cidis.co.kr

윤숙종   아모레 퍼시픽 / christy@amorepacific.com

이경선   한경대학교 / klee@hnu.hankyong.ac.kr

이영주   LG 생활건강 / yjlee@lgcare.co.kr

이영희   CD's / 202@cidis.co.kr

이원호   삼성전자 / Werner.lee@samsung.com

이은구   국순당 / eklee@ksdb.co.kr

이진이   (주)어거스트브랜드 / christmas@augustbrand.co.kr

임성철   D&C / lsc4832@hanmail.net

조성래   크로스포인트 / jo@crosspoint.co.kr

지헌정   삼성전자 / hj.jee@samsung.com

출간 당시 저작권자 확인 불가로 부득이하게 허락을 받지 못하고 사용한 작품에

대해서는 추후 저작권 확인이 되는대로 절차에 따라 계약한 후 적법한 저작권료를

지불하겠습니다.